Auf dem Weg zur Freiheit

Eine Pilgerfahrt in Indien

Band 1

Swami Paramatmananda Puri

Mata Amritanandamayi Center
San Ramon, Kalifornien, Vereinigte Staaten

Auf dem Weg zur Freiheit
Eine Pilgerfahrt in Indien
Band 1
von Swami Paramatmananda Puri

Herausgegeben von:
Mata Amritanandamayi Center
P.O. Box 613
San Ramon, CA 94583
Vereinigte Staaten

———— On the Road to Freedom 1 (German) ————

Copyright © 1998 Mata Amritanandamayi Mission Trust
Amritapuri, Kerala 690546, Indien

International: www.amma.org

In Deutschland: www.amma.de

In der Schweiz: www.amma-schweiz.ch

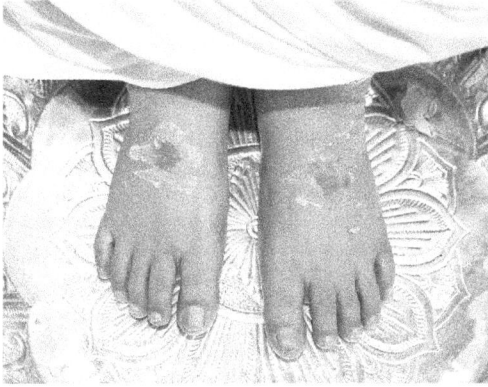

Dieses Buch ist in aller Bescheidenheit,
in tiefer Hingabe, mit Hochachtung
und ehrerbietigen Grüßen
Sri Mata Amritanandamayi gewidmet,
der Verkörperung der Göttlichen Mutter.

gurucaraṇāmbuja nirbhara bhaktaḥ
saṁsārād acirād bhava muktaḥ |
sendriya mānasa niyamād evaṁ
drakṣyasi nijahṛdayasthaṁ devam ||

Mögest du bald durch vollkommene Hingabe zu
den Lotusfüßen des Gurus, aus dem Kreislauf des
Seins und Vergehens erlöst werden.
Erkenne so, durch Disziplinierung der Sinne und
des Minds, das Göttliche in deinem Herzen.

Bhaja Govindam V.31

Inhalt

Einführung

Dieses Buch entstand, da mich ein paar Gefährten auf dem spirituellen Weg, zum Schreiben drängten. Sie meinten, dass mein Leben und die Erfahrungen, die ich während der letzten zwanzig Jahre mit einigen der echten indischen Weisen gemacht habe, für Menschen auf dem spirituellen Weg interessant und nützlich sein könnten. Als ich ihre Bitte hörte, dachte ich sofort an die Worte eines Heiligen. Er hatte mir gesagt, dass nur ein selbstverwirklichtes Wesen ein Buch über Spiritualität schreiben solle. Ein Unwissender (jemand, der die Wahrheit noch nicht erkannt hat), würde nur in die Falle des Egos fallen und einen spirituellen Misserfolg erleiden. Genau dies erzählte ich denen, die sich das Buch wünschten. Aber sie ließen nicht locker. Ich sagte ihnen schließlich, dass ich das Buch nur dann schreibe, wenn mich meine spirituelle Meisterin, Mata Amritanandamayi, dazu auffordere. Ich wusste, dass ihre Gnade mich dann schützen und führen würde. Meine Freunde wandten sich daraufhin an Mata Amritanandamayi. Sie sagte mir danach, dass ich das Buch als Dienst für andere spirituell Suchende schreiben sollte.

Obwohl es die Form einer Autobiographie angenommen hat, soll dieses Buch einzig und allein die Größe der indischen Mahātmās (Weisen) und ihre Lehrmethoden unserer Zeit vermitteln. Fühlst du dich nach dieser Lektüre dazu inspiriert, sie aufzusuchen und die wunderbare Wirkung ihrer heiligen

Gesellschaft zu erfahren, so hat dies Buch seinen Zweck voll und ganz erfüllt. Es ist, wie der alte Weise Narada in den Narada Bhakti Sūtras oder ‚Aphorismen über Hingabe' sagt:

„Die Gesellschaft von großen Weisen ist selten; sie ist unerreichbar und kann nur durch die Gnade des Herrn erlangt werden." (Verse 39-40)

Es hat schon immer Scharlatane gegeben, die sich als Heilige ausgaben. Es wird sie wohl immer geben, heutzutage vielleicht mehr denn je. Ich bin aber dennoch fest davon überzeugt, dass jemand, der aufrichtig und ernsthaft nach der Wahrheit sucht, einen echten Mahātmā finden wird, der ihn auf dem spirituellen Weg führt und schützt. Dieser Weg ist mit dem Reiten auf einer Rasierklinge vergleichbar. Denn es ist sehr schwer, ihn zu gehen, ohne dabei hinzufallen. Solange Menschen auf dieser Erde leben, wird es verwirklichte Seelen geben. Sie führen die Menschen und stillen ihren Hunger nach echter spiritueller Erfahrung und innerem Frieden. Man darf nicht glauben, dass zu den großen Weisen nur diejenigen gehören, die bekannt geworden sind. Viele Mahātmās sind der Welt sogar relativ unbekannt. Gesegnet sind in der Tat die Weisen, die glückselig sind und auch andere glückselig machen.

—Swami Paramatmananda Puri

Sri Mata Amritanandamayi

KAPITEL 1

Die Anfänge: Von Chicago nach Indien

„Ich habe gelesen, dass viele Menschen auf dem spirituellen Weg einen plötzlichen, kurzen Einblick in das kosmische Bewusstsein erhaschen. Könnten Sie mir bitte erklären, was das für eine Erfahrung ist?", fragte ich.

Ratnamji, ein nur wenig bekannter, aber großer indischer Mystiker, antwortete ohne Zögern mit einem leicht schelmischen Lächeln auf seinem leuchtenden Gesicht: „Zuckt in einer dunklen Nacht auf einem Hügel wie diesem hier ein heller Blitz über den Himmel, wird die ganze, kurz zuvor noch unsichtbare Umgebung für ein paar Sekunden hell und deutlich sichtbar. Im nächsten Augenblick ist jedoch alles wieder dunkel."

Kaum hatte er den Satz beendet, zuckte ein Blitz über den Himmel. Mehrere Meilen um uns herum wurde eine Sekunde lang das gesamte Gebiet hell erleuchtet. Danach war alles wieder stockfinster. Obwohl der Himmel bewölkt war, hatte es zuvor nicht geblitzt. Ich war begeistert zu sehen, wie Mutter Natur selbst ihr Beispiel sofort auf dramatische Weise umsetzte. Ich fragte mich, wer dieser Mann wohl ist, dem sogar die Natur willig folgte. Ich stellte ihm keine weiteren Fragen, sondern ging benommen in mein Zimmer und legte mich ins Bett. Wann würde ich diesen wunderbaren Mann wiedersehen?

Ich konnte nicht einschlafen. Ohne danach gesucht zu haben, war ich einem echten Weisen begegnet. Ich konnte mein Glück kaum fassen. Träumte ich etwa nur? Wie kam ich überhaupt an diesen heiligen Ort auf der anderen Seite der Welt? Meine Gedanken wanderten zurück zu längst vergangenen Ereignissen. Sie hatten mich im Laufe der Jahre dazu bewegt, die USA zu verlassen und nach Indien zu gehen. Es hatte vor etwa sieben Jahren mit dem Tod meines Vaters begonnen...

„Oh, mein Gott! Neal, komm schnell! Mit Papa ist etwas nicht in Ordnung!"

Ich rannte ins Schlafzimmer meiner Eltern und fand meinen Vater bewusstlos. Aus seinem Hals drang ein gurgelndes Geräusch. Ich legte ihn behutsam, aber flink, flach aufs Bett und begann, sein Herz zu massieren. Gelegentlich übte ich einen stärkeren Druck aus, so wie ich es in einem Fernsehprogramm über Menschen mit Herzversagen gesehen hatte. Er schien aber überhaupt nicht darauf zu reagieren, also rief ich gleich den Hausarzt und die Polizei. Meine Mutter und Schwester reagierten hysterisch. Ich brachte sie aus dem Zimmer und wartete auf die Polizei. Kurze Zeit später kam Hilfe, aber mein Vater konnte nicht mehr gerettet werden - Herzversagen mit 44. Als erfolgreicher Geschäftsmann war er gerade auf dem besten Weg, Millionär zu werden. Er war nie ernsthaft krank gewesen und wurde doch so unerwartet aus dem Leben gerissen.

Nach einiger Zeit trafen Verwandte ein. Sie versuchten, meine Mutter und Schwester zu trösten, jedoch ohne Erfolg. Daraufhin wandten sie sich an mich. Mit meinen zwölf Jahren war ich damals der Jüngste der Familie. Ich war ziemlich ruhig und gelassen und hatte nicht das geringste Bedürfnis zu weinen. Vielleicht schockierte das meine Verwandten. Ich machte einen Spaziergang und dachte über die Bedeutung des Ganzen nach. Wohin war mein Vater gegangen? Sein Körper lag im Schlafzimmer und würde bald beerdigt werden. Ich würde ihn nie wiedersehen. Ich fühlte mich ein bisschen leer, aber das war auch schon alles. Mehr als alles andere fühlte ich mich fehl am Platz. Alle weinten und nur ich verhielt mich so normal wie immer. Während der Beerdigung gab ich mir große Mühe zu weinen. Ich hatte Schuldgefühle, weil alle außer mir in Tränen aufgelöst waren. Ich brachte einfach keine Träne heraus. Das hieß nicht, dass ich meinen Vater nicht liebte. Irgendwie war meine Liebe zu ihm aber nicht an seine Form gebunden.

Bald nach dem Tod meines Vaters begannen die unvermeidlichen Wünsche der Jugend in meinem Kopf zu sprießen. Mein ganzes Interesse galt dem Geschehen um mich herum. Ich ging zwar zur Schule, dachte aber fast nur darüber nach, wie ich das Leben so intensiv wie möglich genießen könnte. Meine Mutter hinderte mich nicht daran. Sie setzte mir kaum Grenzen. Sie dachte womöglich, dass ich durch den Verlust meines Vaters schon genug gelitten hätte. Sie meinte wohl, dass ich durch strenge Disziplin noch mehr leiden würde. Vielleicht fehlte ihr aber auch nur die Strenge eines Vaters. Hätte sie einen Weg gefunden, mich in dieser beeinflussbaren Phase meines Lebens zu kontrollieren, wäre mein späteres spirituelles Leben vielleicht viel reibungsloser verlaufen. Durch meine Selbstsucht und Arroganz und ihr nachsichtiges Wesen konnte ich ungezügelt wie wildes Gras wuchern.

Mein zweiter Name hieß Freiheit. Ich wusste damals nicht, dass Freiheit und Anarchie trotz ihrer scheinbaren Ähnlichkeit zwei völlig verschiedene Dinge sind. Echte Freiheit entsteht durch eine starke innere Disziplin. Sie äußert sich in einer inneren Ruhe, die von den unvermeidlichen Höhen und Tiefen des Lebens unberührt bleibt. Anarchie hingegen bedeutet, nach den Launen und Stimmungen des Mindes zu tanzen, ohne an die Folgen zu denken. Der Anarchist ist weit davon entfernt, inneren Frieden und das aus echter Freiheit stammende Glück erfahren zu können. Er ist immer unruhig, Sklave seiner Wünsche und wird von den Lebenswogen des Glückes und Schmerzes hin- und hergerissen. Wahre Freiheit ist ohne die systematische Disziplinierung des Minds unerreichbar. Damals hatte ich von diesen Unterschieden keine Ahnung und kümmerte mich wenig darum.

Als ich die Schule abschloss, fragte mich meine Mutter, was ich mir zum Schulabschluss wünsche. Ich antwortete, dass ich im Sommer sehr gerne eine Europareise machen würde, bevor ich mich für eine weiterführende Ausbildung entschied. Sie war einverstanden und kurz darauf befand ich mich alleine auf Europareise. Voller Erwartung fuhr ich von Stadt zu Stadt und besichtigte viele berühmte historische Bauten und Kunstwerke, wie den Eiffelturm, Westminster Abbey und Leonardo da Vincis Skulpturen. Irgendwie schienen sie aber alle gleich zu sein - sie waren lediglich unterschiedliche Kompositionen aus Backstein, Zement, Holz oder Eisen. Sie faszinierten mich überhaupt nicht und die erwartete spannende Reise stellte sich als langweilig heraus.

Vielleicht stimmt mit mir etwas nicht, überlegte ich. Wie kam es, dass Millionen Touristen von diesen Sehenswürdigkeiten hingerissen waren, während sie mich völlig unberührt ließen? Obwohl ich damals erst 17 war, stellte ich mir zum ersten Mal ernsthaft die Frage nach dem Sinn meines Lebens. Ich fand keine befriedigende Antwort. Genuss und Vergnügen schienen die unmittelbaren Ziele meines Lebens zu sein. Durch diese Reise wurde ich jedoch schon zum ersten Mal desillusioniert. Vielleicht würde die Suche nach Vergnügungen in Zukunft ergiebiger sein oder war Vergnügen etwa nur eine Projektion meines Minds? Dinge, die für so viele Menschen eine Quelle des Glücks waren, ließen mich völlig kalt. Enttäuscht und verwirrt kehrte ich nach Amerika zurück. Ich war aber fest entschlossen herauszufinden, was mich glücklich machen konnte.

Nach meiner Rückkehr erhielt ich eine Einladung meines älteren Bruders Earl. Er bereitete sich in Ann Arbor, im Bundesstaat Michigan, auf seine Magisterprüfung (Master) vor. Ich nahm von Chicago aus das Auto und kam zum Abendessen an. Ich war überrascht zu erfahren, dass mein Bruder Vegetarier geworden war. Er war sichtlich schlanker, gesünder und ruhiger als bei unserer letzten Begegnung. Ich fragte ihn, warum er seine Essgewohnheiten geändert hatte.

„Ich lerne und praktiziere seit einem halben Jahr Haṭha-Yōga. Ich habe hier in Ann Arbor eine Lehrerin gefunden, die mehrere Jahre lang bei einem Meister in Indien Yōga studiert hat. Sie ist ein ziemlich ungewöhnlicher Mensch. Ich möchte gerne, dass du sie kennenlernst. Sie erklärte mir, dass Nahrung von zweifacher Art ist: Sie bestehe aus einem grob- und einem feinstofflichen Teil. Der grobstoffliche Teil baut den Körper auf und der feinstoffliche Teil hat Einfluss auf unseren Mind. Der feinstoffliche Teil vegetarischer Nahrung sei besser für die Gesundheit und beruhige nach einer Weile den Mind. Das wiederum erleichtert das Meditieren. Durch Meditation könne man die Glückseligkeit erfahren, die in der Verwirklichung des Selbst liegt. Dies ist eine Glückseligkeit, die nicht mit weltlichem Glück verglichen werden kann. Die Selbstverwirklichung besteht darin, direkt und intuitiv zu erfahren, dass man weder

der physische Körper noch der ruhelose Mind ist. Unsere wahre
Natur ist eine unzerstörbare, unendliche Essenz reinen Seins
und reiner Glückseligkeit. Viele haben diesen Zustand erreicht
und berichtet, dass das eigentliche Ziel des Lebens in dieser
Erfahrung liegt. Wenn du willst, können wir meine Lehrerin
morgen besuchen."

Indien, Yōga, Meditation...- in meinem bis dahin trockenem
Herzen begann ein kleines Licht zu flackern. Ich war sehr daran interessiert, einer echten „Yōgīni" zu begegnen, hatte aber
gleichzeitig Angst davor. Ich stellte mir darunter ein Wesen aus
der vierten Dimension vor. Am nächsten Morgen nahm mein
Bruder mich mit zum Haus seiner Yōgalehrerin. Überrascht
stellte ich fest, dass sie ein normales menschliches Wesen war!
Barbara war eine lebhafte, charmante und natürliche Frau in
den mittleren Jahren. Ich war erleichtert. Ich hatte mir eine
ernste, einen Meter über dem Boden schwebende und auf
dem Kopf stehende Person vorgestellt! Wir schlossen sofort
Freundschaft. Sie gab mir eine Ausgabe der Bhagavad Gītā, ein
bekanntes Werk über Yōga und bat mich, es zu lesen. Wir aßen
mit ihr zu Mittag und sprachen über alltägliche Dinge. Danach
kehrte ich mit Earl wieder in sein Haus zurück. Diese Begegnung
war zwar kurz, aber vielleicht die wichtigste in meinem Leben.
Ich ahnte damals noch nicht, dass der gerade gesäte Samen
der Spiritualität bald sprießen und schließlich zu einem Baum
inneren Friedens heranwachsen würde.

Am Abend nahm ich die Bhagavad Gītā zur Hand. Sie ist
wahrscheinlich die meist verehrteste Schrift der Hindus und
beinhaltet im Kern alle anderen Schriften. Als Teil eines viel
größeren Werks, des Mahābhārata, enthält sie die wissenschaftliche Philosophie der Selbsterkenntnis. Sri Kṛiṣhṇa, eine
Inkarnation Gottes, vermittelt sie seinem Anhänger Arjuna auf

dem Schlachtfeld. Viele weltberühmte Gelehrte haben bestätigt, dass sie das höchste vom Menschen erreichbare Wissen enthält. Ich konnte nicht einmal den Titel aussprechen, hoffte aber, klarzukommen und begann mit der Lektüre.

Mein Herz hüpfte bei der Lektüre mit jedem Wort vor Freude. Mir war, als wäre ich Arjuna, als spräche Sri Kṛiṣhṇa direkt zu mir. Alle Fragen, die mir bis dahin auf dem Herzen lagen, wurden beantwortet. Sogar Fragen, die ich vorher nicht formulieren konnte, wurden geklärt und alle meine Zweifel zerstreut. Vor der Lektüre der Bhagavad Gītā hatte ich nicht gewusst, was das Wort „Weisheit" bedeutet. Hier wurde die Natur des Minds und das Ziel des Lebens unmissverständlich offenbart. Es war ganz offensichtlich oder schien mir zumindest so, dass das Ziel des Lebens nicht darin besteht, bis zum Tode unaufhörlich sinnlichen Vergnügungen und Genüssen hinterherzujagen. Es geht vielmehr darum, den Mind klar zu verstehen, ihn zu reinigen und über ihn hinauszugelangen. Damit man die eine Wirklichkeit erfährt, in der nur stille Glückseligkeit herrscht. Zum ersten Mal seit ich ein kleiner Junge war, weinte ich wieder. Es waren keine Tränen des Kummers oder Selbstmitleids - ich weinte vor Freude! In jener Nacht schlief ich nicht, so sehr drängte es mich, das Buch zu Ende zu lesen. Mein Bruder kam ab und zu ins Zimmer um nachzusehen, was los sei. Was konnte ich ihm schon sagen? Ich hatte in jener Nacht einfach eine andere Welt betreten.

Am nächsten Tag beschloss ich, Vegetarier zu werden. Ich war so naiv zu glauben, dass dies ausreichen würde, das Selbst zu verwirklichen! Ich dachte, dass ich den höchsten Samādhi-Zustand (das Verschmelzung mit der Höchsten Wirklichkeit) innerhalb von ein paar Tagen erreichen könnte! Ich verbrachte mehrere Tage bei meinem Bruder. Dann kehrte ich nach Chicago zurück voller Freude, eine Orientierung in meinem Leben gefunden zu haben.

Ich beschloss, nicht den direkten Weg zum College zu gehen. Der einzige Zweck einer solch institutionalisierten Ausbildung schien mir darin zu bestehen, Geld zu verdienen, um die sogenannten Freuden des Lebens genießen zu können. Ich fand, dass ein einfaches Leben, für das ich nicht viel Geld bräuchte, mir genügen würde. Eine bescheidene Arbeit würde dafür ausreichen. Warum also sollte ich vier oder sechs Jahre in einem College verbringen?

Meine Mutter war natürlich sehr enttäuscht über diese Entscheidung. Sie hatte erwartet, dass ich ein normaleres Leben mit einem Universitätsabschluss führen würde. Sie billigte aber trotzdem meinen Vorschlag. Sie tat dies, weil sie hoffte, dass ich meine Entscheidung später ändern würde. Ich verkaufte mein Fernrohr, meine Münzsammlung, mein Auto und andere Gegenstände, die ein typisch amerikanischer Jugendlicher aus der oberen Mittelklasse besaß. Ich beschloss, an die Westküste zu gehen und einen ruhigen Ort auf dem Land zu suchen, wo ich mich vegetarisch ernähren und meditieren konnte. Außerdem war mein sinnliches Verlangen noch nicht ganz befriedigt. Ich hatte die Bhagavad Gītā zwar gelesen, aber noch nicht verstanden, dass der Mind nie ruhig werden kann, wenn nicht zuerst die Sinne unter Kontrolle gebracht werden. Ohne einen ruhigen Mind ist es unmöglich, erfolgreich zu meditieren und folglich das innere Selbst zu verwirklichen. Wie jede andere Wissenschaft muss auch die Wissenschaft des Yōga nach festgelegten Regeln betrieben werden, um die gewünschten Ergebnisse zu erzielen. Ich nahm fälschlicherweise an, dass Selbstverwirklichung, als die Erfahrung Höchster Glückseligkeit, durch ein bisschen planloses Bemühen und das nötige Glück erlangt werden kann.

Ebenso wie man sich halt weltliche Vergnügungen und Freuden verschafft.

In Begleitung von ein paar Freunden fuhr ich im Herbst 1967 mit dem Auto meiner Schwester nach Berkeley in Kalifornien. Vegetarische Nahrung war damals in Amerika noch weitgehend unbekannt. Es war schwierig, auf Reisen vegetarisches Essen zu finden. Wie lange könnte man sich lediglich von Käsebroten und Salat ernähren? Unter diesen Umständen dachte ich, dass das spirituelle Leben vielleicht doch nicht das Richtige für mich sei. Aber die Schmach, schon so schnell das Handtuch zu werfen, hielt mich davon ab aufzugeben. Nach meiner Ankunft in Berkeley machte ich mich sofort auf die Suche nach dem idealen Haus in der richtigen Umgebung. Das war schwieriger, als ich mir vorgestellt hatte. Nach tagelangem Suchen und vielen Fahrten durch die ganze Umgebung von Berkeley war ich drauf und dran aufzugeben. Genau in diesem Augenblick entdeckte ich jedoch das ideale Haus und mietete es. Es war groß genug für uns alle und bot sogar noch weiteren Personen Platz. Ich schrieb meinem Bruder und meiner Schwester. Sie beschlossen ebenfalls, nach Kalifornien zu kommen und zogen bald darauf bei mir ein.

Die Selbstverwirklichung wurde mein Hauptinteresse. Doch ehrlich gesagt war der Wunsch noch stärker, mit einer Frau zusammenzuleben. Was für einen amerikanischen Jugendlichen auch völlig normal war. Solange ich im Haus meiner Mutter gewohnt hatte, konnte ich mir diesen Wunsch nicht erfüllen. Das war ohne Frage einer der Gründe, weswegen ich Chicago verlassen hatte und nach Kalifornien gezogen war. Kalifornien war zu jener Zeit ein Tummelplatz für Leute wie mich. Nachdem ich mich in meinem neuen Heim eingelebt hatte, kreisten meine Gedanken um die Verwirklichung meines nächstliegenden Zieles. Ich bin von Natur aus eher zurückhaltend. So beschloss ich auf die gleiche Art, wie ich dieses Haus gefunden hatte, auch eine geeignete Partnerin zu finden - durch göttliche Vorsehung. Ich unternahm deshalb nichts. Seltsamerweise erschien am darauffolgenden Tag ein Mädchen an meiner Haustür. Sie war auf der Suche nach mir! Sie hatte in Chicago von mir gehört und war nach Kalifornien gekommen, um mich zu suchen. Ich wusste nicht, ob sie die Wahrheit sagte. Ich wollte es aber auch gar nicht wissen, da mein Wunsch sich von selbst erfüllt hatte.

Diese Erfahrung beeindruckte mich tief und ich entwickelte einen festen Glauben daran, dass mir alles, was ich wirklich brauchte, gegeben würde. In der Tat habe ich dies bis heute unzählige Male erlebt. Was man wirklich benötigt, ist natürlich je nach Zeit und Ort verschieden und kann schmerzhaft oder angenehm sein. Ist man jedoch geduldig und hat die Selbstverwirklichung als Ziel, kann man deutlich erkennen, wie die Umstände die spirituelle Weiterentwicklung unterstützen. Zu jener Zeit brauchte ich eine Freundin. Später war die Gesellschaft von Weisen von wesentlicher Bedeutung. Noch später waren Krankheit und Leiden notwendig. In den Augen eines spirituellen Menschen geschieht immer alles zum Besten. Alles wird im richtigen Augenblick auf höchst geheimnisvolle Weise bereitgestellt.

Als Earl ankam, gab er mir ein neues Buch, die Biographie und die Lehren von Sri Ramaṇa Maharṣhi, einem großen indischen Weisen. Ramana wurde als Sechzehnjähriger plötzlich von Todesangst überwältigt. Er hatte keine gesundheitlichen Probleme und seine Angst war völlig unbegründet. Trotzdem spürte er, dass er sterben würde und dieses Problem sofort lösen musste. Er legte sich hin und ging in den Todeszustand. Dann dachte er bei sich: „Der Körper ist tot, aber ich spüre trotzdem, wie das ‚Ich' in mir leuchtet. Ich bin also die unsterbliche Seele und nicht der bewegungslose Körper." Dies war keine logische Schlussfolgerung, sondern eine plötzliche Eingebung und direkte Erfahrung. Es handelte sich auch nicht bloß um einen kurzen Einblick in die Wirklichkeit, die bald wieder von der Dunkelheit der Unwissenheit umhüllt wurde. Bis er 53 Jahre später, im Jahre 1950, den Körper verließ, lebte Ramana mit der Gewissheit, über den Tod hinaus reines göttliches Bewusstsein zu sein. Kurz vor seinem Tod versicherte er seinen Devotees, dass er auch nach dem Tod seines physischen Körpers bei ihnen bleiben und sie führen würde. Er hatte das Selbst verwirklicht, indem er sich spontan die Frage „wer bin ich?" stellte. Dabei erfuhr er, dass weder Körper noch Mind sein wahres Wesen sind. Er erlebte sich als reines, alle Erscheinungen transzendierendes Bewusstsein. Er wurde frei von Wünschen und Ängsten, sogar der Angst vor dem Tod blieb fest verankert in vollkommenem Frieden. Er lebte in Südindien in der Nähe des heiligen Berges Aruṇāchala, wo er spirituelles Licht und Frieden ausstrahlte. Er wurde zum lebenden Beispiel für die ideale Lebensführung eines selbstverwirklichten Weisen im täglichen Leben. Zwei Wege zur Erlangung dieses Zustands lehrte er. Entweder sollte man sich der ständigen Anleitung eines verwirklichten Meisters überlassen und Hingabe praktizieren oder eigenständig suchen, indem man sich immer wieder die Frage nach dem Wahren Selbst stellt. Mit beiden Methoden sei es möglich, die für die Erfahrung der inneren Wahrheit notwendige Gelassenheit und Konzentration zu entwickeln.

Seine Lehren und sein Leben gefielen mir sehr. Ich beschloss, beide Methoden zu praktizieren. Ich setzte mich auf der Suche nach dem inneren Selbst ruhig hin und wiederholte innerlich immer wieder „Ich, Ich, Ich...". Dabei versuchte ich meine Aufmerksamkeit auf den Teil in meinem Inneren zu richten, der als

„Ich" leuchtet. Ich betrachtete Ramana als meinen Meister und versuchte, seine Lehren im Alltag zu leben. Ich versuchte alle Umstände zu akzeptieren, ohne mich über angenehme Situationen zu freuen oder mich über unangenehme zu ärgern. Mein Bruder brachte mir ein paar Haṭha-Yōga-Übungen zur Verbesserung meiner Gesundheit und Reinigung meines Nervensystems bei. All dies half mir, ein wenig Disziplin in mein sonst lockeres Leben zu bringen. Zu jener Zeit dachte ich, dass ich heiraten und eine Mischung aus spirituellem und weltlichem Leben führen würde. Es sollte jedoch anders kommen.

Eines Tages erhielt Earl einen Brief von seiner Yōgalehrerin aus Michigan. Sie schrieb: „Ich freue mich zu hören, dass Neal die Yōgaübungen macht, die du ihm beigebracht hast. Er ist noch jung. Warum wird er nicht Mönch und widmet sein ganzes Leben der Selbstverwirklichung?" Er zeigte mir den Brief. Nach der Lektüre fühlte ich mich wie jemand, der beim Essen süßen Puddings plötzlich auf etwas Bitteres beißt. Ich war glücklich mit meiner Freundin und meiner Meditationspraxis. Ich hatte nicht vor, eines von beidem aufzugeben. Ich verdrängte die Angelegenheit aus meinem Mind und ging zur Tagesordnung über.

Ein paar Tage später wurde meine Konzentration während der Meditation plötzlich sehr stark. Mein zerstreuter Mind sammelte sich zu einem einzigen Punkt und wurde dann wie ein kleines Licht ausgeblasen. Es gab nur noch unendliches Licht, vollkommene Glückseligkeit und alles durchdringendes Eins-sein. Keine Spur von Individualität oder Objektivität blieb zurück. Diese Erfahrung war überwältigend. Dann kehrte mein Mind wie ein herunterfahrender Aufzug zurück. Ich war mir wieder des Körpers und der Welt bewusst. Im nächsten Augenblick verschmolz ich jedoch wieder mit dem Licht. Dies wiederholte sich drei-, viermal. Danach weinte und schluchzte ich wie ein kleines Kind beim Gedanken an den überwältigenden Frieden und die ungeheure Weite, die ich gerade erlebt hatte. Dies festigte meine innere Gewissheit, dass ich nach vielen schmerzhaften Lektionen im Leben für immer mit diesem Höchsten Licht verschmelzen würde.

Ich fühlte, dass Ramana auf unerklärliche Weise für diese wunderbare Erfahrung verantwortlich war. Hatte ich ihm mental nicht mein Leben hingegeben? Er hatte seinen Devotees versichert, dass er auch nach seinem körperlichen Tod bei ihnen sein würde. Deshalb war er sicherlich auch bei mir. Ich hatte die große Illusion, dass eine solch wunderbare Erfahrung nach nur wenigen Tagen der Meditation immer wieder kommen würde, bis sie dauerhaft wird. All dies schon binnen weniger Wochen! Das war natürlich nicht der Fall. Der Eindruck dieser Glückseligkeit blieb danach jedoch immer lebendig in mir. Irgendwie durfte ich einen kurzen Blick auf das Ziel werfen. Jetzt war es meine Aufgabe, den steilen Weg dorthin zu gehen.

Von diesem Zeitpunkt an fand eine allmähliche Transformation meines Minds statt. Ich fühlte mich nach den Yōgaübungen auf sehr feine und lichte Weise berauscht. Es war nicht nur eine körperliche Belebung, sondern glich eher einem Gefühl der glückseligen Losgelöstheit von Körper und Welt. Ich merkte auch, dass sexuelle Intimität diese Glückseligkeit fast völlig verschwinden ließ. Erst nach den Yōgaübungen kehrte dieses Gefühl wieder zurück. Obwohl das sinnliche Vergnügen der Sexualität einen großen Reiz ausübte, schien es mir doch sehr roh im Vergleich zu dem feinen spirituellen Glücksgefühl. Ich konnte mein Sexualleben nicht einfach aufgeben. Andererseits wollte ich meinen neu gefundenen Schatz spiritueller Erfahrung aber auch nicht immer wieder verlieren. So beschloss ich, das Zusammensein mit meiner Freundin so weit wie möglich einzuschränken. Nach den Yōgaübungen am Morgen nahm ich das Auto und fuhr auf die Hügel um Berkeley. Dort las ich spirituelle Bücher, meditierte und betrachtete die Hügel und Täler bis zum Sonnenuntergang. Allein der Gedanke, wieder zu meiner Freundin zurückkehren zu müssen, deprimierte mich. Nur sehr widerstrebend kehrte ich nach Hause zurück. So vergingen ein paar Tage auf diese Art und Weise. Das Problem schien damit aber keineswegs gelöst. Meine Freundin glaubte, dass ich mich tagsüber mit einem anderen Mädchen traf. Sie war deshalb umso entschlossener, mich nachts noch mehr zu besitzen.

Durch diese Situation gewann ich den Eindruck, dass die Beziehung zwischen Mann und Frau hauptsächlich auf Eigeninteresse beruht. Wenn sie mich wirklich liebte, wie sie behauptete, würde sie dann nicht versuchen, mich glücklich anstatt traurig zu machen? Ich hatte ihr von meinen spirituellen Erlebnissen erzählt. Ebenso erzählte ich, warum ich tagsüber in die Berge ging und wie sich der sexuelle Kontakt auf mein inneres Glücksgefühl auswirkte. Ich hatte das Vertrauen eines unschuldigen Kindes und verheimlichte ihr nichts. Sie aber dachte nur an ihr eigenes Vergnügen. Eines Tages fragte ich sie: „Wenn ich mir den Kopf und Bart abrasiere, würdest du mich dann auch noch lieben? Oder wenn ich nicht mehr mit dir schlafen könnte, würdest du mich immer noch lieben?" Sie machte ein schockiertes Gesicht, gab mir aber keine Antwort. Dadurch wurde mir klar, dass diese sogenannte Liebe nur eine gegenseitige Befriedigung von selbstsüchtigen Wünschen auf körperlicher und emotionaler Ebene war. Sie beruhte hauptsächlich auf der körperlichen Anziehung, die wir füreinander empfanden, sowie auf einer gewissen mentalen Verwandtschaft. Diese sogenannte Liebe war sehr oberflächlich und konnte leicht durch Meinungsverschiedenheiten erschüttert werden.

Ich kannte damals die selbstlose Liebe der großen Heiligen für die leidende Menschheit noch nicht. Ich wusste jedoch, dass ich keinen Wert auf oberflächliche Liebe legte. Ich überlegte, wie ich mich aus der Affäre ziehen könnte, ohne die Gefühle meiner Freundin noch mehr zu verletzen. Hinzu kam, dass die Worte der Yōgalehrerin meines Bruders „Werde Mönch, werde Mönch!", anfingen, mich zu verfolgen. Ich hatte das Gefühl, dass ich genau das tun sollte, aber wie?

Barbara, Earls Yōgalehrerin, zog damals mit ihrem Mann nach Kathmandu in Nepal, weil er von der US-Regierung dorthin versetzt wurde. Mein Bruder fragte mich, ob ich ihn und seine Familie (er hatte Frau und Kind) nach Nepal begleiten wollte. Er würde gerne Barbara wiedersehen und Indien kennenlernen. Er sagte, dass ich unterwegs in ein Zenkloster eintreten und Zenmönch werden könnte, wenn mir das gefiele. Ich betrachtete dies als wunderbare Gelegenheit, mich aus meiner misslichen Lage zu befreien und sagte sofort zu. Ich traf noch einige zeitlich befristete finanzielle Regelungen für meine Freundin. Ich versprach, ihr zu schreiben und sie möglicherweise sogar nachkommen zu lassen. Ich wollte, dass unsere Trennung so schmerzlos wie möglich für sie sei. Ich dachte nicht darüber nach, wie absurd meine Vorschläge waren. Aber sie machte sich ihre Gedanken. Ein wenig wütend über meine offensichtliche Unaufrichtigkeit fragte sie mich: „Angenommen ich käme, was soll ich denn in einem Kloster machen?" Diesmal war ich an der Reihe, keine Antwort zu haben.

Schließlich kam der Tag der Abreise. Am Dock verabschiedete ich mich von meiner Mutter, meiner Freundin und ein paar Freunden, die gekommen waren. Als das Schiff endlich ablegte, seufzte ich erleichtert. Ich gab alles auf, was mir vertraut war. Aber irgendwie berührte mich all das wenig. Ich erinnerte mich, dass es das gleiche Gefühl von Losgelöstheit war wie beim Tod meines Vaters. So wie der Bug des Schiffes durch die Wellen pflügte, bewegte sich mein Leben vorwärts. Ich fragte mich, was nun vor mir lag?

Als das Schiff aus dem Hafen von San Francisco lief, stieg ich aufs oberste Deck und setzte mich hin. Damals war ich erst 18 Jahre alt, hatte jedoch das Gefühl, eine lange Ehe hinter mir zu haben. Ich fühlte mich wie ein Mann, der es irgendwie geschafft hat, aus einem tiefen Abgrund herauszuklettern. Mein Glaube an Ramana war ganz offensichtlich richtig. Ich empfand, dass er mich aus einer sehr schwierigen Situation befreit hatte. Als ich so dasaß und das Deck unter mir betrachtete, spürte ich plötzlich einen sehr sanften Druck auf meinem Kopf. Ein großer Frieden breitete sich in mir aus. Die Gedanken wurden still. Als ich hinunterblickte, konnte ich Männer und Frauen sehen, die sich auf Deck miteinander unterhielten. Mir wurde „offenbart" (leider finde ich kein besseres Wort), dass die Anziehung zwischen den Geschlechtern der stärkste Trieb in der Natur ist. Diese Anziehungskraft ist ein wesentlicher Grund dafür, dass die Menschen fortwährend beschäftigt sind. Dies ist zugegebenermaßen eine sehr schlichte Erkenntnis. In jenem Augenblick war sie für mich jedoch eine echte Entdeckung. Mir wurde plötzlich klar, ich werde nicht den Weg des normalen Menschen, den Weg des Vergnügens, gehen. Ich wollte danach streben, die unendliche Glückseligkeit des Selbst zu erlangen oder bei diesem Versuch sterben. Ich hatte keine Ahnung vom strengen, traditionellen Klosterleben. Ich wusste nicht einmal, dass Enthaltsamkeit als wesentliche Disziplin auf dem Weg zur Selbstverwirklichung vorgegeben ist. Ich spürte nur, wie wichtig Enthaltsamkeit für ein Leben mit solch hohen Zielen ist. Ich hatte weder gelesen noch gehört, dass der Sexualtrieb unter Kontrolle gehalten und sublimiert werden muss. Aus eigener Erfahrung kam ich zu diesem Schluss. Earl und ich hatten beschlossen, lieber ein Schiff als ein Flugzeug zu nehmen. Wir wollten auch weiterhin pünktlich und ohne Unterbrechung unsere Yōgaübungen ausführen. Wir übten regelmäßig eine Stunde am Morgen und eine Stunde am Abend. Wir nahmen uns außerdem noch Zeit zu meditieren und spirituelle Bücher zu lesen. Wir hatten es überhaupt nicht eilig, nach Japan zu kommen. Die gemächliche Geschwindigkeit der Schiffsreise passte gut zu unserem Lebensstil. Ich stand morgens um halb fünf auf, während die anderen noch schliefen, duschte, machte meine Yōga-Übungen und meditierte auf Deck. Die reine Luft, die Stille des weiten Ozeans und das tägliche, großartige Schauspiel der aufgehenden Sonne hatten eine beruhigende Wirkung auf mich. Der Gedanke, spirituelle Verwirklichung zu erreichen, ließ mir jedoch keine Ruhe, es verursachte ein ständiges Brennen in meinem Herzen.

Auf unerklärliche Weise keimte in meinem Herzen ein kindliches Vertrauen in einen großen Mahātmā. Ich hatte während meines ganzen Lebens nie an Gott gedacht, außer ein- oder zweimal als Kind. Als ich damals keinen anderen Weg fand, eine Sache zu bekommen, die ich unbedingt wollte, betete ich zu ihm, alles nur als Experiment. Wie erstaunte war ich damals, als mein heißer Wunsch in Erfüllung ging! Meine Eltern waren beide Agnostiker. Sie hatten mich wahrscheinlich nur in den sonntäglichen Religionsunterricht der Kirchengemeinde geschickt, weil die anderen Kinder auch dorthin gingen und nicht, weil sie an Gott glaubten oder ihn fürchteten. Gott schien nur ein Wort zu sein, das man in bestimmten Ausdrücken verwendete, wie „Gott bewahre!", „weiß Gott" oder „gottverdammt!".

Sogar jetzt dachte ich nicht, dass Gott, das universelle Wesen, mich in meinem neuen Leben leitete, sondern Ramana. Hatte er denn nicht versprochen, seine Devotees, zu denen ich mich zählte, zu führen! Ich überlegte mir nie, wie das möglich sein konnte. Wie konnte ein Mensch die Lebensumstände eines anderen lenken? Vor allem ein Mensch, der in 12.000 Meilen Entfernung gelebt hatte und vor 18 Jahren gestorben war. Nun ja, Ramana hatte das Selbst verwirklicht. Er war und ist daher nicht verschieden vom Höchsten, das weder geboren wird noch stirbt. Dies war und blieb für mich seit jener Zeit die absolute Wahrheit.

Meine Persönlichkeit änderte sich tiefgreifend und schnell. Während ich mich mit den anderen Leuten auf dem Schiff unterhielt, hörte ich mir ihre Probleme mit neugewonnenem Mitgefühl an. Mir wurde klar, dass auch der glücklichste Mensch immer weiter nach noch mehr, noch weiterem Glück strebt. Nach der Erfüllung eines Wunsches war der nächste gleich zur Stelle. Die Menschen schienen nicht zu wissen oder sich dafür zu interessieren, dass es etwas jenseits des irdischen Glücks gab. Sie beschäftigten sich ausschließlich mit Geld, Sex, Ruhm und Gesundheit. Für diese Ziele erhalten sie nur einen Pfennig Freude für ein Pfund Schweiß. Und ehe sie sich versehen, rafft das Alter und der Tod sie weg.

Als ich darüber nachdachte, wurde mir das Herz schwer: „Ist das alles, was das Leben des Durchschnittsmenschen ausmacht? Geburt, nach Vergnügen streben und dann der Tod?" Ich hatte einen Blick auf ein Glück erhascht, das jenseits von Sinnen und dem Mind liegt. Ich befand mich auf dem spirituellen Weg. Was aber war mit den anderen? Ich fand keine zufriedenstellende Antwort auf meine Zweifel und begann, das Leben der Menschen und ihre Probleme voller Mitgefühl zu betrachten. Ich erwartete von niemandem etwas, sondern gab allen, was ich nur konnte. Es kam mir vor, als ob wir Menschen aufgrund unserer Selbstbezogenheit für alles außerhalb unserer eigenen kleinen Welt genauso blind sind wie ein Frosch in seinem Brunnen.

Als ich eines Tages in der Bücherei des Schiffs herumstöberte, fiel mir ein Buch von Swāmī Śhivananda aus Ṛiṣhikēśh, einem Dorf am Fuße des Himalajas, in die Hände. Anscheinend hatte sein Schüler, Swāmī Chidananda, irgendwann dasselbe Schiff genommen und der Bücherei das Buch gestiftet. Es behandelte alle Aspekte des spirituellen Lebens. Beim Lesen stieß ich auf die Aussage, dass jeder, wer immer er auch sei, die Hilfe eines lebenden Meisters braucht, um das Selbst zu verwirklichen. Ich überlegte, was ich tun sollte. War Ramana doch nicht genug? Nachts, als alle schliefen, ging ich mit schwerem Herzen an Deck. Das erste Mal in meinem Leben weinte ich aus der Tiefe meines Herzens und rief in die dunkle Nacht hinein: „Oh Ramana! Was soll ich bloß tun? Wie kann ich ohne einen Meister das Ziel erreichen? Wer wird mir den Weg zeigen und mich lehren, ein spirituelles Leben zu führen? Gibt es noch ein anderes Wesen, das so groß ist wie du? Ich werde niemanden akzeptieren, der dir nicht gleichkommt. Wirst du mir den Weg zeigen?" Ich weinte und weinte wie ein kleines Kind, noch nie war ich so unglücklich. Auch hatte ich noch nie erfahren, wie gut es tun konnte, dem Höchsten sein Herz auszuschütten. In den nächsten Monaten stellte sich heraus, dass mein Gebet tatsächlich erhört wurde.

Das Schiff hielt in Hawaii. An diesem Tag schauten wir uns die Gegend an. Wir mieteten einen Wagen und fuhren auf der Insel herum. Dabei entdeckten wir einen wunderschönen Strand mit türkisfarbenem Wasser, blauem Himmel und scharfen Klippen, die aus dem Meer aufragten. Die Landschaft war bezaubernd schön, aber mein Mind weilte woanders. Ich konnte nichts genießen. Ich fühlte mich ein wenig wie jemand, der um einen geliebten Menschen trauert, war abwesend und konnte mich für nichts richtig begeistern. Earl und seine Frau genossen die wunderschöne Landschaft. Da ich sie nicht verärgern wollte, tat ich so, als hätte ich Interesse und Spaß daran.

Nach ein paar Tagen auf See erreichten wir Japan. Als wir in Yokohama von Bord gingen, entschied Earl, dass wir den Zug nach Kyoto, der Stadt der Tempel, nehmen sollten. Innerhalb weniger Stunden erreichten wir den Ort, der während der nächsten vier Monate mein Zuhause wurde.

Nachdem wir uns in einem gemütlichen Hotel eingerichtet hatten, wollte Earl, dass wir uns zuerst auf die Suche nach Gary Snyder, einem bekannten amerikanischen Dichter, machen. Wir wussten, dass er in Kyoto lebte. Er hatte den Āshram Ramaṇa Maharṣhis in Indien besucht und einige Gedichte für die Āshramzeitschrift geschrieben. Da er ein Devotee von Ramana war, dachten wir, dass wir ihn vielleicht fragen könnten, wo wir wohnen und was wir besichtigen sollten. Nach drei oder vier Stunden - wir hatten schon die Hoffnung aufgegeben, seine Adresse zu finden - zeigte ein Englisch sprechender Herr uns den Weg.

Gary war sehr nett und gastfreundlich. Er lud uns in sein Haus ein, bat seine Frau, für uns Tee zu kochen und erzählte uns, dass er acht Jahre lang als Zenmönch in einem Kloster gelebt hatte. Dann entschied er sich zu heiraten. Er war mit einer Japanerin verheiratet. Sie hatten seit kurzem ein Baby. Gary übersetzte gerade einige buddhistische Schriften ins Englische und schrieb immer noch Gedichte. Er hatte vor, nach Amerika zurückzukehren und eine spirituelle Gemeinschaft zu gründen. Er hätte uns nach seiner Abreise nach Amerika gerne seine Wohnung überlassen, aber sie war schon jemand anderem versprochen. Er versicherte uns, am nächsten Tag einen geeigneten Platz für uns zu finden und zu uns ins Hotel zu kommen. Gary wandte sich dann an mich und fragte mich nach meinen Plänen. Ich erzählte ihm, dass ich gerne Mönch werden wolle, vielleicht auch Zenmönch, aber noch nicht sicher sei. Ich fragte ihn nach einem Platz, wo ich einen Eindruck von solch einem Leben erhalten könnte. Er schien sich über mein Vorhaben sehr zu freuen, sagte mir, dass er mir einen solchen Ort zeigen würde, sobald wir uns niedergelassen hätten. In seiner Gegenwart fühlte ich mich sehr ruhig und wohl. Ich dachte, dass er sicherlich durch seine Zenübungen spirituell weit entwickelt sei und hoffte, dass er mich ein kleines Stück auf dem spirituellen Weg führen würde. Ich wurde nicht enttäuscht. Als wir uns verabschiedeten, brachte er uns zur Tür. In allen orientalischen Ländern zieht man die Schuhe aus, bevor man das Haus betritt. Wir hatten unsere Schuhe neben der Türe abgelegt. Gary betrachtete sie. Ein Paar war ordentlich aufgestellt, die anderen waren in der Gegend verstreut. Er wartete, um zu sehen, wem welche Schuhe gehörten. Als er sah, dass ich das zuerst erwähnte Paar anzog, lächelte er und sagte: „Ich kann die mentale Verfassung eines Menschen an einer einfachen Sache wie dieser erkennen. Jemand, der sich für Meditation interessiert, sollte immer achtsam sein. Er sollte ein ordentliches, konzentriertes Leben führen. Nur so ist es möglich, konzentriert und zielgerichtet zu meditieren."

Ich war über diesen praktischen Rat sehr glücklich. Ich denke auch heute noch an Gary, wenn ich meine Schuhe ausziehe, um in ein Haus zu gehen. Von diesem Augenblick an nahm ich mir gute Ratschläge zu Herzen. Ich setzte sie in die Tat um, bis sich das gewünschte Ergebnis einstellte. Obwohl es nur ein kurzer Rat war, war er dennoch von großer Tragweite. Nicht nur das Ausziehen der Schuhe, sondern jede Handlung sollte konzentriert und achtsam ausgeführt werden. Ich beschloss, mein Bestes zu tun, seinen Rat zu befolgen.

Am nächsten Morgen kam Gary in unsere Pension. Nach dem Frühstück machten wir uns auf die Suche nach einem Haus. Ich fühlte mich glücklich, als hätte ich einen lang vermissten Freund wiedergefunden. Ohne genau zu wissen warum, spürte ich plötzlich eine spirituelle Verbindung zu Gary. Dies war eine neue Erfahrung für mich, die sich in Zukunft noch mit vielen anderen Menschen wiederholte.

Gary zeigte uns einige Häuser. Geht es um eine wichtige Sache, spricht in Japan ein Fremder niemanden direkt an. Man muss sich erst einen Vermittler suchen. Das ist zwar ein bisschen lästig, überzeugt aber beide Seiten von der Zuverlässigkeit des anderen. Mit anderen Worten: Vorbeugen ist besser als heilen. Dieser vernünftige Brauch ist im ganzen Orient verbreitet. Wir fanden schließlich ein sehr gemütliches, zweistöckiges Haus zu einem angemessenen Mietpreis und zogen innerhalb der nächsten Tage dort ein.

Eines Abends lud Gary uns in einen nahegelegenen Zentempel ein. Er sagte mir, dass zum Tempel auch ein kleines Meditationszentrum gehörte. Es wurde von einem japanischen Zenmeister geleitet. An drei bis vier Abenden in der Woche durften dort auch Laien unter der Aufsicht des Roshi oder Meisters und seines Assistenten meditieren. Er fragte mich, ob ich dort meditieren wollte und ich sagte eifrig zu.

Wir kamen spätnachmittags gegen halb sechs Uhr an. Das Zentrum lag auf einem kleinen, eingezäunten Grundstück, das an die Außenwand des Haupttempels angrenzte. Es bestand aus einem sehr hübschen, japanischen Garten, einer Bibliothek, einem Aufenthaltsraum, einem Zimmer für den Roshi und einer

Meditationshalle genannt Zendo. Gary wechselte ein paar Worte mit dem Roshi und bat uns, in den Zendo zu treten. Wir nahmen alle auf einer Empore Platz. Ich wusste nicht, was uns erwartete und beobachtete deshalb die anderen 20 Leute. Ein Gong wurde geschlagen und sie setzten sich aufrecht auf ihre Kissen. Ich saß in halber Lotusstellung und versuchte mich auf das „Ich" in mir zu konzentrieren. Ich konnte sehen, wie der Assistent des Roshi langsam mit einem Stock in der Hand in der Halle auf und abging. Ich fragte mich, wozu dieser Stock wohl sei. Meine Frage wurde bald beantwortet. Der Assistent kam zu meinem Nachbarn und klopfte ihm mit dem Stock leicht auf die Schulter. Nachdem sie sich auf orientalische Art mit zusammengelegten Händen gegrüßt hatten, beugte sich mein Nachbar nach vorne. Er erhielt zwei scharfe Stockschläge auf den Rücken. Vor Angst sprang ich innerlich hoch!

Aus Furcht vor den Schlägen konnte ich mich nicht mehr konzentrieren. Meine Gedanken waren auf den Mann mit dem Stock gerichtet. Nach einer halben Stunde schliefen meine Beine ein und mein Rücken krümmte sich etwas, doch wagte ich mich nicht zu bewegen um nicht geschlagen zu werden. Ich dachte, dass meine Beine abfallen oder zumindest nie mehr lebendig würden! Der Assistent ging weiter in der Halle auf und ab. Dann blieb er zu meinem großen Kummer direkt vor mir stehen. Er klopfte mit dem Stock auf die Schulter. Schweiß lief mir aus allen Poren. Ich grüßte ihn, beugte mich nach vorne und ZACK! Es war schon vorbei, bevor mir überhaupt klar wurde, was passiert war. Ich fühlte etwas Brennendes, aber keinen Schmerz. Andererseits fühlte ich mich sofort belebt und nahm eine aufrechte Sitzhaltung an. Meine Beine waren jedoch immer noch wie aus Holz.

Nach vierzig Minuten ertönte der Prajnāpāramitā Sūtra Gong. Die Meditierenden standen auf und gingen einzeln aus dem Zendo. Sie liefen schnell und schweigend fünf Minuten lang im Kreis, während sie versuchten, ihre Meditation weiterzuführen. Dann betraten sie wieder den Zendo und meditierten weiter. Das Ganze wiederholte sich noch einmal. Zum Schluss chanteten einige Mönche laut schallend den Sūtra und alle verneigten sich. Danach gingen sie in den Aufenthaltsraum und tranken dort mit dem Roshi eine Tasse Tee. Obwohl der Roshi fast sechzig Jahre alt war, strahlte er eine kindliche Unschuld aus. Ich fragte ihn, wie er einen solchen Zustand des Glücks erreicht hatte.

„Ich wurde mit acht Jahren Mönch. Ich war von der Richtigkeit von Buddhas Lehre überzeugt und widmete mich völlig der Aufgabe, Verwirklichung zu erlangen. Als der Zweite Weltkrieg ausbrach, wurden sogar Mönche zum Militärdienst eingezogen. Zwei oder drei von ihnen wurden aufgrund ihrer Hingabe an das klösterliche Leben jedoch davon befreit. Ich war einer von ihnen. Durch harte Arbeit habe ich den gegenwärtigen, glückseligen Zustand erlangt, manchmal schien es, als würden meine Knochen brechen. Wenn du das Gleiche anstrebst, musst du bereit sein, deine Knochen zu brechen." Diese Worte hinterließen einen tiefen Eindruck in meinem Mind.

Nach dem Tee kehrten wir zu unserem Haus zurück. Gary sagte, dass wir viermal wöchentlich zur gleichen Zeit im Zendo meditieren könnten. Dann verabschiedete er sich von uns. Auf dem Heimweg empfand ich keine schmerzhafte, sondern eine äußerst erfrischende Art der Demütigung. Unbewusst hatte ich mich selbst sehr hoch eingeschätzt. Aber mein Stolz und meine Arroganz hatten durch den Stock des Assistenten einen tiefgehenden Schlag erhalten. Die Worte des Roshi hallten in meinen Ohren. Ich beschloss, am nächsten Meditationsabend wieder in den Zendo zu gehen und „meine Knochen zu brechen".

Zwei Tage später gingen Earl und ich wieder in das Meditationszentrum. Ich trat direkt in den Zendo ein und fand einen Platz zum Sitzen. Die sommerliche Hitze war erdrückend und die Stechmücken hielten ein Festmahl. Im Zendo bewegte sich nicht das geringste Lüftchen. Nun ja, ich war doch gekommen, um meine Knochen zu brechen oder? Das Sitzen begann mit dem Schlagen des Gongs. Ich hatte meine Meditation gerade begonnen, als mein Mind sich sehr stark konzentrierte. Die Gedanken nahmen ab und das Gefühl „Ich bin" äußerte sich deutlich wie ein feines inneres Leuchten oder ein Lichtstrom. Ich fühlte ziemlich deutlich, dass ich weder Körper noch Mind war, sondern nur dieser Lichtstrom. Ich fühlte mich erhoben!

Die Erfahrung hielt sogar noch nach dem Sitzen an. Als Earl und ich den Zendo nach der Meditationssitzung verließen, stieß ich fast mit einem vorbeifahrenden Bus zusammen. Es fiel mir sehr schwer, mich auf äußere Dinge zu konzentrieren. Ich kümmerte mich wenig um die Folgen. Glücklicherweise hielt Earl mich am Arm zurück. Er fragte mich, was los sei. Ich dachte, dass er mir vielleicht nicht glauben oder meine Stimme möglicherweise stolz klingen könnte. Nach einem kurzen Moment des Überlegens antwortete ich vorsichtig: „Während ich meditierte, spürte ich plötzlich nur noch das „Ich" und nicht mehr den Körper. Mein Körper schien etwas Fremdes, von mir Getrenntes zu sein. Ich habe noch immer dieses Gefühl. Mein Mind fühlt sich an wie nach einer Reinigung mit kühlem Wasser. Er ist sehr ruhig und klar. Erst jetzt fange ich an, etwas von der Bedeutung von Ramanas Lehren zu verstehen."

Earl schien völlig von seiner eigenen Welt absorbiert. So erreichten wir das Haus, ohne ein weiteres Wort zu wechseln. Das leuchtende Gefühl hielt noch etwa eine halbe Stunde lang an. Dann verschwand es allmählich. Ich wollte diesen Zustand natürlich gerne wieder erleben und freute mich schon auf die nächste Meditation im Zendo. In jeder Meditationssitzung machte ich die gleiche Erfahrung von Klarheit und kühlem, reinen Licht. Die Hitze, Stechmücken und Schmerzen in den Beinen ließen mich nur umso mehr an der inneren Ruhe festhalten. Nach einer solchen Sitzung hatte ich das Gefühl, dass mein Mind eine kühle Dusche erhalten hatte, obwohl die sommerliche Hitze eigentlich unerträglich war. Ich fand das Wetter sogar recht angenehm. Das innere Licht blieb nach der Meditation noch eine Weile erhalten. Es verblasste dann wieder wie zuvor.

Eines Tages lud Gary uns zu einem Picknick in sein Haus ein. Als wir dort eintrafen, waren schon acht oder zehn andere Westler, Freunde von ihm, da. Wir gingen alle auf einen Hügel in der Nähe des Hauses und setzten uns im Kreis um Gary. Dann begann er zu singen:

„Harē Krishna Harē Krishna Krishna Krishna Harē Harē
Harē Rāma Harē Rama Rāma Rāma Harē Harē."

Er sang aus vollem Herzen, sah dabei aus, als wäre er den Tränen nah. Ich war tief bewegt und wollte wissen, was er sang. Nach dem Singen saßen wir alle noch eine Weile still beisammen. Dann fragte ich ihn nach dem Lied.

„Ein Freund von mir, Richard Alpert (heute als Ramdas bekannt), der einige Zeit in Indien gelebt hat, brachte mir dieses Lied bei. Es besteht aus verschiedenen Gottesnamen. In Indien hat die Höchste Realität verschiedene Namen. Hier nennen wir sie Buddhanatur, dort nennen die Menschen sie Krishna, Rāma oder Hari. Durch das Singen des Göttlichen Namens erfährt man ein einzigartiges Glücksgefühl. Man sollte versuchen, während des Singens mit ihm zu verschmelzen und eins mit ihm zu werden."

Nachdem ich das hörte, wurde mein Interesse an einer Reise nach Indien wieder neu entfacht. Durch die Meditation im Zendo erlebte ich einen gewissen spirituellen, inneren Frieden, hatte aber unterschwellig ständig das Gefühl, nicht zu Japan zu gehören. Die buddhistische Kultur erschien mir fremd. Ich konnte mir nicht vorstellen, sie je als meine eigene zu betrachten. Nachdem wir vier Monate in Japan verbracht hatten, war auch Earl sehr darauf bedacht, bald nach Indien weiterzureisen. Wir besorgten uns Tickets für das erste Schiff nach Bangkok. Nachdem wir uns von Gary und seiner Familie verabschiedet hatten, begann die Reise.

Bevor wir in Bangkok ankamen, hielten wir noch in Manila, Hong Kong und ein paar anderen Orten. In Bangkok fanden wir ein billiges Zimmer und wollten die Stadt besichtigen. Während Earl und seine Frau sich nach Sehenswürdigkeiten erkundigten, beschloss ich, meine Yōgaübungen zu machen. Ich war gerade fertig und befand mich im Lotussitz um zu meditieren, als es an die Tür klopfte. Eine weibliche Stimme fragte, ob sie eintreten dürfte. Als ich ja sagte, öffnete sich die Tür und eine attraktive, jedoch spärlich bekleidete Frau trat ein. Zuerst verstand ich nicht, was sie wollte, da sie Thailändisch sprach. Ich nahm an, sie sei eine Hotelangestellte und beobachtete eine Weile ihre Gesten. Doch plötzlich wurde mir klar, dass sie eine Prostituierte auf der Suche nach Freiern war. Ich hatte noch nie eine Prostituierte gesehen oder zumindest noch nie eine als solche erkannt. Einen Moment lang fühlte ich eine leichte Versuchung. Als mir bewusst wurde, dass ich im Lotussitz saß, gewann ich meine Stärke zurück und sagte: „Ich mache Yōga. Siehst du das nicht?". Sie konnte mich natürlich nicht verstehen. Wahrscheinlich hatte sie auch noch nie jemanden Yōga machen sehen. Sie fragte mich weiter, ob sie bleiben sollte. Ich antwortete

immer nur „Yōga, Yōga", bis sie schließlich ungeduldig wurde
und beleidigt den Raum verließ. Irgendwie hatte ich mich vor
einem Fall bewahrt, fühlte mich aber trotzdem ziemlich elend.
Ich hatte nicht die mentale Stärke aufgebracht, einfach zu sagen,
dass sie rausgehen soll.

Die Besichtigungen in Thailand bestanden darin, dass wir
uns einen buddhistischen Tempel nach dem anderen anschauten. Dies machte mich nur noch unruhiger. Ich wollte Indien
erreichen- das Land, aus dem der Buddhismus stammte. Nach ein
paar Tagen nahmen wir ein Flugzeug und kamen im gesegneten
Land der Weisen an. Während ich im Flughafen in Kalkutta auf
den Anschlussflug nach Nepal wartete, merkte ich kaum, dass ich
auf einem Flughafen war. Jeder Zentimeter dieses Landes, jeder
Baum und jede Person schienen mir heilig zu sein. Ich dachte
immer wieder daran, dass dies das Heilige Land ist, in dem Sri
Kṛiṣhṇa geboren wurde und Arjuna die Bhagavad Gītā lehrte.
Hier wurde Buddha geboren und verbreitete die Botschaft der
Erleuchtung. Ramana erlangte hier das Wissen um das Selbst.
Jeder bärtige Mann schien mir ein Heiliger zu sein. Man könnte
sagen, dass ich zu leichtgläubig war. Aber nach achtzehn Jahren in Indien halte ich es immer noch für den heiligsten Ort
auf Erden. Meine Freude darüber, in Indien zu sein, konnte ich
nicht in Worte fassen. Kaum angekommen, befanden wir uns
aber auch schon auf dem Weg nach Nepal.

Nach der Ankunft in Kathmandu machten wir uns auf den
Weg zu Barbaras Haus, der Yōgalehrerin meines Bruders aus
Amerika. Sie hatte schon viele wichtige Veränderungen in meinem Leben bewirkt, indem sie mir die Bhagavad Gītā zu lesen
gab und mir später vorschlug, Mönch zu werden. Ich fragte
mich, was ich jetzt von ihr lernen würde. Barbara und ihr Mann
hatten von der nepalesischen Regierung ein wunderschönes,

großes, dreistöckiges Haus als Wohnsitz erhalten. Es lag ganz in der Nähe des Indischen Konsulats, nur wenige Minuten von den Reisfeldern entfernt. An klaren Tagen konnte man in der Ferne die schneebedeckten Gipfel des Himalajas sehen. Barbara hatte das obere Stockwerk des Hauses in ein Studio verwandelt, in dem sie Yōga praktizierte und lehrte. Es war luftig, voller Licht und hatte eine wunderschöne Aussicht in alle Richtungen. Ich bekam ein Einzelzimmer.

Barbara war gerade von einer Indienreise zurückgekehrt. Sie hatte Südindien und Ramaṇa Maharṣhis Āśhram besucht. Sie sprudelte über vor Freude und erzählte, dass sie Ramanas Gegenwart dort deutlich gespürt habe. Der spirituelle Frieden sei so spürbar gewesen, dass man ihn fast mit einem Messer schneiden konnte. Es sei nicht der Frieden eines Friedhofs, sondern der strahlende Frieden, der einen selbstverwirklichten Weisen umgibt. Der heilige Berg Aruṇāchala sei ihr wie ein Lebewesen vorgekommen. Sie habe ihn oft bestiegen und viele Male umwandert, wobei sie eine tiefe mentale Konzentration erfahren habe. Außerdem berichtete sie mir von einem Schüler Ramanas namens Ratnamji. Dieser lebt im Āśhram und verkörpert das wahre Leben des Āśhrams. Sie war sogar der Meinung, dass der Āśhram ohne ihn zwar ein Ort des Friedens wäre, aber ohne Leben. Ratnamji war im Jahre 1942 im zarten Alter von 20 Jahren zu Ramana gekommen und bis 1950, als Ramana seinen Körper verließ, sein persönlicher Diener gewesen. Danach ist Ratnamji durch ganz Indien gereist. Er ist in engen Kontakt mit einigen der größten Weisen des Landes gekommen und hat einigen von ihnen gedient. Dreißig Jahre seines Lebens hat er sich intensiver, spiritueller Disziplin und dem Studium spiritueller Schriften gewidmet. Ein sichtbares Leuchten umgibt ihn und er hat eine immense Kenntnis der Schriften. Das Stärkste ist, seine

Worte haben eine Kraft, die den Zuhörer in die erhabensten Höhen des Verstehens und Erlebens versetzen. Barbara sagte mir, dass ich es nicht versäumen solle, ihm zu begegnen. Das war natürlich mehr, als ich ertragen konnte. Ich war sowieso schon ungeduldig, den Āśhram zu erreichen. Nachdem ich diese Worte vernommen hatte, wuchs mein Verlangen noch mehr. Ich hatte nur noch einen Gedanken, einen Wunsch, nämlich sofort alles zusammenzupacken und in die heilige Gegenwart Ramanas zu eilen. Earl hingegen wollte sich das Land ansehen und schlug vor, gemeinsam in die Berge des Himalajas zu fahren. Ich selbst richtete meinen Blick jedoch ständig auf den Boden. Ich versuchte, Tag und Nacht an meiner Meditation festzuhalten. Ich sagte ihm, dass die Berge des Himalajas immer da sein würden, wir dagegen aber nicht. Die spirituelle Verwirklichung müsse sofort erzielt werden. Meine Worte versetzten ihn völlig ins Schweigen. Ich erklärte ihm, dass ich lieber nach Indien reisen würde, um Ramanas Āśhram so bald wie möglich zu erreichen.

In einer Mischung aus verletzten Gefühlen und Wut sagte Earl mir, dass ich tun könnte, was ich will, und nicht mit ihm zu reisen brauche. Bis dahin hatte er mich geführt und immer auf mein Glück und Wohlergehen geachtet. Er hatte unsere Reise geplant und die Verantwortung übernommen, dass unser Leben glatt verlief. Es war nur natürlich, dass mein plötzlicher Unabhängigkeitsdrang ihn verletzte. Aber was konnte ich tun? Ich fühlte mich wie ein kleiner Eisenspan, der von einem starken Magnet angezogen wird. Ich sagte ihm das und besorgte mir eine Fahrkarte nach Indien.

Am nächsten Tag fuhr ich mit Earl, Barbara und ihrem Mann zum Flughafen, wo sie mich nach nur wenigen Tagen in Nepal schon wieder verabschiedeten. Ich war mir meines Vorhabens nicht ganz sicher. Mit 19 Jahren machte ich mich auf eigene

Faust auf den Weg. Tausende Meilen entfernt von meiner eigenen Kultur stand ich kurz davor, in eine neue Kultur einzutauchen, von der ich so gut wie nichts wusste. Ich hatte keine konkreten Zukunftspläne. Mein einziges Ziel war es, auf irgendeine Weise Ramanas Āśhram zu erreichen und die Verwirklichung des Selbst zu erlangen. Nicht dass ich den inneren Ruf, alle und alles zu verlassen, anzweifelte. Dieser Ruf war so klar wie die Mittagssonne. Trotzdem bereitete mir die ungewisse Zukunft etwas Angst.

Als ich in Kalkutta eintraf, nahm ich das erste Flugzeug nach Madras, Südindien. Dieser Flughafen lag meinem Ziel Tiruvannamalai am nächsten. In Madras nahm ich ein Hotelzimmer, stellte meine Taschen darin ab und machte einen Spaziergang. Ich sah, dass die meisten Menschen barfuß gingen. In diesem Klima schien man keine Schuhe zu brauchen. Die Männer trugen statt Hosen ein langes Tuch, Dhōti genannt, das sie um die Hüften schlangen. Man konnte es leicht waschen und schnell trocknen. Zudem war es billig und an das heiße Klima angepasst. Ich beschloss, meine westliche Kleidung inklusive der Schuhe aufzugeben. Ich kaufte einen Dhōti und bat den Hotelmanager, mir zu zeigen, wie man trägt. Nachdem er es mir demonstriert hatte, versuchte ich viele Male, den Dhōti um meine Taille zu binden. Doch rutschte er mir beim Laufen ständig herunter. Plötzlich stand ich in Unterhosen in der Eingangshalle des Hotels da! Mit einiger Mühe schaffte ich es schließlich, ihn längere Zeit anzubehalten.

Als nächstes musste ich mich an das indische Essen gewöhnen. Ich hatte noch nie in meinem Leben einen roten Chili gegessen. Obwohl der Name auf Englisch „eiskalt" (chilly) heißt, war er alles andere als das! Die Inder essen auch alle mit den Händen und nicht mit einem Löffel oder einer Gabel. Die Verwendung von Besteck beim Essen sei ihrer Meinung nach so ähnlich wie der Einsatz eines Dolmetschers in einer Liebesbeziehung. Der Kellner im Restaurant bot mir einen Löffel an, aber ich lehnte ab. Ich schaute mich schüchtern um zu sehen, wie die anderen aßen und versuchte mein Glück. Ich muss gestehen, dass ich zwar mehr von dem Essen in meinen Mund bekam als mit Stäbchen, aber trotzdem nicht besonders viel. Der Kellner drängte mich noch mehrmals, einen Löffel zu benutzen, aber ich blieb stur. Ich brauchte eine halbe Stunde, um das zu essen, was der Mann am Nebentisch in zehn Minuten verspeiste. Ganz zu schweigen von der Sauerei auf dem Tisch und meiner Kleidung, was mir ultrapeinlich war. Halbtot stand ich schließlich von meinem ‚Schlachtfeld' auf und ging stolzen Schrittes die Hände waschen. Ich war froh, dass das Schlimmste vorüber war und hoffte, es das nächste Mal besser zu machen!

Am nächsten Morgen sagte mir der Hotelmanager, dass ich ab sechs in der Früh stündlich einen Bus nach Tiruvannamalai bekommen könnte. Glücklicherweise schrieb er den Namen des Ortes in der Landessprache auf einen kleinen Zettel. Er sagte mir, dass meine Aussprache so komisch sei, dass ich wahrscheinlich in Pakistan landen würde! Ich zahlte und nahm eine Autoriksha zur Bushaltestelle. Ich zeigte meinen Zettel herum und wurde zu einem Bus manövriert. Mit dem Koffer in der einen Hand, dem Zettel mit dem Namen des Ortes in der anderen und dem Dhōti, der mir immer wieder runterrutschte, muss ich für die anderen Passagiere eine komische Figur abgegeben haben! Schließlich fuhr der Bus ab. Ich ließ mich auf der unbequemen Sitzbank nieder und wartete darauf, einen Blick auf den heiligen Berg Aruṇāchala zu erhaschen.

KAPITEL 2

Das Gefäß wird geleert – Tiruvannamalai – 1968

Nach zweihundert Kilometern und fünf Stunden befand ich mich am Fuß des heiligen Berges. Die alten hinduistischen Legenden berichten, dass dieser Berg der erste Ort auf Erden war, an dem Gott sich nach dem Schöpfungsakt manifestierte. Er nahm die Gestalt einer strahlenden Lichtsäule an, die sich bis in die Endlosigkeit des Himmels erstreckte. Seine Anhänger beteten dafür, Gott möge eine gröbere Form annehmen. So verwandelte er sich in einen Berg: Aruṇāchala, das heißt der rote oder der feurige Berg, wobei die Farbe Rot mit dem Göttlichen Licht gleichgesetzt wird. Im Laufe der Jahre haben sich zahllose spirituell Suchende am Aruṇāchala niedergelassen. Sie erkannten, dass die Nähe des Berges förderlich für ihre spirituellen Übungen war. Dabei hinterließen einen reichen, poetischen Schatz. Darin preisen sie die Macht des Berges und seine Fähigkeit, die spirituelle Unwissenheit des Menschen zu vertreiben und die im Inneren leuchtende Wahrheit zu offenbaren. In jüngerer Zeit war es Ramaṇa Maharṣi, der sich selbst nach seiner Verwirklichung noch sehr stark zu diesem Berg hingezogen fühlte. Er lebte dort über 50 Jahre lang. Er berichtete seinen Devotees aus eigener Erfahrung, dass das Höchste sich an bestimmten Orten der Erde in einem besonders dichten Maße manifestiert, obwohl es alles durchdringt. Fortgeschrittene auf dem spirituellen Weg können den Einfluss dieser Orte fühlen und für ihre spirituelle Entwicklung nutzen. Zahllose Asketen und Weise haben ihre spirituellen Übungen am Aruṇāchala ausgeführt. Deshalb war und ist dieser Berg ein idealer Ort, um den Mind zu disziplinieren und auf das Verschmelzen mit der Wahrheit vorzubereiten. Eine Gruppe amerikanischer Geologen, die vor einigen Jahren Steinproben von diesem Berg entnahm, fand heraus, dass er sich zur gleichen Zeit formiert hatte wie die Erdkruste. Die vielen Bodenerhebungen und Überflutungen, die im Laufe der Zeitalter die Erde heimsuchten, ließen den Aruṇāchala unberührt.

Von der Bushaltestelle aus konnte ich die Stadt sehen, wie sie sich an den Fuß des Berges schmiegte. In der Stadtmitte lag der große Tempelkomplex. Dieser war bis zum Aufkommen der Kinos Brennpunkt des religiösen und sozialen Lebens der Menschen. Das ganze Jahr hindurch wurden viele Feiern veranstaltet, bei denen Musik, Tanz und Schauspiele aufgeführt wurden. Die Menschen errichteten Stände, an denen sie verschiedenartige Nahrungsmittel und Haushaltswaren einschließlich Kinderspielzeug verkauften. Jeden Abend nach Sonnenuntergang las ein Gelehrter aus den alten Schriften einige Verse vor und erklärte sie der versammelten Menge. Dies sollte dem Mann von der Straße moralische Werte vermitteln und ihm den erhabenen Sinn des Lebens bewusstmachen. Auch Gelehrte von außerhalb wurden eingeladen, Vorträge zu halten. Diskussionsrunden wurden arrangiert. Auf diese Weise versuchten die Weisen in früherer Zeit, das Bewusstsein der Massen zu wecken

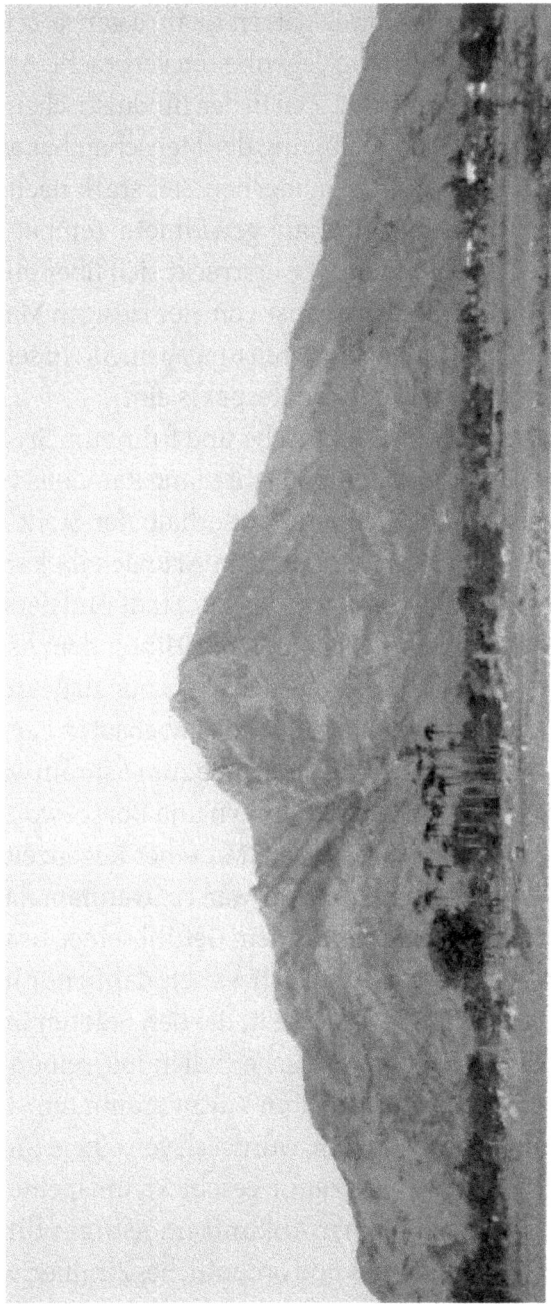

Der heilige Berg Aruṇāchala

und anzuheben; andernfalls hätten sie ihre ganze Zeit mit der Verrichtung weltlicher Angelegenheiten verbracht. Auch heute noch kann man diese Aktivitäten in den hinduistischen Tempeln beobachten. Doch die Beteiligung der Menschen hat auf Grund der Vergnügungssucht der modernen Zeit stark nachgelassen. Der dem Herrn als Aruṇāchala gewidmete Tempel ist einer der größten Tempel Indiens. Er erstreckt sich über eine Fläche von 6.000 Quadratmetern und ist von vier riesigen Mauern mit mächtigen Türmen auf allen Seiten umgeben. Allein seine Größe flößt ein Gefühl ehrfürchtigen Respekts ein.

Ich stieg in eine Pferdekutsche und fuhr zum Sri Ramana-Āśhram. Dieser war mehr als 50 Jahre lang Ramanas Wohnsitz. Er liegt ungefähr 2,5 Kilometer außerhalb der Stadt in einem friedlichen Vorort. Als Ramana zum Aruṇāchala kam, gab es diese Vororte noch nicht. Zwischen der Stadt und dem Āśhram (= Einsiedelei) lag nur unbebautes Land. Hinter dem Āśhram lag der städtische Friedhof, den die Menschen nur zu Beerdigungen aufsuchten. Jetzt gab es kein Fleckchen unbebauten Landes mehr zwischen Stadt und Friedhof. Die Straße zum Āśhram war immer voller Ochsenkarren, Fahrradfahrern und Dorfbewohnern, die zu Fuß von und zur Stadt gingen. Mit einer Regenzeit von nur einem oder zwei Monaten im Jahr war Tiruvannamalai ein heißer und staubiger Ort. Dies tat dem Gefühl seiner uralten Heiligkeit jedoch keinen Abbruch. Ich war bis dahin nur in Madras gewesen. Dies ist eine große Stadt, die den Städten im Westen ähnelt. Jetzt sah ich das wirkliche Indien mit seinen Dörfern, die aus einer einfachen und alten Kultur stammten.

Als ich im Āśhram ankam, wurde ich von einem Bürojungen begrüßt. Ich hatte ein Telegramm geschickt, um meine Ankunft anzukündigen. Nach meiner Ankunft im Āśhram führte man mich sofort in ein sauberes und ordentliches Zimmer, wo ich auf mich allein gestellt war. Das Zimmer war einfach eingerichtet und verfügte über ein Bett, ein Wandregal und einen Ventilator. Dies sollte mein neues Zuhause sein. Entschlossen, bis zur Selbstverwirklichung hier zu bleiben ganz gleich, was kommen mag, dachte ich an den Kummer meiner Mutter, da ich so weit entfernt war. Ihr Bild tauchte immer wieder vor meinem inneren Auge auf. Später erfuhr ich, dass selbst wenn man sich von Verwandten, Freunden und anderen menschlichen Kontakten löst, können deren weiter fortbestende Gedanken den Meditierenden ablenken. Nachdem ich einige Zeit mit derartigen Ablenkungen kämpfte, bat ich Ramana inständig, meinen Mind nur mit seiner Gegenwart zu erfüllen. Danach legten sich nach und nach die Gedanken an die Vergangenheit.

Als ich im Zimmer saß und überlegte, was ich als Nächstes tun könnte, erschien der Junge von vorhin und fragte mich, ob ich den Āśhram sehen wolle. Begierig stimmte ich zu. Das Āśhramgelände erstreckte sich über ungefähr 1.500-1.700 Quadratmeter Land. Der Āśhram verfügte über einen großen Essenssaal und eine Küche, ein Büro und eine Bibliothek, einen Kuhstall, eine Schule zum Lernen der Vēden (= hinduistische Schriften), Unterkünfte für männliche Gäste und ein kleines Krankenhaus. Frauen und Familien wurden außerhalb des Āśhramkomplexes in Hütten untergebracht. Sie waren eigens zu diesem Zweck errichtet worden. Auf Ramanas Wunsch hin sollten Frauen das Āśhramgebäude nach Einbruch der Dunkelheit verlassen und in den direkt außerhalb gelegenen Unterkünften schlafen. Dies sollte die gegenseitige Versuchung der beiden Geschlechter und die daraus entstehenden Probleme vermeiden. Obwohl Ramana Männer und Frauen gleichbehandelte, war er sich der menschlichen Schwächen vollkommen bewusst. Die Menschen, die zu ihm kamen, wollten ganz offensichtlich den

Mind und die Sinne zähmen, um über sie hinaus zum wahren Selbst zu gelangen. Er wusste, dass Sex die stärkste Kraft ist, die den menschlichen Mind ablenkt. Es sollte eine förderliche Atmosphäre geschaffen werden, die derartige Möglichkeiten einschränkt. Männer und Frauen über Nacht getrennt unterzubringen, schien als das beste Mittel dafür.

Am stärksten fühlte ich mich zu Sri Ramanas Grab oder Samādhi, wie es genannt wird, hingezogen. Als ich den Samādhi das erste Mal sah, fand gerade eine rituelle Verehrung statt. Der Samādhi war zu allen Seiten offen und nur von einem Gitter umgeben. Auf dem Grab lag eine große, weiße Lotusblüte aus Marmor, auf der ein Śhivaliṅgam oder schwarzer, ovaler Stein von zwölf bis fünfzehn Zentimetern Länge ruhte. Die hinduistischen Weisen kamen im Laufe der Zeitalter zu dem Ergebnis, dass die runde oder ovale Form am besten die gestaltlose Wirklichkeit ohne Anfang und Ende darstellt. Das gestaltlose Höchste ist wegen seiner extremen Feinheit nicht vorstellbar. Die Weisen der alten Zeit kamen daher zu dem Schluss, dass es sehr schwierig ist, sich darauf zu konzentrieren, wenn man dem Mind kein Bild gibt. Durch die Konzentration auf eine Form, die das Göttliche darstellt, gewinnt der Mind nach und nach an Klarheit und Feinheit und beginnt, in sich das Göttliche wahrzunehmen. In diesem Stadium erscheinen alle Formen des Universums von Göttlichkeit durchdrungen, da der Mind das Göttliche in sich aufgenommen hat. Es ist vergleichbar mit einer grünen Sonnenbrille, durch die alles grün erscheint. Es ist bekannt, dass die Welt entsprechend der psychischen Verfassung eines Menschen wahrgenommen wird. Wenn der Mind von der Gegenwart des Göttlichen erfüllt ist, erkennt er denselben Wert in allem. Das bedeutet, dass überall das Göttliche gesehen wird. Dieser Zustand wird natürlich erst mit einer ungestörten

Konzentration erreicht. Einige Mahātmās wissen aus Erfahrung, dass man eine solche Konzentration erreichen kann, indem man eine Form aus den unendlichen Formen des Universums auswählt und das Göttliche darin visualisiert.

Im hinduistischen Ritual behandelt man Gott als seinen geliebten Gast und bringt ihm hingebungsvoll zahlreiche Dinge dar, wie zum Beispiel Wasser, Nahrung, Blumen oder Lieder. Die letzte Darbringung einer Verehrung ist das Verbrennen von Kampfer vor einem Bildnis. Kampfer hinterlässt bei seiner Verbrennung keine Asche, er verflüchtigt sich vollständig. Verbrennt man ihn vor Gott, sollte man sich vorstellen, ihm seine Individualität darzubringen. Wenn die Individualität angeboten und angenommen wird, bleibt das Göttliche allein als die Essenz des Selbst übrig. Dies ist Selbstverwirklichung. Während ich beobachtete, wie der Priester, den Kampfer vor dem Samādhi verbrannte, spürte ich deutlich, wie eine lebendige Präsenz vom Grab strahlte. Sie ähnelte dem Lichtstrom, den ich während der Meditation erlebte. Der Unterschied war nur, dass dieses Strahlen von außerhalb in mich einströmten. Ein tiefes Gefühl des Friedens durchflutete mich. Ich war angenehm überrascht, als ich erfuhr, dass an diesem Ort die heiligen Überreste Ramaṇa Maharṣhis begraben waren.

Ab diesem Tag wurde sein Grab 12 Jahre lang zum Mittelpunkt meines Lebens. Es war dieser Ort, an dem ich seine lebendige Gegenwart spürte und allein durch diese Präsenz Antworten auf viele Zweifel bekam. Zu dieser Zeit machte ich mir keine Gedanken darüber, ob Gott existierte oder nicht. Ich wusste, dass Ramana stets auf mich aufpassen wird. Allmählich dämmerte mir, dass die Wesenheit, die ich Ramana nannte, von den Menschen verschiedener Glaubensrichtungen auch Gott, Allah, Christus oder Kṛiṣhṇa genannt wird. Die unendliche

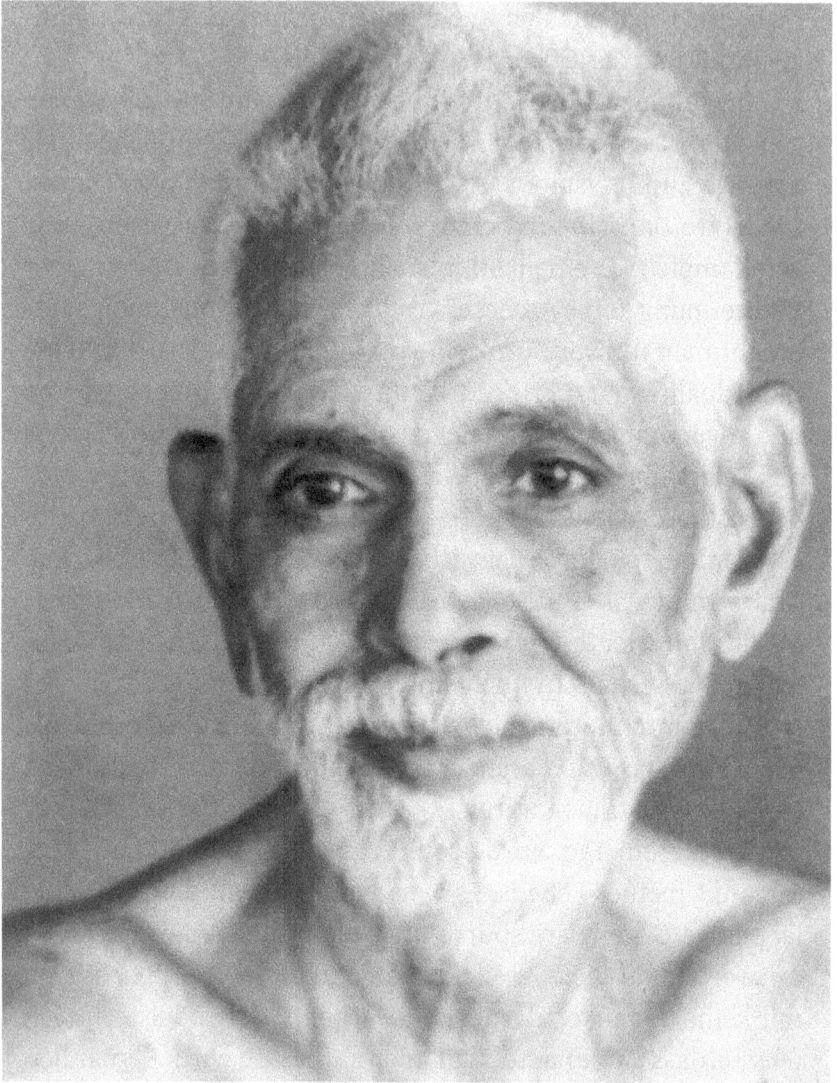

Sri Ramana Maharshi

Wirklichkeit konnte jede erdenkliche Erscheinungsform annehmen, abhängig von Zeit und Ort, um ihre Anhänger zu segnen und zu leiten.

In jener Nacht hatte ich zum ersten Mal in meinem Leben eine Vision, wie ich es nennen würde. Ich war gerade eingeschlafen. Ich saß auf dem Bett, als Ramana in mein Zimmer trat. Er setzte sich neben mich, tätschelte sanft mein Knie und sagte dabei: „Ich bin froh, dass du gekommen bist." Sein Gesicht leuchtete in göttlichem Glanz. Seine Gegenwart strahlte Sanftheit und Glückseligkeit aus. Ich fühlte mich wie ein Kind in der Nähe seiner Mutter. Plötzlich wachte ich auf, ohne dass eine Spur von Müdigkeit zurückblieb. Mein unsicherer Mind war nun bestärkt, dass es richtig war, alles hinter mir zu lassen und zu ihm zu kommen. Dies war nur die erste vieler Visionen dieser Art.

Vom nächsten Tag an befolgte ich eine tägliche Routine, die überwiegend aus Meditation zusammen mit einem Studium der Schriften und Yōga bestand. Ich glaubte, acht Stunden Schlaf zu brauchen. Also ging ich um 9 Uhr zu Bett und stand um 5 Uhr in der Früh auf. Nach der Abendmahlzeit um halb acht war ich immer gegen 9 Uhr müde, außer etwas beanspruchte meine Aufmerksamkeit. Später erkannte ich, dass eine reichhaltige Abendmahlzeit aufgrund des Verdauungsvorgangs Schläfrigkeit und Müdigkeit mit sich bringt. Wenn man abends wenig oder gar nichts isst, reichen fünf bis sechs Stunden Schlaf völlig aus.

Die meiste Zeit verbrachte ich in der Halle, in der Ramana die letzten 25 Jahre seines Lebens inmitten seiner ständig wachsenden Anhängerschar gelebt hatte. Der Raum wurde nach seinem Tod in eine Meditationshalle umfunktioniert. Man konnte dort zu jeder Tageszeit von 4 Uhr morgens bis 10 Uhr abends meditierende Menschen finden. Ich verbrachte dort etwa acht Stunden am Tag in Meditation.

Einen Monat nach meiner Ankunft im Āśhram ereignete sich ein höchst bedeutsamer Vorfall. Ich war auf dem Weg von meinem Zimmer zur Meditationshalle und hielt den Blick wie üblich fest auf den Boden gerichtet, als mich jemand ansprach, der aus der entgegengesetzten Richtung kam: „Sag, Bruder, hast du eine gute Meditation? Ich sehe, dass du jeden Tag so viele Stunden in der Halle meditierst." Als ich aufblickte, sah ich eine bärtige Gestalt mit einem Glanz um sich herum, der so deutlich sichtbar war, dass mich ein Stoß durchfuhr und ich nur „hm", brummte. Auch er war auf dem Weg irgendwohin und hielt nicht an, um sich mit mir zu unterhalten. Ich erinnerte mich vage, darüber gelesen zu haben, dass Heilige einen göttlichen Glanz um sich haben, doch hatte ich niemals persönlich etwas Derartiges gesehen oder doch? Als Ramana mir einen Monat zuvor im Traum erschienen war, hatte ich einen ähnlichen Glanz auf seinem Gesicht gesehen. Ich fragte mich, wer dieser vertraute Fremde wohl sei. Aber der Anblick seines Glanzes hatte meinen Mind so betäubt, dass ich nicht klar denken konnte. Ich saß benommen in der Meditationshalle.

Am Nachmittag sprach mich ein amerikanisches Ehepaar an, das den Āśhram besuchte. Sie fragten mich, ob ich Interesse daran hätte, an diesem Abend einen Vortrag von einem Schüler Ramaṇa Maharṣhis zu besuchen. Ich sagte zu und verabredete mich nach dem Abendessen mit ihnen auf dem Berg hinter dem Āśhram. Als ich den Ort gegen 20 Uhr erreichte, war ich verblüfft. Der Schüler war niemand anderer als der bärtige Mann, mit dem ich an jenem Morgen gesprochen hatte. Er begrüßte mich mit einem breiten Lächeln und bat mich, neben ihm Platz zu nehmen. Er sprach über einige philosophische Themen. Ich befragte ihn nach der Natur eines kurzen Einblicks in kosmisches Bewusstsein. Ich erhielt eine dramatische Antwort in der Form eines hell leuchtenden Blitzes, der ein paar Sekunden lang die Landschaft erhellte. Als ich zurück in meinem Zimmer war, verbrachte ich eine schlaflose Nacht voller Erwartung, ihm wieder zu begegnen.

Am nächsten Tag war ich wieder mit meinen Freunden auf dem Berg und wartete auf Ratnamji, wie sie ihn nannten. Wo hatte ich diesen Namen nur zuvor gehört? Ich dachte lange darüber nach. Dann wurde mir klar, dass dies der Ratnamji sein musste, über den Barbara mir berichtet hatte, als ich bei ihr in Nepal war. Die Dinge begannen, einen Sinn zu ergeben. Ratnamji erschien bald. Sein Gesicht leuchtete wie gewöhnlich. Bis ich Ratnamji begegnete, hatte ich noch nie einen Menschen kennengelernt, der zu jeder Zeit gleichbleibend glücklich war, durchgehend verströmte er Glück. Ich war begierig, ihm eine Frage zu stellen, die mich bedrückte, seit ich Amerika verlassen hatte.

„Ratnamji, darf ich dir eine Frage stellen?"

„Ja, worum geht es?", fragte er und lächelte mich an.

„Seitdem ich Amerika vor sechs Monaten verließ, empfinde ich Geld als eine Last. Ich möchte Mönch werden, aber zur gleichen Zeit bewahre ich Geld in meiner Tasche auf. Wäre es nicht besser, wenn ich mein ganzes Geld an einen Āshram gäbe und dort für den Rest meines Lebens in Frieden lebe?", fragte ich.

„Mein lieber Bruder, du stehst am Anfang deiner spirituellen Reise. Du besitzt noch nicht die innere Fülle und den Reichtum aus spiritueller Praxis. Sobald du diesen hast, wird Gott immer für dich sorgen. Selbst wenn du dein Geld an einen Āshram gibst, wie lange würden sie dich bleiben lassen? Vielleicht würden sie nach ein paar Monaten um weitere finanzielle Beiträge fragen und dich bitten, den Āshram zu verlassen, wenn du nichts mehr geben kannst. Was würdest du dann tun? Dennoch ist es

Ratnamji

ziemlich leicht, ohne Geld zu leben. Es ist eine Gewohnheit – die lediglich eine Anpassung erfordert, deine Bedürfnisse an das anzupassen, was du erhältst. Doch es ist weitaus herausfordernder, Geld zu behalten und auszugeben, ohne ständig darüber nachzudenken, wie viel noch übrig ist und wie man zu weiterem Geld gelangen kann. Der Lebensdrang macht Nahrung zu einer grundlegenden Notwendigkeit und um Nahrung zu kaufen, benötigt man Geld. Die Anhaftung an Geld entspricht dem Festhalten am Leben selbst. Tatsächlich könnten wir Geld als den äußeren Lebensatem eines weltlichen Menschen betrachten. Wird es ihm genommen, hat er das Gefühl, er würde ersticken. Doch wenn man sein Geld ohne Anhaftung ausgibt, kann man den Mind in Aktion beobachten. So kann man nach und nach alle inneren Anhaftungen abschalten. Wenn ich an deiner Stelle wäre, würde ich meine Meditation fortsetzen und gleichzeitig Geld ausgeben, ohne mich allzu viel um die Zukunft zu sorgen."

Ich war beeindruckt von seinem praktischen Wissen, das er über das spirituelle Leben und die Funktionsweise des Minds hatte. Ich war von meiner Last befreit. in meinem Herzen stieg eine tiefe Verehrung und Liebe für diesen weisen Mann auf. Er war so einfach und glücklich wie ein Kind, jedoch so tief an Weisheit wie eine Weiser. Ich genoss seine Gesellschaft wie ein Verhungernder ein Festmahl. Ich fragte mich, wie ich eine engere Beziehung zu ihm entwickeln könnte. Sein Aufenthaltsort und seine Aktivitäten waren mir völlig unbekannt. Nachdem ich zugehört hatte, wie er zu meinen Freunden sprach, gingen wir auseinander.

In der nächsten Nacht legte ich mich gegen 21 Uhr schlafen. Um 23 Uhr hörte ich ein Klopfen an meiner Tür. Da ich keine Störung wünschte, blieb ich liegen und reagierte nicht. Wenige

Augenblicke später vernahm ich erneut Klopfen, diesmal am Fenster neben meinem Bett.

„Neal, Neal! Bist du wach?"

„Nein!", antwortete ich ein wenig verärgert.

„Öffne die Tür. Ich bin hungrig.", sagte die Stimme.

Widerstrebend stand ich auf und öffnete die Tür. Ratnamji trat ein.

„Ich musste heute Abend in die Stadt gehen, um einige Devotees zu treffen, derenVater vor kurzem gestorben ist. Sie baten mich zu kommen, den göttlichen Namen zu singen und ihnen ein wenig Trost zu spenden. Ich habe ein Magenleiden: Wenn ich von Zeit zu Zeit nicht etwas esse, wird es schlimmer. Hast du etwas zu essen bei dir?" Dabei beobachtete er aufmerksam meine Reaktion um festzustellen, ob ich verärgert war, weil ich geweckt wurde.

Ich hatte einige Erdnüsse und rohen Zucker in meinem Zimmer. Ich holte sie hervor, gab ihm etwas davon und behielt den Rest. Zufällig handelte es sich um seine Lieblingsknabberei! Er bat immer wieder um mehr, bis ich schließlich verärgert feststellte, dass alles aufgegessen war. Er fuhr damit fort, über die Dinge zu reden, die er den Menschen in der Stadt erzählt hatte, um sie zu trösten, sowie über andere, alltägliche, jedoch erzieherisch wertvolle Themen. Die ganze Zeit über beobachtete er mich eingehend. Ich dachte immer noch daran, mich wieder schlafen zu legen, aber er ging erst nach 1 Uhr. Ich fühlte eine einzigartige Glückseligkeit während ich bei ihm saß. Mein Ärger darüber, gestört worden zu sein und der Wunsch wieder zu schlafen, verdarben sie allerdings.

Ich ahnte nicht, dass er mich testete, um meine mentale Verfassung zu beurteilen. Wollte ich wirklich Mönch werden oder mich lieber an Dinge, wie z. B. an Schlaf klammern, als an das Wirkliche? Er wusste, wie er das herausfinden konnte. Erst am Vortag hatte ich nach dem Verzicht auf Geld gefragt und jetzt war ich besorgt, weil mein Erdnussvorrat aufgegessen war. Ich rechnete bereits nach, wieviel Geld ich noch hatte, um Erdnüsse und rohen Zucker zu kaufen und wieviel Geld mir noch bliebe, wenn er jede Nacht käme! Hier war meine erste praktische Lektion, ohne Anhaftung Geld auszugeben. Natürlich hatte ich kläglich versagt.

Ratnamji wohnte in einem Zimmer des Āshramkrankenhauses. Er stand dem obersten Priester bei der täglichen Pūjā zur Seite, der an Ramanas Samādhi durchgeführt wurde. Wegen dieses Dienstes wurde ihm ein Zimmer überlassen, damit er nicht mehrmals täglich den Āshram verlassen musste, um sich auszuruhen. Drei Verehrungsrituale gab es pro Tag. Dies bedeutete, dass er den größten Teil seines Tages damit verbrachte, sauber zu machen, Wasser zu besorgen, Darbringungen zu arrangieren und alles für die nächste Verehrung vorzubereiten.

An dem Tag, nachdem Ratnamji meine Erdnüsse gegessen hatte, betrat er mein Zimmer und legte sich auf den Boden. In seinem Zimmer gab es keinen Ventilator und die Hitze des Tages war ziemlich unerträglich. Er dachte, er könne meinen Ventilator in Anspruch nehmen und wir könnten einige Zeit zusammen verbringen. Aufgrund eines fehlgeleiteten Gefühls der Überlegenheit war ich verärgert darüber, dass er meine Privatsphäre verletzte. Gleichzeitig erfreute ich mich jedoch seiner Gegenwart. Ich lag auf dem Bett und er blieb auf dem Boden. Zu jener Zeit war ich so stumpfsinnig und respektlos, dass ich ihm nicht mein Bett anbot. Er war damals etwa 48 und ich 19. Weil ich immer in den USA gelebt hatte, wusste ich nicht, wie man sich in der Gegenwart eines wesentlich Älteren oder gar eines Heiligen zu verhalten hatte. Selbst mit diesem Wissen hätte ich mich wahrscheinlich aus Arroganz und Faulheit nicht richtig verhalten.

Zu jener Zeit hatte ich eine sehr hohe Meinung von mir selbst. Ich glaubte, bereits ein vollkommener Yōgī zu sein, denn ich hatte mein Zuhause verlassen, konnte ein paar Yōga-Haltungen und meditierte! Es kam mir nie in den Sinn, dass ein wirklicher Yōgī voller Bescheidenheit ist, der die Gegenwart der unveränderlichen Wirklichkeit in seinem Innern erlebt. Mir fehlte auch die Kenntnis, dass einem Yōgī bewusst ist, dass seine Persönlichkeit oder Individualität nichts weiter ist als eine schattenhafte Erscheinung ist, welche dem ständigen Wandel unterliegt. Er weiß, dass allein das wahre Selbst als die Grundlage des Individuellen wirklich und unveränderlich besteht. Die Wellen gehören zum Ozean und nicht anders herum. Die Wellen kommen und gehen, aber der Ozean bleibt derselbe. Ein wirklicher Mahātmā oder eine große Seele ist jemand, der fühlt, dass er nichts ist. Gott, das universelle Selbst, allein ist wirklich.

Ich fragte Ratnamji, wie er zu Ramana gekommen war. Er antwortete mir in Form einer phantastischen Geschichte. Da ich sah wie aufrichtig er war, konnte ich ihre Wahrheit nicht anzweifeln.

„Als ich 18 war", begann er, „hatte ich gerade meine Schulzeit beendet und mit einer naturwissenschaftlichen Ausbildung abgeschlossen. Ich hatte ein Stipendium erhalten, um weiter zu studieren. Ich war ein sehr guter Schüler. Zu jener Zeit begann ich, an einer mysteriösen Krankheit zu leiden. Ich entwickelte einen unstillbaren Durst. Ich musste den ganzen Tag über riesige Wassermengen trinken. Wenn ich sage riesig, meine ich etwa die Größenordnung von 60 - 80 Litern oder drei, vier Eimer Wasser in 24 Stunden. Dies war seltsam genug, aber das Außergewöhnlichste an der Sache war, dass ich nur die normale

Menge Urin ausschied. Obwohl ich 80 Liter Wasser am Tag trank, schied ich nur etwa einen halben Liter Urin aus. Ich fühlte auch einen starken Schmerz am unteren Ende meiner Wirbelsäule. Meine Verwandten brachten mich zu allen möglichen Heilern - zu Kräuterkundlern, Homöopathen, Allopathen und verschiedenen Landärzten - aber vergeblich. Es konnte keine Ursache gefunden werden und auch eine Heilbehandlung blieb unklar. Zuletzt wurde ich in das Madras Government Hospital in etwa 800 Kilometer Entfernung von meinem Heimatdorf eingewiesen. Einer meiner Cousins begleitete mich dorthin.

Nach einem Aufenthalt von zwei Monaten wurde ich in ziemlich unverändertem Zustand entlassen. Die Ärzte waren ratlos. Ich wurde täglich schwächer und beschloss schließlich, nach Hause zu gehen und auf den Tod zu warten. Mein Cousin und ich stiegen in einen Zug. Wir machten uns auf den Weg zu einem Ort, der ungefähr 250 Kilometer von meinem Dorf entfernt lag, wo ein anderer Cousin lebte. Dort wollten wir zu Mittag zu essen und übernachten, mit der Absicht am nächsten Tag die Reise zu unserem Dorf fortzusetzen. Als wir das Haus erreichten, wurden wir von meinem Cousin begrüßt. Er fragte, warum wir aus Madras kämen. Als er von meinem Zustand hörte, sagte er mir: „Es gibt da einen Mann, der gerade die Stadt besucht. Von ihm wird gesagt, dass er in der Lage ist, viele Arten augenscheinlich unheilbarer Krankheiten zu heilen. Wir sollten ihn aufsuchen, bevor ihr abreist. Er ist kein Arzt, aber ich habe gehört, dass er in Trance geht und dann ein Heilmittel verordnet!" Da ich alles andere versucht hatte, dachte ich: „Warum nicht? Was habe ich zu verlieren?" Nach dem Mittagessen gingen wir den Mann besuchen.

Sobald ich in den Raum trat, rief der Mann aus: „Ratnamji ist gekommen! Ruft ihn unverzüglich her!" Gelinde gesagt, ich war natürlich überrascht! Wie konnte er meinen Namen wissen? Niemand dort erwartete oder kannte uns. Ich näherte mich ihm und sah, wie er mit einem Bild von Hanumān vor sich auf dem Boden saß. Das Bild war mit Blumen geschmückt und davor befand sich ein riesiger Haufen Betelblätter.

„Wer ist Hanumān?", fragte ich.

„Es gibt eine alte Schrift, das Rāmāyaṇa. Es handelt sich dabei um die Lebensgeschichte von Sri Rama. Er wird in Indien als eine Inkarnation Gottes betrachtet, so wie Christus im Westen. Die Hindus glauben daran, dass Gott im Verlauf der Menschheitsgeschichte unzählige Male inkarniert ist. Auf diese Weise lenkt er die Menschen auf den rechten Weg zur Selbsterkenntnis, korrigiert die Übeltäter und unterstützt die Rechtschaffenen. Gott inkarniert, wann immer es notwendig erscheint und das in verschiedenen Teilen der Welt. Oder er schickt seine ihm nahestehenden Diener oder Heiligen auf diese Welt, um die Arbeit zu verrichten, für die er sie mit göttlicher Macht ausstattet. Vor Tausenden von Jahren wurde Sri Rāman in Nordindien geboren und führte sein Lebensdrama auf. Hanumān war einer seiner treuen Diener und Anhänger die nicht aus dem Reich der Menschen kamen. Er war ein Affe, jedoch ein sehr intelligenter und treuer Affe. Nach der Überlieferung des Rāmāyaṇa war er sogar ein Teil des Göttlichen selbst, der herabkam, um an Sri Ramas göttlichem Drama teilzuhaben. Als solcher wird er auch heute noch verehrt. Es hat sich herausgestellt, dass seine Verehrung äußerst wirksam ist, wenn es darum geht, böse Geister zu vertreiben."

„Was meinst du mit ‚bösen Geistern'?", fragte ich Ratnamji. „Glaubst du wirklich, dass derartige Dinge existieren?"

„Nun, so wie du, war auch ich in jenen Tagen sehr rational in Bezug auf spirituelle und religiöse Dinge. Wenn ich es nicht direkt erlebte, sah ich nichts als erwiesen an. Ich schrieb sogar eine Abhandlung, in der ich den traditionellen Standpunkt bestimmter hinduistischer Anschauungen und Bräuche verurteilte. Die Geschehnisse überzeugten mich aber bald, dass es wahrhaftig mehr gibt als nur die sichtbare Welt. Hanumadass, so hieß der Mann, gab mir einen Wink, ich solle zu ihm kommen. Er schloss die Augen und erzählte mir dann langsam im Flüsterton, dass ich keine Krankheit hätte. Das Problem liegt woanders und wird durch Hanumāns Gnade gelöst werden. In der Stadt wurde ein neuer Hanumān-Tempel errichtet. Er wies mich an, einen Monat lang ununterbrochen jeden Tag 108 mal diesen zu umkreisen und dann zu ihm zurückzukommen. Als er mir auftrug, um den Tempel zu gehen, sagte er: ,gehe um meinen Tempel', so dass ich verstehen konnte, dass Hanumān selbst zu mir sprach.

Wenig beeindruckt verließen wir den Ort und kehrten in das Haus meines Cousins zurück. Ich hatte schon so viel Zeit mit Ärzten und in Krankenhäusern verbracht. Deshalb dachte ich, was macht es schon, wenn ich dies einen Monat lang versuche? Selbst wenn nichts dabei herauskommt, habe ich meine Zeit auf eine gute Art mit der Verehrung Gottes in der Form Hanumāns verbracht. Ich beschloss, am nächsten Tag damit zu beginnen, den Tempel zu umrunden.

Am nächsten Morgen fand ich mich bei Hanumāns Tempel ein. Es gab einen Pfad, der um den Tempel herumführte. Er war speziell für jene Menschen bestimmt, die ihrer Verehrung durch Umwandern Ausdruck verleihen wollten. Mit dem Gebet an Hanumān um den Erfolg des Vorhabens drehte ich die 108 Runden und kehrte nach Hause zurück. In jener Nacht träumte ich unmittelbar nach dem Einschlafen, dass Hanumān in Miniaturform an der Seite meines Bettes stand. Er lächelte und bewegte

Im Blumengarten in Tiruvannamalai

sich zur gegenüberliegenden Seite des Bettes. Als ich dorthin blickte, sah ich eine dünne, geisterhafte Gestalt. Ich hatte etwas Angst. Dann verschwand die Gestalt. Ich wachte auf und sah, dass Hanumān noch immer an meinem Bett stand! Innerhalb von Sekunden verblasste dann auch die Gestalt Hanumāns. Den Rest der Nacht konnte ich nicht schlafen. Ich setzte mich aufrecht, um den Namen Hanumāns zu wiederholen und zu meditieren. Nach Sonnenaufgang ging ich in Hanumadass Haus. Ich berichtete ihm, was ich in der letzten Nacht erlebt hatte. Er war nicht in Trance. Er sagte mir, dass es nichts gebe, worüber ich mir Sorgen machen müsse. Ich sei von einem Geist besessen, der meinen Körper benutze, um seinen starken Durst zu stillen. Dadurch, dass er mir seine Form zeigte, vergewissere Hanumān mir, dass er den Parasiten beseitigen würde. Derartiges sei schon bei vielen Menschen vorgefallen, sagte er mir.

Ich setzte die Umrundung des Tempels 29 Tage lang fort, doch der Durst nahm überhaupt nicht ab. Mein Glaube begann zu schwanken. Aber als ich am Morgen des 30. Tages aufwachte, war der Durst verschwunden. Ich wartete den ganzen Tag, um zu sehen, was passieren würde. Ich fühlte mich völlig normal und selbst der Schmerz in meiner Wirbelsäule hatte sich gelegt. Ich war in Hochstimmung. Nachdem ich zum Tempel gegangen war, ging ich zu Hanumadass und erzählte ihm die gute Nachricht. Ich fragte ihn, ob er mich in die Verehrung und das Mantra Hanumāns einweihen würde. Er war damit einverstanden. Danach lebte ich fast wie sein eigenes Kind mit ihm und seiner Frau. Ich begleitete ihn auf Reisen zu verschiedenen Dörfern und unterstützte ihn aktiv bei seiner Arbeit, böse Geister zu vertreiben. Ich half bei der täglichen Verehrung, beim Zubereiten der dargebrachten Nahrung und bei allem anderen, was ich tun konnte.

Eines Tages wurden wir gebeten, ein Dorf aufzusuchen. Dort lebte eine junge Frau von etwa 26 Jahren, die als ‚besetzt' galt. Sie sprach häufig in fließendem Englisch, einer Sprache, die ihr unbekannt war. Als wir ankamen, führte man uns in das Haus des Mädchens. Man brachte sie herein. Hanumadass fragte sie, wer sie sei. Es kam keine Antwort. Er wiederholte die Frageund versicherte ihr, dass er nicht gekommen sei, um ihr wehzutun. Sie begann, in perfektem Englisch zu reden.

Sie sagte: „Ich war ein Schüler auf dem College, der jeden Tag auf dem Schulweg an diesem Haus vorbeiging. Ich war in dieses schöne Mädchen verliebt und hatte großes Verlangen nach ihrer Gesellschaft. Das war natürlich unmöglich, es sei denn, wir würden heiraten. Eines Tages war ich plötzlich in einen tödlichen Unfall verwickelt und starb. Jetzt genieße ich sie in einer subtilen Form. Wenn ihr glaubt, dass Hanumān mich beseitigen kann, habt ihr euch geirrt. Ich werde nicht so leicht weggehen wie mein Freund aus Ratnamjis Körper!"

Ich war, gelinde gesagt verwundert, diese Worte zu hören. Offensichtlich lebten diese Wesen ungesehen von den Menschen in dieser Welt. Indem er bestimmte Rituale durchführte, befreite Hanumadass das Mädchen schon bald von ihrer Besetzung.

Ich hatte etwa zwei Jahre bei Hanumadass verbracht, als er mich eines Tages rief, während er in Trance war. Er sagte mir, dass es in Südindien einen großen Weisen namens Ramaṇa Maharṣi gebe. Ich sollte dorthin gehen und in seiner Nähe leben. Durch den Dienst an ihm sollte ich das wirkliche Ziel des Lebens erreichen, die Verwirklichung meiner wahren Natur. Weder Hanumadass noch ich hatten von diesem Weisen gehört. Wir zogen Erkundigungen ein und erfuhren schließlich, dass er sich am Fuße des Aruṇāchala in einer Stadt namens

Tiruvannamalai aufhielt. Ich sagte meinem ersten Meister und seiner Frau Lebewohl und machte mich auf den Weg zum Aruṇāchala.

Nach meiner Ankunft trat ich sofort in die Halle, in der Ramana auf seinem Sofa saß. Er nickte mir zu, mich zu setzen. Ich verbeugte mich vor ihm und setzte mich auf den Boden. Dann schloss ich meine Augen, um das Mantra zu wiederholen, das ich von Hanumadass gelernt hatte. Seltsamerweise konnte ich mich nicht mehr daran erinnern! Ich hatte es im Laufe der letzten beiden Jahre Tausende Male wiederholt, aber jetzt hatte ich es vollständig vergessen. Im nächsten Augenblick fühlte ich, wie das Bewusstsein meines Körpers verschwand und ein gewaltiger Ozean strahlenden Lichts an seine Stelle trat. Mein Mind war vollkommen still und von einem unsagbaren Frieden und Licht erfüllt. Ich weiß nicht, wie lange ich darin verharrte.

Schließlich öffnete ich nach einiger Zeit meine Augen und sah, dass Ramana mich mit einem Lächeln auf den Lippen anschaute. Ich verbeugte mich vor ihm und verließ die Halle. Wann immer ich im Laufe der nächsten Tage in seiner Gegenwart saß, wiederholte sich die gleiche Erfahrung. Ich fühlte, dass ich hierher gehörte. Ich wünschte mir, diesen Ort zu meinem ständigen Wohnsitz zu machenund hoffte, mich im Āśhram niederlassen zu dürfen. Ich verließ den Maharṣi und fuhr mit dem Zug zurück nach Hause. Während der Zugfahrt fühlte ich den gleichen Frieden und das gleiche Licht, das ich in der Halle erfahren hatte. Ich erreichte mein Dorf und erzählte meiner Mutter, was geschehen war. Sie vergoss Freudentränen und sagte: ‚Mein Kind, auch ich hatte mir gewünscht, ein Leben der Entsagung und Spiritualität zu führen, aber irgendwie habe ich dann geheiratet. Ich war enttäuscht, dass keines meiner neun Kinder ein ähnliches Bestreben hatte. Sie sind alle zufrieden, ein weltliches Leben zu führen. Du, der Jüngste, bist die Antwort auf meine Gebete. Ich wäre so gerne Nonne geworden. Jetzt findet dieser Lebenswunsch durch dich seine Erfüllung. Geh, mein Sohn. Dein Vater ist Ramana und dein wirkliches Zuhause ist Aruṇāchala. Er ruft dich. Du hast meinen vollen Segen.'

Ich kehrte dann hierher zurück und wurde nach und nach in Ramanas persönlichen Dienst genommen. Das war vor ungefähr 20 Jahren."

Als Ratnamji seine Geschichte zu Ende erzählt hatte, war es Zeit für ihn zu gehen, da er sich an eine strikte Tagesordnung hielt. Er stand auf und ging. Ich folgte ihm, da ich sehen wollte, wie er seinen Tag verbrachte. Am Abend säuberte er den Samādhi-Schrein. Danach chantete er zusammen mit anderen die Vēden und nahm am Verehrungsritual teil. Dann ging er alleine fort, um ungefähr zwei Stunden lang zu meditieren. Nach dem Abendessen traf er sich mit Devotees, die zu Besuch waren. Er widmete sich dem Studium der Schriften oder ging alleine oder in der Gesellschaft anderer um den Berg Aruṇāchala herum. Er ging nie vor 23 Uhr zu Bett. Er stand jeden Morgen um halb vier auf und hatte einen ziemlich gleichbleibenden Tagesablauf. Dieser bestand bis zum Mittagessen aus der Säuberung des Schreins, des Verehrungsrituals und Meditation. Er hatte auch seine eigene, private Verehrung, Pūjā genannt, die er in seinem Zimmer verrichtete. Ich sah ihm einige Tage lang zu und fragte mich, wie er mit nur viereinhalb Stunden Schlaf auskommen konnte. Schließlich näherte ich mich ihm mit einer Bitte. Diese sollte mein ganzes Leben verändern, ohne dass ich es ahnte.

„Ratnamji, wie es aussieht, belastest du dich sehr stark. Könnte ich nicht eine Arbeit verrichten, die deine Last ein wenig leichter machen würde?", fragte ich ihn.

„Nun, warum fängst du nicht damit an, Blumen für die Morgen-Pūjā zu pflücken? Du musst sie mir bis sechs Uhr bringen. Um rechtzeitig fertig zu werden, solltest du um halb fünf mit der Arbeit beginnen. Am besten kümmerst du dich vorher um deine Bedürfnisse. Du putzt deine Zähne und nimmst ein Bad. Dann bist du gut in Form, um den göttlichen Dienst zu verrichten."

Die Arbeit muss also um halb fünf beginnen? Das heißt, dass ich um vier Uhr aufstehen muss. Überrascht stellte ich fest, dass ich den scheinbar unverzichtbaren, unmöglich überwindbaren Schlaf des frühen Morgens leicht aufgeben konnte, sobald die Notwendigkeit dazu auftauchte. Steht man nicht einfach um halb vier auf, wenn man um fünf Uhr ein Flugzeug kriegen muss? Tatsächlich sind viele unserer sogenannten Bedürfnisse bloß unnötige Angewohnheiten. Die meisten von uns schlafen zu viel, essen zu viel, reden zu viel, sorgen sich zu viel und denken, dass all dies notwendig sei.

Ich lernte rasch, wie ich das Notwendigste auf ein absolutes Minimum reduzieren konnte, um Energie zu sparen. Überraschenderweise schadete dies meinem Körper überhaupt nicht. Wenn wir unsere Lebensspanne und -energie richtig nutzen, kann es durchaus möglich sein, noch in diesem Leben spirituelle Ziele zu erreichen. Auf Grund unseres verschwenderischen Umgangs mit der Lebenskraft durch übermäßiges Schlafen und andere unnötige Tätigkeiten erreichen wir nicht, was wir uns vorgenommen haben. Es ist nicht ungewöhnlich, Menschen zu begegnen, die seit 20 oder 30 Jahren meditieren, jedoch ohne nennenswerte Fortschritte zu erreichen. Sie haben keine spirituellen Erfahrungen gewonnen, außer ein wenig Frieden im Mind, der zudem meist sehr labil ist. Würde man ihr Inneres genauer betrachten, fände man heraus, dass sie ihre Energien durch Unwissenheit oder Unachtsamkeit verschwenden und dadurch ihr Ziel verfehlen. Soll Wasser schnell bis zum obersten Stockwerk eines Hauses gelangen, sollten wir uns vergewissern, dass die Wasserhähne in den unteren Stockwerken zugedreht sind. Genauso sollten wir sehr sparsam mit unserer Energie umgehen, wollen wir zügigen, spirituellen Fortschritt machen. Dann kann die Lebenskraft durch Konzentration höher in Richtung des Scheitels steigen und schließlich mit der Höchsten Wirklichkeit verschmelzen.

Es war mitten im Winter und, obwohl es tagsüber heiß war, war es nachts sehr kühl. Am frühen Morgen betrug die Temperatur vielleicht zehn Grad Celsius. Ich wusste nicht, dass im Badezimmer des Āśhrams Heißwasser erhältlich war. Deshalb hatte ich in einem Fass in meinem angebauten Bad einen Wasservorrat. In dieser kühlen Morgenluft dieses eiskalte Wasser über meinen Körper zu gießen, war eine Abkürzung zu meinem Ziel, über das Körperbewusstsein hinauszugelangen! Nach dem Baden und Anziehen trug ich einen Korb in den großen Blumengarten des Āśhrams. Obwohl es angenehm war, Blumen aus dem weitläufigen Garten zu pflücken, gab es am frühen Morgen auch einen Haken. Der gesamte Bereich wimmelte von Skorpionen und verschiedenen Schlangenarten, von harmlosen Wasserschlangen bis hin zu Königskobras. Es war nicht möglich, eine Taschenlampe zu tragen, weil ich beide Hände für die Arbeit brauchte. Das einzige Licht kam von einer matten 25-Watt-Birne, die sich über einer Veranda ungefähr 50 Meter entfernt befand.

Das war eine echte Chance, sich dem Meister hinzugeben. War mein Mind mit den Blumen oder mit den Schlangen beschäftigt? Nach und nach entwickelte ich so viel Vertrauen in Ramana, dass ich nicht mehr an die Schlangen und Skorpione dachte. Ich wurde nie von etwas Giftigerem als einer Biene oder einer Mücke gebissen oder gestochen. Wenn die Regenzeit gerade begonnen hatte, gab es morgens sintflutartige Regenfälle. Regenfälle oder nicht, die Blumen mussten bis Punkt sechs am Schrein sein. Ich dachte daran, einen Regenschirm zu kaufen, aber Ratnamji wollte nichts davon hören. Er sagte, dass ich, da ich Mönch werden wolle, mit dem Notwendigsten auskommen müsse. Er zeigte mir, wie ich einen Dhōti so binde, dass er als Regenschirm dient, etwa in der Art eines Regenumhangs, jedoch aus Baumwolle.

Während des Blumenpflückens bemerkte ich eine Eigenart in der Arbeitsweise meines Minds. Noch bevor ich eine Blume pflückte, lag mein Blick schon auf der nächsten. Ich war überrascht über meinen Mangel an Konzentration. Das Blumenpflücken wurde tatsächlich zu einer Lehrstunde in Sachen Konzentration und Hingabe, von Geduld gar nicht erst zu sprechen. Nachdem ich die Blumen am Samādhi abgegeben hatte, verspürte ich immer noch einen Drang nach mehr Arbeit. Ratnamji sagte, dass ich den Bereich um den Schrein kehren und die vorderen Stufen putzen könnte. Ich bin Linkshänder. Als ich den Besen nahm und zu kehren begann, bemerkte er, dass ich die seiner Ansicht nach falsche Hand benutzte. Er bestand trotz meines Protestes darauf, dass ich zumindest für die Dienste an Gott nur die rechte Hand verwendet werden dürfte. Ich fragte ihn, ob es nicht ein bisschen altmodisch sei, die linke Hand als die falsche Hand zu betrachten. Er antwortete, dass die alten Weisen keineswegs dumme Menschen waren. Die Offenbarungen, die ihnen zuteil wurden, stammten aus der Allwissenheit. Die Weisen betrachteten die linke Hand als Träger einer negativen Schwingung und empfahlen, sie nur als Unterstützung für die rechte Hand zu verwenden. Doch wenn ich die Worte der Weisen anzweifle, könne ich natürlich tun, was ich wollte.

Da ich nicht so verwegen war, dies zu tun, bemühte ich mich zu lernen, mit meiner rechten Hand zu kehren. Ein weiteres Problem bestand darin, dass der Besen nur etwa 50 cm lang war. Er war sehr alt und abgenutzt. Ich musste mich nach vorn beugen, um richtig kehren zu können. Der Bereich vor dem Schrein war groß. Selbst mit einem guten Besen hätte es etwa eine halbe Stunde gedauert, ihn zu reinigen. Mit dem kurzen Besen brauchte ich fast fünfundvierzig Minuten und schnappte anschließend nach Luft. Ich ging das Risiko ein, nach einem besseren Besen zu fragen.

„Wir sind arme Mönche und müssen mit dem Notwendigsten auskommen. Wenn nötig, wird Ramana unaufgefordert für einen besseren sorgen. Bis dahin wirst du mit diesem arbeiten", antwortete er.

Ich fing an, mich zu fragen, in welche Lage ich mich gebracht hatte, als ich angeboten hatte, Ratnamjis Arbeit zu unterstützen. Aber da ich die Arbeit gerade erst aufgenommen hatte, konnte ich nicht gleich wieder abspringen. Also machte ich weiter.

Hatten wir ein paar Minuten Zeit, kam Ratnamji stets in mein Zimmer, um bei mir zu sein und mit mir zu reden. Er erzählte mir über sein Leben mit Ramana, der ein strenger Lehrer für seine engen Schüler war. Er zeigte allen viel Zuneigung und Anteilnahme an ihrem spirituellen Fortschritt. Doch bei jenen, die wirklich spirituelle Erfahrung wollten, war er in allen Einzelheiten sehr streng. Der Stummel eines Bleistifts sollte nicht weggeschmissen werden, selbst wenn ein neuer Stift verfügbar war. Alles wurde von Gott zur Verfügung gestellt und sollte vollständig und richtig aufgebraucht werden. Selbst Papierabfall sollte zumindest zum Anzünden von Feuer verwendet und nicht einfach weggeschmissen werden. Ramana schnitt die ungedruckten Ränder der Zeitungen ab, band sie zusammen und verwendete sie so zum Schreiben kleiner Verse oder Notizen. Er lehrte durch sein Beispiel, dass man das Wenigste für sich selbst nehmen und anderen das Meiste geben sollte. Selbst auf seinem Totenbett, beim letzten Atemzug, bestand er darauf, dass jeder, der ihn sehen wollte, dies tun konnte. Er lebte ein selbstloses und wunschloses Dasein und erwartete dasselbe von seinen Schülern.

In jenen Tagen dienten Ramana vier bis fünf Männer in Schichten. Als Ratnamji in den Āśhram kam, fragten sie ihn, welche Schicht er bevorzugte. Er antwortete, dass er nehmen würde, was übrig sei, nachdem sie alle ihre Wahl getroffen hätten. Natürlich wollte niemand die Nachtschicht von zehn Uhr abends bis vier Uhr morgens. Dies bedeutete nicht zu schlafen. Diese Schicht wurde Ratnamji zugeteilt. Weil er sich an letzte Stelle gesetzt hatte und den schlechtesten Teil übernehmen wollte, bekam er schließlich den besten. Denn nachts war niemand im Āśhram und er war mit Ramana alleine in der Halle. Ramana schlief sehr wenig und lehrte Ratnamji viel. Auch sonst war niemand in ihrer Nähe. In sehr kurzer Zeit lernte Ratnamji mehr von Ramana, als es sonst in vielen Jahren möglich gewesen wäre.

Dadurch, dass er mit mir sprach und seine Erfahrung mit mir teilte, gab Ratnamji mir das Gefühl, sein eigenes Kind oder ein jüngerer Bruder zu sein. Er befragte mich auch über meine Vergangenheit. Er gab mir viele Anregungen in Sachen Ernährung, Yōgastellungen und Meditation. Nach und nach vertiefte sich unsere Beziehung. Langsam dämmerte mir, dass Ratnamji die Antwort auf mein Gebet nach einem Guru war. Er war akribisch genau von Ramana unterrichtet worden und war selbst ein weiser Mann. Ich ging eines Tages zu ihm und sagte: „Ich habe das Gefühl, dass du mein Guru bist."

„Du irrst dich", sagte er, „du und ich, wir haben denselben Guru Ramaṇa Maharṣhi. Was mich anbelangt, so bist du mein jüngerer, spiritueller Bruder."

Ich war enttäuscht und das stand mir offensichtlich ins Gesicht geschrieben.

„Nun, wenn du dich besser damit fühlst, kannst du mich als ein Instrument Ramanas betrachten. Es wurde dir von ihm gegeben, um dir den Weg zu zeigen. Aber ich muss dich jetzt warnen. In meinen 28 Jahren hier habe ich niemals eine einzige Person getroffen, die in der Lage war, mit mir Schritt zu halten. Ich muss die Maßstäbe wahren, die mir von meinem Guru gezeigt wurden. Diejenigen, die sich mit mir bewegen wollen, müssen das Gleiche tun. Ich habe niemals jemanden weggejagt. Aber die meisten sind aus eigenem Antrieb gegangen, weil sie mit meinem Tempo nicht Schritt halten konnten."

Ich beschloss damals an diesem Ort, dass ich ihn, selbst wenn ich bei dem Versuch sterben sollte, niemals verlassen oder auf der Strecke bleiben würde. Ich fragte ihn, was die Pflichten eines Schülers seien.

„Nachdem du Vertrauen in einen Meister entwickelt hast, solltest du vorbehaltlos allem gehorchen, was er sagt. Du weißt, dass er dich nur mit Blick auf dein spirituelles Wachstum bittet, etwas in einer besonderen Weise zu tun. Hast du kein vollständiges Vertrauen in einen Meister, ist es besser, ihn nicht als deinen Meister anzunehmen. Tust du dies aber, musst du ihm bedingungslos gehorchen. Selbst bei weltlichem Wissen musst du die Anweisungen deines Lehrers befolgen, um zu lernen und die erwünschten Resultate zu erzielen. Dies gilt umso mehr, strebst du spirituelle Erfahrung an, welche viel subtiler und komplexer als weltliches Wissen ist."

Gehorsam. Obwohl ich die Bedeutung des Wortes kannte, hatte ich keine praktische Erfahrung damit. Von meiner Kindheit an widersetzte ich mich konsequent meiner Mutter, meinen Lehrern und der Gesellschaft. Mein Leben war geprägt von Anarchie – ich tat, was ich wollte, wann und wie ich wollte. Ich konnte jedoch verstehen, dass man vorgeschriebenen Regeln gehorchen muss, um ein bestimmtes Ziel zu erreichen. Ich wollte die absolute Glückseligkeit erfahren und hatte das Gefühl, dass Ratnamji sie hatte und bereit war, mir den Weg dorthin zu zeigen. Sicherlich würde es nicht so schwer sein, ihm zu gehorchen. Doch in den nächsten acht Jahren unserer Beziehung bis zu seinem Ableben war Gehorsam meine wichtigste spirituelle Praxis und Herausforderung.

Ein Mensch, der einem echten Weisen gehorsam ist, erreicht nach und nach dauerhaften inneren Frieden. Das Bewusstsein des Göttlichen, das der Weise erfährt, wird nach und nach von demjenigen selbst erfahren. Es ist so etwas wie das Einstellen eines Radios. Die zahlreichen Radiowellen durchdringen die Atmosphäre, aber wir werden nur die hören, auf die unser Radio eingestellt ist. Unser Mind ist wie ein Radio. Er empfängt ständig grobe Reize durch die fünf Sinne und auf subtile Weise durch Gedanken und Schwingungen anderer Lebewesen. Das feinstofflichste aller Prinzipien ist natürlich die Wahrheit oder Gott. Jene, die es erfahren haben, sagen uns, dass Gott nur erkannt werden kann, wenn der Mind äußerst subtil, rein, heiter und gelassen ist. Um diesen Zustand zu erreichen, ist kontinuierliches Training und kompromisslose Anleitung durch jemanden erforderlich, der Gott perfekt kennt. Unsere Taten und unsere Worte folgen den Anweisungen unseres Minds. Man kann die mentale Verfassung eines Menschen ziemlich gut einschätzen, indem man seine Worte und Taten beobachtet. Versteckte Motive wollen wir dabei erst einmal außer Acht lassen. Spirituell Suchende haben durch die Zeitalter hindurch auch gelernt, dass man seinen mentalen Zustand ändern kann, indem man seine Taten und Worte verändert.

Dies ist die Essenz der Beziehung zwischen einem wirklichen Weisen und einem aufrichtigen Schüler. Der Schüler wünscht sich die Erfahrung der Wirklichkeit, denn aufgrund fehlerhaften Denkens und Handelns ist diese Erfahrung unmöglich zu erreichen, es sei denn, die Fehler werden aufgezeigt und korrigiert. Wird der Mind gereinigt, wird die innewohnende Wahrheit spontan und frei von hindernden Kräften strahlen. Ein wirklicher Heiliger zeigt einem Menschen lediglich seine Fehler auf und hilft ihm, sich zu korrigieren. Hat der Mind den Zustand völliger Reinheit erreicht, wird alles mühelos in einem einzigen Augenblick erreicht. Obwohl die Ratschläge des Meisters manchmal keinen Sinn ergeben, kann man bei Vertiefung der spirituellen Erfahrung die Bedeutung solcher Anweisungen vollständig verstehen. Bis dahin ist Gehorsam der einzige Weg.

Heutzutage gibt es viele Sekten und selbsternannte Gurus. Von denen spreche ich hier nicht. Mein Augenmerk gilt nur einem aufrichtigen nach Selbsterkenntnis Suchenden und einem echten Weisen, der in diesem Zustand lebt. Natürlich muss jeder selbst beobachten und versuchen zu beurteilen, ob eine bestimmte Person geeignet ist, ein Lehrer auf dem spirituellen Pfad zu sein, obwohl es zweifellos sehr schwierig zu beurteilen ist, ob jemand verwirklicht ist oder nicht. Furchtlosigkeit, Selbstlosigkeit, die Abwesenheit von Sinnesgelüsten sowie ein Sinn für die Gleichheit gegenüber allen sind einige der unterscheidenden Merkmale einer verwirklichten Seele, manifestieren sich aber möglicherweise nicht immer auf offensichtliche Weise. Letztendlich muss unsere Intuition entscheiden. Es scheint ein

Naturgesetz zu sein, dass ein aufrichtig Suchender schließlich
auch in die Gesellschaft eines wirklichen Heiligen gelangt, selbst
wenn es dabei zu Verzögerungen kommen kann.

Etwa einen Monat, nachdem ich Ratnamji getroffen hatte,
wurde mir klar, dass sich mein Lebensrhythmus drastisch verändert hatte. Was als eine kleine Hilfestellung aus dem Beweg-
grund ihm seine Last zu erleichtern begonnen hatte, wurde
zu einer Vollzeitbeschäftigung. Praktisch hatte ich keine Zeit
mehr, mich hinzusetzen und zu meditieren Mit zunehmender
Liebe und Bewunderung für ihn stieg auch die Zeit, die ich mit
ihm verbrachte, bis ich schließlich rund um die Uhr mit ihm
unterwegs war. Ich beobachtete genau seine Lebensweise und
seine Worte gegenüber anderen und mir selbst. Er sagte mir
viele Male, dass ich nichts einfach deshalb akzeptieren sollte,
weil er es gesagt hatte. Ich sollte tief darüber nachdenken, ob
es richtig war oder nicht und wenn es Zweifel gab, sollte ich
ihn fragen. Bei diesem wunderbaren Menschen gab es weder
Bevormundung noch Diktatur. Er wollte, dass ich mich durch
meine eigene Intelligenz weiterentwickle. Er war der Wegweiser,
aber ich war der Fahrer.

Er bat mich niemals, Dinge aus eigenem Antrieb zu tun.
Trotzdem weitete ich meine Arbeit vom Blumenpflücken und
Fegen auf die Reinigung seines Zimmers, die Vorbereitung sei-
ner persönlichen Pūjā, das Bringen von heißem Wasser für sein
Morgenbad, das Schreiben seiner Englischkorrespondenz und
verschiedene andere Arbeiten aus. Ich reduzierte meinen Schlaf
auf fünf Stunden und fühlte mich deswegen nicht schlechter.
Eher im Gegenteil: Ich war sogar frischer und aufmerksamer.
Ich fand auch, dass zwei ordentliche Mahlzeiten am Tag ohne
Zwischenmahlzeit mehr als genug waren. Sie bewahrten meinem
Körper die Leichtigkeit. Spürte ich, dass Ratnamji zusätzlich

etwas zu seiner normalen Ernährung brauchte, kaufte ich es, ohne dass er mich darum bat. Seine Bedürfnisse waren äußerst gering.

Ich begann, auf dem Boden zu schlafen so wie er und fand es bequemer als ein Bett. Sobald man sich an ein einfaches Leben gewöhnt, kann man überall glücklich leben, selbst wenn man nichts hat. Wir leiden ohne Ende unter mentalen Sorgen und Aufregungen, nur weil wir einige unserer sogenannten lebensnotwendigen Dinge nicht bekommen können. Ist ein luxuriöses Zimmer mit einer dicken Matratze, einem Fernseher und eigenem Badezimmer nicht vorhanden, finden viele von uns das Leben schon unerträglich! Tatsächlich reichen zwei Meter Platz selbst unter einem Baum für jeden, der gesund ist, völlig aus. Die Haltung des Minds allein macht den Unterschied aus.

Eines Tages kam eine Postkarte für Ratnamji, die ihn zu einem Festival in einem Āśhram im Norden Indiens einlud. Oben auf der Karte war ein Mantra des Göttlichen Namens abgedruckt. Darunter befand sich ein Zitat aus einer der hinduistischen Schriften, dass die Kraft dieses Mantras pries. Es hieß, wenn man es fünfunddreißig Millionen Mal wiederhole, der Mind dann absolute Reinheit erlangen und mit dem Wirklichen verschmelzen wird. Ich fragte Ratnamji, ob dem so sei.

„Natürlich ist dem so. Die Schriften wurden von den Weisen der alten Zeit zusammengestellt. Sie waren Wissenschaftler, die verschiedene spirituelle Praktiken ausprobierten und die Ergebnisse der Gottverwirklichung erlangten Sie gaben die gewonnenen Informationen an ihre Schüler weiter. Diese gaben sie wiederum an ihre Schüler weiter und so fort. All dies geschah durch mündliche Überlieferung. In alten Zeiten gab es keine Druckpressen und das Wissen wurde in der mündlichen Tradition weitergegeben. Weil sie ein diszipliniertes Leben führten, hatten sie eine enorme Gedächtniskraft und konnten sich an alles erinnern, was ihnen gelehrt wurde, selbst wenn es Tausende von Versen waren. Die Schriften sind die Aufzeichnungen der spirituellen Erfahrungen der alten Weisen. Natürlich wurden diese Verse schon vor Jahren zusammengestellt, niedergeschrieben und durch massenhafte Auflagen verbreitet. Vor einigen Jahren war ich Zeuge, wie ein vedischer Gelehrter auswendig einen Teil der Vēden rezitierte, was bei ihm achtundzwanzig Stunden dauerte! Nicht nur die Verse müssen korrekt sein, sondern jede Silbe muss auf eine bestimmte Weise intoniert werden, sonst kann sich die Bedeutung ändern. Selbst in unserer heutigen Zeit gibt es Gelehrte mit dieser hervorragenden Gedächtniskraft."

Nachdem ich diese Worte gehört hatte, entschied ich mich, das Mantra fünfunddreißig Millionen Mal zu wiederholen. Ich rechnete aus, dass ich ungefähr fünfundzwanzig Jahre brauchen würde, wiederholte ich es mit mäßiger Geschwindigkeit achtzehn Stunden am Tag, selbst wenn ich andere Dinge tat. Ich fragte Ratnamji, ob er das für eine gute Idee hielt und er gab seine Zustimmung. Von diesem Moment an betrachtete ich es als meine Hauptpraxis, dieses Mantra zur Verwirklichung Gottes zu rezitieren.

Nachdem ich zwei Monate lang im Āśhram gewesen war, traten Schwierigkeiten auf. Einige der anderen Sādhus oder Mönche, die dort wohnten, wurden eifersüchtig auf Ratnamji. Sie dachten, ich würde ihm vielleicht große Geldsummen geben. In Indien gelten Westler in der Regel als reich und sie mögen im Vergleich zu den Indern reich sein. In Wahrheit hatte ich Ratnamji nie Geld gegeben und abgesehen von etwas Nahrung hatte ich nichts für ihn gekauft. Dann und wann wurde ich gewarnt, keinen Umgang mit ihm zu pflegen, was ich jedoch entschieden ablehnte. Dies sorgte dafür, dass die Dinge sich nach und nach verschärften, bis ich eines Tages gebeten wurde, mein Zimmer zu verlassen und in das allgemeine Gästezimmer mit den anderen besuchenden Mönchen zu ziehen. Ich berichtete Ratnamji davon und er schlug vor, dass ich mich nach einem Zimmer außerhalb des Āśhrams umsehen sollte, denn es wäre nur eine Frage der Zeit, bis ich gebeten würde zu gehen. Ich suchte in der Kolonie, die den Āśhram umgab, eine Unterkunft. Ich fand im ersten Haus, in dem ich fragte, ein großes Zimmer zu einem sehr annehmbaren Preis. Am gleichen Tag noch verfrachtete ich meine wenigen Habseligkeiten in das neue Zimmer und begann so ein neues Kapitel in meiner Schulung.

Dieses Haus gehörte einem der ältesten Devotees Ramanas. Seit den dreißiger Jahren lebte er dort zusammen mit seiner Familie. Er war zufällig auch ein enger Freund Ratnamjis, der etwa zwanzig Jahre vorher in seinem Haus gelebt hatte. Narayana, wie er genannt wurde, war eine sehr heilige und kindliche Person, die immer bereit war, fesselnde Geschichten über sein Leben mit Ramana zu erzählen. Das Haus war fünf Gehminuten vom Āśhram entfernt und wurde von einem großen Garten von etwa einem Morgen umgeben, der viele Obst- und Blumenbäume hatte. Es war der ideale Ort, um ein zurückgezogenes Leben spiritueller Praxis zu führen. Narayana erzählte mir, dass er einen Lageplan seines Landstücks zu Maharṣi brachte, als er einen Brunnen für das Haus graben wollte. Als er ihn fragte, wo er den Brunnen graben solle, legte Ramana seinen Finger auf einen Punkt und der Brunnen wurde dort gegraben. Während der heißen Jahreszeit würde fast jeder Brunnen in der Umgebung austrocknen, außer diesem und dem Brunnen im Āśhram, die beide von einer ganzjährigen Quelle gespeist wurden. Beide Brunnen blieben immer mindestens halbvoll.

Narayana war ein Skeptiker gewesen und nur auf das Drängen eines Freundes hin zu Maharshi gekommen. Als er die Halle betrat, erörterte Ramana gerade einen Punkt der vedischen Schrifte, die von der Einheit Gottes und seiner Schöpfung sprechen. Er sagte, dass einer, der nach der Reinigung des Minds die Identität mit Gott erreicht hatte, selbst wenn er einen Körper besaß, in keiner Weise vom formlosen Absoluten verschieden war. Die Macht des Höchsten Seins manifestiert sich in einem solchen Menschen.

Narayana wartete bis Ramana auf dem Weg zum Essen aus der Halle kam. Er fragte ihn: „Du sprachst vom Eins-Sein Gottes mit einem Menschen, der Befreiung erlangt hat. Sprichst du aus eigener Erfahrung?"

Ramana lächelte sanft und antwortete: „Würde ich so etwas sagen, ohne es erfahren zu haben?" Als er diese Worte hörte, wurde Narayana überwältigt von einem Gefühl der Ehrfurcht. Er fiel wie von einer Axt gefällt vor Maharshi auf den Boden und gehörte seitdem zum engsten Kreis seiner Devotees.

Wenige Tage nach meinem Umzug in das neue Zimmer kam Ratnamji, um den Ort zu sehen. Nachdem er und Narayana sich begrüßt hatten, sah er sich im Zimmer um. Er sagte, es sei besser, dass ich mir mein Essen selbst koche als das der Familie zu mir zu nehmen. Es sei billiger und zudem besser für mein spirituelles Leben. Nach Ratnamjis Ansicht reagiert gekochtes Essen empfindlich auf die Menschen, die es zubereiten. Wie ein Magnet greift es die Schwingungen auf und bewahrt sie. Ist ein Koch voller negativer oder weltlicher Gedanken, finden einige seiner Gedanken ihren Weg in unseren Mind, über die Nahrungsaufnahme. Der feinstoffliche, gedankliche Teil des Essens wirke auf unseren feinstofflichen Körper, den Mind. Der grobstoffliche Teil wird dazu verwendet, den physischen Körper aufzubauen. Für weltliche Menschen dagegen hat das kaum Bedeutung. Es liegt nicht in ihrem Fokus – ihre Gedanken zu kennen und zu steuern.

Ein spirituell Suchender sollte jedoch sehr darauf bedacht sein, seine Gedanken zu reduzieren und zu reinigen. Nur in einem absolut gedankenfreien Mind kann das wahre Selbst ungehindert scheinen. Wenn man für sich selbst kocht, stellt sich nach und nach die Fähigkeit ein, durch welche wir die eigenen Gedanken von den Gedanken anderer unterscheiden können. Verbringen wir ein Maximum an Zeit mit dem Versuch den Mind zu bändigen und zu konzentrieren, erreichen wir den Punkt, an dem man den Wert dieser Mühen erkennt und schätzt. Ratnamjis sagte auch, wir sollen nie zögern, Essen von jemandem anzunehmen, der einen höheren Grad spiritueller Energie erreicht hat als man selbst. Dies könnte spirituell helfen. Er sagte mir, ich sollte mir einen billigen Kerosinofen, einige Steinguttöpfe und rohe Nahrungsmittel kaufen.

Am nächsten Tag ging ich zum Markt und besorgte alle notwendigen Dinge. Gegen zehn Uhr kam Ratnamji nach Beendigung seiner Arbeit im Āshram. Er sagte mir, ich sollte Wasser bringen. Nachdem ich es auf den Herd gestellt hatte, zeigte er mir, wie ich das Gemüse schneiden sollte. Er sagte: „In Indien verwenden wir nur ein Gemüse pro Tag als Beilage und nehmen jeden Tag ein anderes. Reis oder Weizen ist das Hauptnahrungsmittel. So kann das Kochen sehr leicht sein. Koche den Reis einfach in einem Topf. Dann gib einige Linsen in einen anderen Topf. Nachdem du sie gekocht hast, bis sie weich sind, gib das Gemüse dazu und füge Gewürze und Salz bei. Wenn du magst, kaufe dir etwas Milch und mache sie zu Joghurt, den du mit der Nahrung mischst. Zur Abwechslung kannst du das Gemüse jeden Tag wechseln. Dies ist vielleicht nicht die Art, in der Menschen mit

Familie kochen, da sie sehr minimal ist, aber für uns reicht sie aus. Willst du den Mind vereinfachen, musst du alles in deinem äußeren Leben vereinfachen. Dies ist für gewöhnliche Menschen vielleicht langweilig. Aber für einen spirituell Suchenden ist es Minute für Minute ein Abenteuer zu sehen, wie weit er den Fluss seiner Gedanken reduzieren kann.

Warum schneidest du das Gemüse so langsam? Wenn du das so machst, ist das Mittagessen erst morgen fertig!" rief er aus.

Ich war der Ansicht, dass ich ziemlich schnell schnitt und sagte ihm das. Er nahm das Messer aus meinen Händen. Er beendete die Arbeit in der Hälfte der Zeit, die ich dafür gebraucht hätte.

„Man kann achtsam und gleichzeitig schnell sein. Man sollte im Namen von Achtsamkeit nicht im Schneckentempo arbeiten. Ein oberflächlicher Betrachter mag Gelassenheit und Lahmheit für das gleich halten.

Du musst den Unterschied zwischen den beiden verstehen und die Langsamkeit ablegen. Ein Mensch, der sich Gott hingibt, muss schnell und effizient sein. Gleichzeitig sollte er sich nicht seinem Inneren verlieren. Er sollte in der Lage sein, genauso viel oder mehr Arbeit als andere zu verrichten, dabei aber keine mentale Müdigkeit verspüren. Ich erinnere mich an den Tag, an dem ich mit einem medizinischen Öl die Kniegelenke Maharṣhis massierte. Er hatte schweres Rheuma und bedurfte täglicher Massage. Beim Reiben seiner Knie begann ich zu schnaufen und zu pusten. Er sagte mir, ich solle anhalten. ‚Weil du dich so sehr mit der Arbeit identifizierst, gerät dein Lebensatem in heftige Bewegung. Arbeitest du, darf dein Mind nicht damit verhaftet sein. Versuche als Zeuge zurückzutreten und innerlich ruhig und gelassen zu sein, selbst wenn du äußerlich wie ein Verrückter arbeitest', riet er mir.

„Ich versuchte es und bin jetzt in der Lage, ohne mentale Ermüdung oder Zunahme meiner Gedanken jedes Maß an Arbeit zu verrichten. Setze ich mich zur Meditation hin, sinkt mein Mind sofort auf den Grund und verschmilzt mit seiner Quelle. Arbeitet man mit Anhaftung und Aufregung, kann man selbst viele Stunden später nicht meditieren, weil erst dann das Tempo der Gedankenwellen abklingt. Obwohl du jetzt vielleicht nicht losgelöst bist, wiederhole zumindest während der Arbeit den Göttlichen Namen. Allmählich wird dein Mind sich trotz der Arbeit, die du verrichtest, am Namen festhalten, anstatt an der Arbeit. Dein Frieden ist nicht mehr gestört."

Er rief mich an seine Seite, wies auf den Topf mit kochenden Gemüsestücken und sagte: „Sieh, die Gemüsestücke springen und tanzen wegen der Hitze. Nehme ich den Topf weg, wird alles ruhig. Mit dem Mind verhält es sich genauso. Arbeitest du mit Anhaftung, erhitzt sich dein Mind. Deine Gedanken beginnen zu springen und zu tanzen. Keine Hitze, kein Tanz!"

Für Ratnamji schien alles eine Gelegenheit zu sein, mich ein spirituelles Prinzip zu lehren. Der Umgang mit ihm bedeutete ständiges Lernen. Als ich jünger war, hatte ich häufig die Schule geschwänzt. Jetzt bezahlte ich dafür, indem ich Tag und Nacht Lektionen erhielt!

Ich saß in der Ecke um zu sehen, was als nächstes kam. Er nahm die Töpfe vom Feuer und gab etwas Essen auf meinen Teller und dann etwas für sich auf einen anderen Teller. Dann fragte er mich, ob ich ein Foto von Ramana hätte. Ich hatte ein Buch mit einem Foto darin und brachte es ihm. Er stellte es neben das Essen und tat dann so, als füttere er in aller Ruhe das Foto. Dies dauerte etwa fünfzehn Sekunden. Dann brachte er etwas von dem Essen nach draußen. Er gab es einigen hungrigen Hunden

und Krähen, die dort warteten. Danach setzten wir uns beide
nieder und aßen.

„Was war das alles?", fragte ich ihn.

„Wir betrachten Ramana als unseren Guru und Gott. Indem
wir ihm zuerst zu essen geben, wird die Nahrung heilig. Sie wird
helfen, unseren Mind zu bändigen. Die meisten Westler mögen
die Vorstellung nicht, einen Menschen als Gott zu verehren
oder dem Formlosen irgendeine Form zuzuschreiben. Dies ist
wahrscheinlich durch die Lehre des Alten Testaments so, dass
Gott nicht in einer Form verehrt werden solle, dass er zwar eine
Persönlichkeit habe, aber keine Form. In der vedischen Religion
hat Gott in seinem Aspekt des Absoluten weder eine Form noch
eine Persönlichkeit. Er ist reines Sein, am besten ausgedrückt
in den Worten „ich bin, der ich bin", wie es dem Moses am Sinai
vom Herrn gesagt wurde. Aber zum Zweck der Verehrung und
des Zusammenseins mit denen, die an ihn glauben, kann er seine
Gegenwart in jedem Objekt dieses Universums manifestieren
und tut es auch. Sind Hingabe und Gedanken eines Menschen
stark genug, kann dieser sehen, wie Gott jedes Atom der Schöpfung durchdringt.

So wie der Denker seine Gedanken durchdringt, so durchdringt Gott dieses Universum, welches nichts anderes als das
Produkt seines Willens oder Gedankens ist. Wenn wir Gott in
uns sehen und unseren Mind mit ihm verschmelzen wollen, um
göttliche Glückseligkeit zu erlangen, müssen wir uns konzentrieren und unseren Mind subtil machen. Wie konzentriert man
sich auf ein formloses, himmelartiges Wesen? Unser Mind ist
ständig mit Formen und Klängen beschäftigt. Wir müssen eine
Form auswählen und versuchen, Gott darin zu sehen. Allmählich wird Konzentration erreicht und wir werden in der Lage
sein, ihn in allem als das allgegenwärtige Wesen zu sehen. Das

ist der Grund dafür, dass ich die Nahrung zuerst Gott in der Form unseres Gurus und dann in der Form einiger hungriger Tiere dargebracht habe. Dadurch werden wir Mitgefühl und Einheit mit anderen Wesen bekommen, was letztendlich unsere gewöhnliche Sicht auf die universelle Vision Gottes erweitert. Verstehst du?"

Als Antwort auf eine einfache Frage hatte Ratnamji in aller Kürze die gesamte Bandbreite semitischer und orientalischer Philosophie abgehandelt! Ich war erstaunt über seine Tiefe des Wissens und seine Weitsicht.

Nachdem wir unsere Mahlzeiten beendet hatten, legte er sich auf eine Matte, um sich auszuruhen. Ich begann, die Ecke des Zimmers, die wir als Küche benutzt hatten, aufzuräumen. Ich hockte mich hin, nachdem ich die Teller und Töpfe weggeräumt hatte.

„Warum hockst du dich so hin?", fragte er.

„Stehst du aufrecht und beugst dich vornüber, um die Arbeit auf dem Boden zu verrichten, dehnst du deine Beinmuskeln und stärkst deine Nerven. Dies wird die Trägheit aus deinem Nervensystem beseitigen. Wenn sowohl Trägheit als auch Ruhelosigkeit beseitigt sind, fließt die Meditation leichter." Ich tat wie er sagte und ging hinaus, um die Töpfe zu reinigen. Ich nahm etwas Seifenpulver und begann wie selbstverständlich im Stehen und vornübergebeugt, die Töpfe zu schrubben."

„Schau mal, wir sind Mönche. Wir können es uns nicht leisten, Seife so verschwenderisch zu benutzen. Nimm etwas trockenen, weichen Sand anstelle von Seife. Der Sand wird das Öl und den Schmutz beseitigen und uns nichts kosten. Gestern habe ich gesehen, wie du eine Flasche gereinigt hast, die Öl enthalten hatte. Du hast so viel Seife verschwendet. Wenn du einfach trockenen Sand hineingibst, ihn schüttelst und einen

Zweig hineinsteckst und ihn herumdrehst, wird das gesamte an den Seiten haftende Öl entfernt. Dann ist nur noch ein bisschen Seife nötig, bis sie sauber ist."

Ich fühlte mich langsam ein wenig veräppelt. Es schien, als ob ich nichts richtig machen könnte und er alles wüsste. Ich wagte es nicht, mich auch nur einen Zentimeter zu bewegen, aus Angst selbst mein Gehen könnte sich als falsch erweisen! Ich beendete das Spülen des Geschirrs und stellte es auf das Regal. Er schaute nach um zu sehen, ob ich sie mit der hohlen Seite nach unten gelegt hatte. Glücklicherweise hatte ich so viel gesunden Menschenverstand gehabt. Ich legte mich hin und schlief gleich ein.

„Hey Neal! Schläfst du? Es ist nicht so gut, während des Tages zu schlafen. Schläfst du nach Sonnenaufgang oder vor Sonnenuntergang, überhitzt sich der Körper und anstatt sich erfrischt zu fühlen, wirst du müde und abgespannt. Wenn du müde bist, kannst du einfach dein Gesicht und deine Arme waschen und dich für eine Weile hinlegen, während du den göttlichen Namen wiederholst, aber schließe nicht die Augen!"

Vielleicht sollte ich auch nicht atmen, dachte ich.

Am Nachmittag ging Ratnamji zurück in den Aśhram, um seine Arbeit dort fortzuführen. Nach einiger Zeit folgte ich ihm und ging nach dem Vedischen Gesang und dem Abendgebet am Samādhi meditieren. Während der Meditation war ich unkontrollierbar müde. Mein Kopf kippte nur Augenblicke, nachdem ich meine Augen geschlossen hatte, nach unten. Ich versuchte, die Müdigkeit abzuschütteln, konnte es aber nicht. Ich fühlte mich enttäuscht und ging zurück in mein Zimmer und beendete, was vom Mittagessen übriggeblieben war. Ratnamji hatte genug gekocht, so dass ich am Abend nicht noch einmal kochen musste.

Er kam gegen acht ins Zimmer, nachdem er im Āśhram gegessen hatte. Er brachte einen Freund mit, einen großen, stämmigen Mann mit einem strahlenden Lächeln auf dem Gesicht und einem freudigen, kindlichen Lachen. Er war vielleicht Ende Sechzig.

„Das ist Bhaiji", sagte er. „Bhaiji war einer der ersten Menschen, die ich traf, als ich im Jahre 1942 hierherkam. Er ist ein pensionierter Philosophieprofessor aus Hyderabad, einer Großstadt, die ungefähr achthundert Kilometer nördlich von hier liegt. Seit den dreißiger Jahren kommt er, wann immer er Zeit von seinen beruflichen und familiären Pflichten erübrigen kann, zum Maharṣhi. Seit unserer ersten Begegnung mögen wir uns. In all diesen Jahren hat er sich mir gegenüber wie ein Vater, eine Mutter, ein älterer Bruder und Ratgeber verhalten, ähnlich wie du und ich. Bhaiji, erzähle Neal, wie du zu Ramana gekommen bist."

„Ich unterrichtete damals an der größten Universität des Bundesstaates Philosophie", sagte Bhaiji. „Ich war etwa zweiundvierzig Jahre alt. Obwohl ich mich schon früh für das spirituelle Leben interessierte, hatte ich mich ihm noch nicht mit Herz und Seele verschrieben. Eines Tages, als ich zu Hause duschte, hörte ich ein Geräusch und drehte mich um. Ich sah einen Mann im Badezimmer stehen, der mich lächelnd ansah. Ich war sicher, dass ich die Badezimmertür verschlossen hatte. Der Mann trug nichts außer einem Lendenschurz und hielt einen Wanderstock in der Hand. Ich war erschrocken und stürzte vor Angst schreiend aus dem Badezimmer. Meine Familie kam anrannt. Nachdem sie den Grund für den Aufruhr gehört hatten, durchsuchten sie das Badezimmer, konnten jedoch keine Spur des Fremden finden."

Etwa eine Woche später blätterte ich in einem Buch über die Vēdāntaphilosophie. Ich war ziemlich überrascht, auf der Vorderseite ein Bild des Mannes zu finden, den ich in meinem Badezimmer gesehen hatte. Er trug ein Lendentuch, einen Spazierstock usw. Unter dem Foto stand sein Name: Sri Ramaṇa Maharṣhi. Die Einleitung zu dem Buch erklärte, dass er ein selbstverwirklichter Weiser sei, der am Fuße des Aruṇāchala-Berges lebt. Sobald ich von meiner Arbeit frei hatte, reiste ich an den Aruṇāchala.

Nachdem ich den Āśhram erreichte, ging ich direkt in die Halle. Maharṣhi saß auf dem Sofa und strahlte einen spürbaren Frieden aus. Er sah mich durchdringend, aber wohlwollend an und rief lachend aus: ‚Sogar schon bevor er hergekommen ist, hat er Ramana gesehen!' „Ab diesem Zeitpunkt setzte ich mich mit vollem Herzen dafür ein, mein spirituelles Ziel zu erreichen und wurde ihm als meinem Guru und Führer treu."

Bevor Bhaiji ging, nahm er mich zur Seite. Er sagte mir, dass ich wirklich glücklich sein konnte, Ratnamji als meinen Lehrer auf dem spirituellen Pfad zu haben. Er sagte mir, dass Ratnamji ein hochrangiger Heiliger sei. Ich sollte mich nicht von seiner bescheidenen Erscheinung und seinem Verhalten täuschen lassen. Er verließ uns dann und ging zum Āśhram zurück. Gegen elf Uhr wurde ich müde und wollte mich gerade hinlegen, als Ratnamji, der sich bereits hinlegt hatte, mich rief. Er sagte mir, dass es besser wäre, die restlichen ein oder zwei Töpfe noch zu reinigen, damit morgen Zeit gespart werden könnte. Ich tat diese Arbeit widerwillig. Danach wollte ich wieder schlafen gehen, aber die ganze Zeit dachte ich daran, dass ich am nächsten Morgen um halb vier aufstehen musste. Als ich mich gerade auf meine Matte setzte, rief er mich. Er bat mich, seine Beine zu massieren, da sie ihm Schmerzen bereiteten. Ich hatte gelesen, dass es eine große Segnung ist, die Erlaubnis zu haben, den Körper eines wahren Heiligen zu berühren. Manche Heilige bitten als Ausdruck ihrer Gunst ihre Devotees, ihre Beine zu massieren. Ich war ziemlich glücklich über diese Gelegenheit, schlief jedoch dabei immer wieder ein. Schließlich schien es, als ob Ratnamji schlief, also stand ich leise auf und ging zurück zu meiner Matte.

„Warum hast du aufgehört? Sie schmerzen immer noch", rief er aus.

Erneut stand ich auf, diesmal nicht so motiviert. Irgendwie schaffte ich es, wach zu bleiben, bis er mich zu gehen bat und mich hinzulegen. Sobald mein Kopf das Kissen berührte, fiel ich in tiefen Schlaf. Gegen 1 Uhr rief Ratnamji mich.

„Mir ist kalt. Gibt es eine Decke hier?"

Natürlich wusste er, dass es nur eine Decke gab und zwar eine Baumwolldecke, die ich benutzte. Ich deckte ihn damit zu und legte mich wieder hin. Ich zog meinen Dhōti aus und bedeckte meinen Körper der Länge nach damit. Es ist überraschend, wie warm so ein dünner Stoff sein kann, wenn man friert. Als Kissen benutzte ich meine Kleider, die ich zu einem Bündel gewickelt hatte. Oder ich schlief einfach auf meinem Arm, den ich unter meinem Kopf zusammenlegte. Obwohl es zuerst etwas unbequem war, gewöhnte ich mich daran. Ich war nach einiger Zeit richtig glücklich, dass ich mit so wenig auskommen konnte. Es war ein wichtiger Schritt auf dem Weg dahin, von den Umständen unberührt zu bleiben.

Die Hälfte unseres inneren Friedens hängt davon ab, wie wir auf die Umstände reagieren und wie anpassungsfähig wir sind. Jemand, der nichts begehrt oder bereit ist, sich mit dem zufrieden zu geben, was gerade verfügbar ist, ist überall glücklich. Ratnamji versuchte, mir diese Lektion durch praktische Erfahrung beizubringen. Hätte er gesagt, dass man mit dem

Nötigsten auskommen sollte, ohne eine derartige Situation herbeizuführen, wie hätte ich dies direkt wissen oder erfahren können? Wie hätte ich diese Auswirkungen auf meinen Mind und meinen nachfolgenden spirituellen Fortschritt verstehen können, wenn ich es nicht immer wieder praktiziert und erlebt hätte? Indem er mich wachhielt, als ich schlafen wollte, versuchte er, mich zu lehren, über die Anhaftung an Schlaf hinauszugehen. Ebenso bot jede Situation mir die Gelegenheit, entweder egoistisch oder selbstlos zu reagieren. Außerdem konnte ich durch diese Erfahrungen Geduld entwickeln und lernen, Wut zu kontrollieren.

Wie viele negative Tendenzen unseren Mind füllen, können wir während unseres Alltagslebens nur gelegentlich erfahren. Aber in der Gesellschaft von Heiligen kommt alles Gute oder Schlechte aus unserem Inneren verstärkt zum Vorschein. Natürlich liegt es am Schüler, diese Tatsache für sein spirituelles Wachstum zu nutzen. Er kann die negativen Eigenschaften kontrollieren und die positiven Eigenschaften kultivieren. Lernt man in der Gesellschaft eines Weisen, wie der eigene Mind arbeitet und wie man ihn kontrolliert, wird man sogar in der alltäglichen Arbeitswelt in der Lage sein, friedlich zu leben. Wenn man auf dem Schlachtfeld überlebt, erscheint jeder andere Ort, den man danach besucht, im Vergleich dazu wie der Himmel.

Ich stand um halb vier auf. Nachdem ich mein Bad beendet hatte, war ich um vier Uhr bereit, Ratnamji bei der Arbeit zu helfen. Am vorherigen Abend hatte ich mich ein wenig bei Bhaiji darüber beschwert, dass ich momentan wenig Zeit zum Meditieren finde. Jedes Mal, wenn ich mich hinsetze, um zu meditieren, schlafe ich wegen der Anstrengungen des Tages und der Nacht ein. Ich wusste nicht, dass die innewohnende Trägheit des Minds sich in einem bestimmten Stadium der Meditation als Schlaf oder Schläfrigkeit manifestiert. Ratnamji und Bhaiji sahen sich an und lachten dann. „Ab morgen wirst du echte Meditation bekommen, auch ohne zu meditieren", sagte Ratnamji. Ich verstand nicht, was er meinte.

An diesem Morgen, während ich meine Kleider wusch, spürte ich deutlich, dass ich ein unbeweglicher Zeuge war, abseits von meinem Körper. Nur mein Körper erledigte die Arbeit. Das Gefühl hielt nicht sehr lange an. Ich versuchte, es wiederzuerlangen, aber ich schaffte es nicht. Mein Mind hatte sich angefühlt, als sei er vom selben milden Licht durchdrungen wie zu den Zeiten, an denen ich eine gute Meditation hatte. Ich befragte Ratnamji darüber.

„Das ist, was ich dir letzte Nacht sagte. Wiederholt man sein Mantra immer und versucht, seinen Mind von der Arbeit losgelöst zu halten, beginnt das Gefühl zu dämmern, dass man nicht derjenige ist, der die Dinge tut. Natürlich ist es auch gut, sich zur Meditation hinzusetzen, aber es ist nur der erste Schritt. Bevor du herkamst, hast du dich mehr als ein Jahr lang jeden Tag viele Stunden zur Meditation hingesetzt. Es hat etwas in dir erweckt. Aber das ist nur der Anfang. Es ist eine große Begrenzung, wenn du diesen Frieden nur dann erfahren kannst, wenn du dich hinsetzt und deine Augen schließt. Dieser Frieden oder Bewusstseinsstrom ist die wahre Natur hinter Mind und Ego. Hältst du daran fest, führt er dich zur Wirklichkeit jenseits des Minds. Wenn du deinen Mind gemäß dem Ratschlag von Heiligen formst, gewinnt dieser Strom an Stärke und Dauerhaftigkeit, er wird beständig, wird dabei tiefer und tiefer, bis kein Gedanke mehr bleibt und du darüber hinausgehst."

Ratnamji ging baden und ich folgte ihm mit einem Handtuch. Er stand in der kalten Morgenluft am Brunnen.

Auf dem Berg Aruṇāchala - 1974

Er zog Wasser hoch und schüttete es sich immer wieder über den Kopf. Ich fragte ihn, warum es für ihn in seinem Alter und spirituellen Stadium notwendig sei, in der kalten Luft ein kaltes Bad zu nehmen. Er antwortete, es sei eigentlich dazu bestimmt, anderen, die seinem Weg folgen sollten, ein gutes Beispiel zu geben. Ich fragte ihn, wer diese anderen seien. Ich sei schließlich der einzige Mensch dort.

„Bist du nicht genug? Indem man auf diese Art badet, wird man gleichgültig gegenüber den Freuden und Schmerzen des Körpers. Erst dann ist es möglich, den Mind auf den inneren Strom zu fixieren. Anhaftung an Vergnügen und Abneigung gegen Schmerz sind die beiden hauptsächlichen Hindernisse für die Meditation. Wartet man einfach nur darauf, dass Freude und Schmerz kommen, um Gleichgültigkeit zu üben, muss man lange warten. Die Schriften sagen, dass man den Tag mit einem kalten Bad beginnen sollte, vorzugsweise mit Brunnenwasser. Dadurch wird die Trägheit des Schlafs, die das Nervensystem durchdringt, beseitigt und der Mind fühlt sich danach frisch und munter an. Dies gilt natürlich nicht für kranke Menschen. Wir sind jedoch nicht so alt oder krank, als dass wir diese Regel nicht befolgen können. „Vielleicht brauche ich es nicht wirklich, aber du wirst denken, dass du es auch nicht brauchst, wenn ich es nicht mache. Aber wenn du es nicht machst, wirst du den Nutzen dieser Übung nicht erfahren."

Ich war überrascht und bewegt über seine Aufrichtigkeit, mich zu lehren, wie ich meinen Mind reinige, obwohl dies für ihn bedeutete, eine Unannehmlichkeit auf sich zu nehmen. Ich wusste, dass er Rheuma in den Knien hatte. Als ich früher im Āśhram lebte, brachte ich ihm heißes Wasser zum Baden, wenn er Schmerzen hatte. Jetzt stellte er seine eigene schlechte Gesundheit hintenan, nur um mir ein Beispiel zu geben, dem ich folgen konnte. Ich fragte ihn, warum er sich wegen mir diese Mühe machte.

„Will ich oder erwarte ich etwas von dir? Natürlich nicht, aber ich fühle, dass Ramana dich meiner Obhut anvertraut hat. Ich soll dir den Weg zur Selbstverwirklichung zeigen und ich weiß, dass du auch genauso fühlst. Wenn dies der Fall ist, was ist also meine Pflicht? Wenn dein Guru dir eine Aufgabe anvertraut, solltest du sie nicht nur vollständig erfüllen, sondern auch bereit sein, ihr voll und ganz gerecht zu werden, selbst wenn es Leiden oder sogar den Tod bedeutet. Wenn man nicht vollständig und hingebungsvoll der Pflicht nachkommt, die von Gott auferlegt wurde, welche Fortschritte kann man dann entweder im weltlichen oder spirituellen Leben erwarten?

Man muss den Mind kontrollieren und ihn ruhig und vollständig konzentrieren, erst dann kann man die Wirklichkeit sehen, die im Inneren leuchtet. Vollständige Hingabe an diese Aufgabe ist notwendig. Man kann nicht ständig einen Schritt vorwärts und drei Schritte zurückgehen. Wenn wir auch nur in einer Handlung unaufrichtig sind, wird diese Unaufrichtigkeit zur Gewohnheit und durchdringt all unsere Handlungen. Wenn du den Puls in einem Teil des Körpers fühlst, ist es derselbe, der überall ist.

Es ist sehr schwer, den Mind zu verfeinern und zu formen. Also muss man bei allem, was man tut, vollkommen engagiert sein, um die spirituelle Praxis perfekt zu verrichten. Tatsächlich ist Perfektion in der Handlung selbst eine äußerst mächtige Übung zur Fokussierung des Minds. Kann ich dir Spiritualität genauso vermitteln, wie es mein Guru für mich getan hat und kann dir kontinuierlich ein gutes Beispiel geben, dann wirst du, so Gott will, dasselbe für jemand anderen tun können. Selbst wenn das nicht passieren sollte, wäre es trotzdem nützlich für deine eigene Befreiung.

Am Morgen, nach der Pūjā am Samādhi, ging Ratnamji in sein Āśhram-Zimmer, um seine eigene Pūjā durchzuführen. Ich hatte Blumen gepflückt, das Zimmer gereinigt, die Dinge im Allgemeinen in Ordnung gebracht und auch der Pūjā beigewohnt. Obwohl ich das Prinzip dahinter nicht verstand, erfreute ich mich an der von den Hymnen und dem Vortrag der verschiedenen Mantren erzeugten Atmosphäre. Diesen Morgen wandte er sich nach Beendigung der Pūjā an mich mit der Frage: „Du hast nun einige Tage hier gesessen und der Pūjā zugesehen. Wann verrichtest du denn deine eigene?"

„Ist es für einen Westler überhaupt möglich, eine Pūjā durchzuführen?", fragte ich. „Ihr wiederholt alle Verse in Sanskrit. Wenn ich Sanskrit lernen muss, wird es wirklich sehr lange dauern. Außerdem möchte ich meditieren und dir dienen. Ich möchte meine Zeit nicht damit verbringen, eine Sprache zu lernen."

„Du brauchst kein Sanskrit zu lernen. Ich selbst werde unter Verwendung von Versen aus den poetischen Werken des Maharshi eine Pūjā in Englisch verfassen. Du kannst einfach die mechanische Seite der Verehrung lernen und die Verse wiederholen. Es ist die Hingabe und Aufmerksamkeit eines Menschen, die zählt, nicht die Sprache. Gott kennt unser Herz und kümmert sich wenig um unsere äußeren Taten", erwiderte er.

Also verbrachte Ratnamji in den nächsten Tagen seine gesamte Freizeit damit, Verse aus Ramanas religiösen, poetischen Werken auszusuchen und ihre rituelle Seite zu vereinfachen. Er erklärte mir auch die Nützlichkeit der Pūjā. Er sagte, dass eine rituelle Verehrung für einen Priester vielleicht nur ein Ritual sei. Für einen spirituell Suchenden allerdings ist es eine

Übung, den Mind zu konzentrieren. Er benutzte das Beispiel der Nadel eines Messgeräts. Die Bewegung am oberen Ende ist leicht sichtbar, aber am unteren Ende, wo die Nadel am Gerät befestigt ist, nicht gut sichtbar. Genauso arbeitet unser Mind sehr subtil. Seine Bewegungen sind nicht so leicht zu entdecken. Aber unsere Handlungen und Sinneswahrnehmungen sind eine Projektion oder Erweiterung unseres Minds. Sie können leichter betrachtet und ausgewertet werden.

Als er dies sagte, erinnerte ich mich an das Blumenpflücken im Garten. Ich war nicht einmal in der Lage, mich auf die Blume zu konzentrieren, die ich gerade pflückte, sondern hielt bereits nach der nächsten Blume Ausschau. Bis zu jenem Zeitpunkt hatte ich geglaubt, ich könnte mich gut konzentrieren. Aber in Wirklichkeit war es nicht so. Er sagte, dass man während der Verehrung darauf achten sollte, wie stark sich der Mind konzentriert und wie aufmerksam man den Bewegungen der Augen und Hände sowie dem Hören der Verse folgt. Dadurch verbessert sich die Konzentration durch die Sinneswahrnehmung. Auf diese Weise stärkt man seine Fähigkeit, sich auf subtilere Dinge zu konzentrieren. Vertieft sich die Konzentration, wird nach und nach auch die Wand der Unwissenheit im Mind dünner. Wir fangen an, sowohl innen als auch außen die Gegenwart des Göttlichen zu sehen und zu spüren. Wenn dies sein vollstes Maß erreicht, verwirklicht man Gott.

Ich brauchte fast einen Monat, um die Pūjā in- und auswendig zu lernen. Ich nahm ein Bild Ramanas als meinen Gegenstand der Verehrung, da ich ihn von Anfang an mit dem Höchsten Sein gleichgesetzt hatte. Offensichtlich gab es eine Kraft, die mich führte und nach meinem Gefühl war er diese Kraft. Obwohl ich in allen anderen Dingen ziemlich rational veranlagt bin, habe ich mich in diesem Punkt niemals mit Rationalisierung aufgehalten.

Ich spürte intuitiv, dass es so war und das befriedigte mich in hinreichendem Maße. Ich sah Gott in Ramana.

Zu viel Rationalisierung in spirituellen Angelegenheiten raubt das Leben und macht einen Menschen hart und trocken. Da Gott der einfache, reine Urgrund des Minds ist, bringen kindliche Einfachheit und Glaube einen Menschen schnell ans Ziel. Auch Christus sagte, dass man wie ein Kind sein muss, um ins Himmelreich einzutreten. Um Gott zu erfahren, ist ein einfacher, kindlicher Mind wesentlich. Das Himmelreich ist in uns, aber wir beschäftigen uns mit den Wellen des Minds, was uns davon abhält, in die inneren Tiefen zum Kern unseres Seins einzutauchen.

Ratnamji sagte mir, dass man keine aufwendigen Pūjā-materialien braucht. Einfache Steingutteller würden ausreichen. Wasser, Blumen, Räucherstäbchen und ein Stück Obst würden als Darbringung an den Guru genügen. Ich ging mit vollem Ernst zur Sache und ließ die Durchführung der Verehrung in den nächsten zehn Jahren auch nicht einen Tag ausfallen.

Nachdem ich ziemlich viele Anweisungen erhalten hatte, wie ich meine Handlungen formen sollte, um meinen Mind zu reinigen, versuchte ich mein Bestes, um sie in die Praxis umzusetzen. Das war jedoch keine leichte Aufgabe. Meine alte, rebellische Tendenz kam immer wieder hoch. Ich hatte nicht den geringsten Zweifel an der Richtigkeit dessen, was Ratnamji mir sagte, aber wenn ich anfing, etwas zu tun, hörte ich zwei Stimmen in meinem Mind. Die eine sagte: „Tu, wie er dir sagte", doch die andere sagte: „Kümmere dich nicht drum! Mach, was dir gefällt." An vielen Tagen folgte ich der zweiten Stimme und tat einfach, was ich wollte, obwohl ich wusste, dass es falsch war.

Das war an sich schon schlimm genug, aber ab da ereigneten sich die seltsamsten Dinge. Immer wenn ich ‚tat, was ich wollte', bekam ich einen Schlag auf den Kopf. Eines Abends saß Ratnamji am Teich im Āśhram und wiederholte sein Mantra. Nach zwei Stunden stand er auf und machte sich auf den Weg zu seinem Zimmer, in dem ich mich gerade befand. Ich versuchte, einige Dinge in Ordnung zu bringen. Er hatte einige Gegenstände auf einem Regal abgestellt und mir immer wieder gesagt, dass ich sie nicht berühren sollte, auch wenn sie schmutzig oder unorganisiert aussahen. Als ich saubermachte, kam ich zu dem verbotenen Regal und dachte: „Oh, es macht eigentlich nichts, wenn ich die Sachen berühre. Sie sind so schmutzig." Also begann ich, das Regal zu reinigen und zu ordnen. Genau in diesem Augenblick trat Ratnamji ein.

„Was glaubst du, was du da tust?", fragte er.

„Ach nichts, ich dachte nur, wenn ich schon das ganze Zimmer putze, kann ich auch hier putzen", erwiderte ich.

„Ich hatte dich absichtlich gebeten, die Sachen auf diesem Regal nicht anzurühren, weil ich sehen wollte, ob du deine Impulsivität kontrollieren kannst. Offensichtlich kannst du es nicht. Wie kann man einer impulsiven Person irgendetwas Wichtiges anvertrauen? Eine solche Person ist nicht vertrauenswürdig. Nachdem ich mein Mantra zwei Stunden lang am Teich wiederholt hatte, war ich voller Glückseligkeit und Frieden und dann komme ich hierher und finde dich, wie du Unfug treibst. Es ist, als ob ein großer Felsbrocken in einen ruhigen See geworfen wurde", sagte er.

Natürlich fühlte ich mich sehr schlecht und beschloss, seinen Wünschen nicht mehr zuwiderzuhandeln, aber leider wiederholte ich dasselbe in verschiedenen Formen mindestens tausendmal.

Eines Tages bat er mich, einige Grashalme zu pflücken. Diese sollten während der Pūjā dargebracht werden. Diese spezielle

Grassorte wächst im Āśhram nur dort, wo reichlich Wasser vorhanden ist. Das hieß also nur im Bereich des Badezimmerabflusses. Er stellte fest, dass ich das Gras mit den Wurzeln herausgezogen und zu ihm gebracht hatte. Er sagte: „Es ist nicht nötig, das wehrlose Gras umzubringen. Wir wollen nur den oberen Teil. Schneidest du es einfach mit einem Messer ab, stirbt es nicht und wächst wieder nach." Eigentlich leicht zu verstehen, aber nur, wenn der Mind zur rechten Zeit in die richtige Richtung arbeitet!

Am nächsten Tag, als ich mich aufmachte, das Gras zu holen, nahm ich ein Messer mit. Ich hatte wirklich die Absicht, alles so zu tun, wie er mich geheißen hatte. Gerade als ich begann, das Gras zu schneiden, sagte mein Mind mir: „Warum solltest du auf ihn hören? Mach schon und reiß es aus. Du kannst die Wurzeln anschließend abschneiden. Er wird es nie erfahren." Wie gewöhnlich, folgte ich ‚dem Rat des Teufels' und zog das Gras mit den Wurzeln aus. Unglücklicherweise unterschätzte ich die Kraft der Wurzeln. Ich musste ziemlich schwer ziehen. Plötzlich gaben sie nach und ich fiel in den Abwasserkanal! Nachdem ich trauriger, aber weiser mit durchnässten Kleidern herausgekommen war, machte ich mich wie ein Verbrecher auf den Weg zu Ratnamjis Zimmer. Ich war voller Furcht vor dem Prozess und Urteilsspruch. Er sagte nur, dass diese Tour, nämlich die schmerzhafte Tour, die Einzige sei, bei der ich lernen würde und schwieg.

Dies Art von Ereignissen begann Tag für Tag zu geschehen und ich wurde immer verzweifelter. Es war, als würde ich mich daran erfreuen, mich selbst zu bestrafen oder als ob eine unbekannte Kraft mich dazu brachte, das Falsche zu tun und dann den Spaß daran zu haben. Verwirrt und deprimiert geworden, begann ich zu glauben, dass ich vielleicht einen Fehler gemacht hatte, indem ich mich dem spirituellen Leben zugewandt hatte. Als ich jedoch darüber nachdachte, konnte ich keine bevorzugtere Lebensweise finden. Ich war dem spirituellen Leben nicht aus einer logischen Entscheidung heraus beigetreten, sondern als Ergebnis einer Reihe innerer Entwicklungen und des daraus resultierenden Verständnisses für den Wert des spirituellen Lebens im Gegensatz zu weltlichen Vergnügungen. Es gab einfach keine Frage, zurückzukehren oder ein anderes Leben zu führen. Selbst wenn ich zu meiner vorherigen Lebensart zurückginge, würde sich dasselbe Verständnis durchsetzen. Es würde mich sowieso zu einem Leben der Entsagung und der Spiritualität zurückführen.

Wie sollte ich nun die Situation bereinigen? Ich hatte oft versucht, den einfachen, von Ratnamji erteilten Rat zu befolgen. Jedes Mal tat ich aber genau das Gegenteil und zahlte sofort den Preis dafür. Dann dachte ich, dass das Problem vielleicht bei Ratnamji liege. Er bestand beharrlich darauf, dass alles auf eine bestimmte Art und Weise gemacht werden sollte, ohne Kompromisse. Obwohl ich ihn als meinen Führer akzeptiert hatte, entschied ich mich, seinen Ratschlägen nicht zu folgen. Um der unvermeidlichen Rüge zu entgehen, versuchte mein Mind, die Situation mit einem hinterlistigen Trick zu umgehen. Ich ging zu Ratnamji und sagte ihm, es sei besser fortzugehen. Meine Anwesenheit könnte störend für ihn sein und ihn in seinem inneren Frieden stören.

„Wohin wirst du gehen?" fragte er mich und lächelte dabei. Er schien nicht allzu verstimmt über meinen Vorschlag.

„Wahrscheinlich nach Nordindien", erwiderte ich.

„Was wirst du dort tun?" fragte er.

„Oh, wahrscheinlich werde ich mir einen Guru suchen und spirituelle Übungen machen. Andernfalls werde ich mir ein kleines Haus im Himālaya besorgen und meine Zeit damit verbringen, einen Garten anzulegen", antwortete ich selbstbewusst. Er lachte. „Gott hat dich hierhergeführt, ohne dass einer von uns nach dem anderen gesucht hat. Wir sind uns begegnet, und unsere Beziehung hat sich entwickelt. Es ist an der Zeit für dich, deinen Mind zu reinigen. Egal wohin du gehst, letztendlich wirst du dazu gebracht werden, dies zu tun. Du denkst, ich sei zu streng und du wirst mehr Frieden haben, wenn du gehst. Aber die Wahrheit ist, man wirft nicht einfach weg, was man ohne zu fragen bekommen hat. Wahrscheinlich wirst du solch eine Gelegenheit nicht wieder bekommen. Solltest du einen anderen Lehrer finden, wird dieser hundertmal strenger sein als ich. Wir wurden vom Göttlichen zum spirituellen Leben geführt und dürfen nicht vor den kleinen Unannehmlichkeiten davonlaufen, die wir in der spirituellen Schulung erfahren. Sonst wird Gott uns doppelt so viele Leiden auferlegen, um uns auf den rechten Weg zurückzubringen. Das spirituelle Leben ist kein Spaß. Um die Glückseligkeit Gottes zu erfahren, müssen wir die Mühen der Reinigung von Mind und Körper auf uns nehmen. Du brauchst dir keine Sorgen zu machen, dass du meinen mentalen Frieden störst. Es wäre ausreichend, wenn du unerschütterlich weitermachst. Du solltest versuchen, deinen widerspenstigen Mind zu zähmen und selbst Frieden zu finden", sagte er.

Ich wusste natürlich, dass er wie üblich recht hatte. Nach dieser Unterhaltung arbeitete meine zweite innere Stimme ein wenig weniger in meinem Mind. An einem anderen Tag war ich im Zimmer eines europäischen Devotees, der jahrelang im Āśhram gelebt hatte. Ich hatte große Achtung vor ihm. Ich dachte, dass er bestimmt ein gewisses Maß an Verwirklichung erreicht hatte. Er fragte mich, wie es mir gehe. Ich erzählte ihm, dass ich mich sehr schlecht fühlte. Ich wünschte mir, nie geboren worden zu sein. Er sagte mir, dass, soweit er sehen könnte, alle meine Probleme darauf beruhen, dass ich als Amerikaner versuchte, wie ein Hindu zu leben. Er sagte auch, dass man nichts falsch machen könne, hört man auf die Stimme Gottes im Innern. Nachdem ich eine Zeit lang mit ihm gesprochen hatte, kehrte ich in mein Zimmer zurück. Ich dachte über das nach, was er gesagt hatte. Ich entschied, dass er recht haben müsste. Ich beschloss, zu Ratnamji zu gehen und ihm von meiner neuerlichen Entdeckung zu berichten. Dann wollte ich für immer von ihm weggehen. Ich würde in Zukunft den Rat des anderen Freundes befolgen.

Beleidigt trat ich in sein Zimmer. Ratnamji sagte sofort: „Was ist denn das? Setze dich eine Weile hin. Sobald du dich beruhigt hast, können wir reden. Mir ist, als wäre ein Wirbelsturm ins Zimmer getreten!"

Nach einigen Augenblicken sagte ich ihm, dass ich die Ursache meiner mentalen Aufregung gefunden hätte. Ich fügte auch hinzu, dass er nicht hätte versuchen sollen, mich in einen Hindu zu verwandeln. Ich erzählte, was mein Freund gesagt hatte. Er antwortete nicht. Er stand auf und sagte mir, ich sollte ihm folgen. Es war Nacht und wir gingen etwa eineinhalb Kilometer, bis wir einige kleine Hügel erreicht hatten, wo sich niemand aufhielt. Der Mond schien und der Aruṇāchala schimmerte im Hintergrund. Alles war still. Nachdem er schweigend eine Zeit lang gesessen hatte, begann er:

„Neal, mein Kind, unser Freund hat ein falsches Bild von dir. Du hast Amerika auf Grund eines göttlichen Dranges und einer angeborenen Liebe für Indien verlassen. Was immer du in der hinduistischen Kultur siehst oder darüber hörst, ergibt einen vollkommenen Sinn für dich. Ohne dass dir irgendjemand etwas aufgezwungen hat, hast du das Leben eines traditionellen, hinduistischen Mönches begonnen. Tatsächlich ist dein Glaube an die vedische Lebensart stärker als der der meisten orthodoxen Hindus. Ich habe nie daran gedacht, dich dazu zu bringen, diesen Weg zu gehen. Ich zeige dir nur den Weg, dem ich selbst gefolgt bin. Du magst ihn und versuchst, ihm zu folgen. Natürlich rebelliert dein Mind ständig dagegen. Das liegt an alten, tief verwurzelten Gewohnheiten, die du in den Jahren vor deiner Ankunft hier angesammelt hast. Der Kampf zwischen deinen guten Absichten und deinen alten Gewohnheiten verursacht dein Leiden. Es hat nichts mit deiner aktuellen Lebensweise zu tun - obwohl meine Anwesenheit zweifellos den Kampf beschleunigt. Jeder Suchende muss letztendlich mit seinem niederen Mind kämpfen. Er muss erfolgreich sein und aus diesem Kampf gestärkt hervorgehen. Es ist wahr, dass die Stimme Gottes in uns ist. Aber es gibt auch viele andere Stimmen in uns. Die feinste dieser Stimmen ist die von Gott. In deinem gegenwärtigen Zustand hast du keine Möglichkeit, richtig zwischen seiner Stimme und der Stimme des „Teufels", wie man sie nennen könnte, zu unterscheiden. Bis du genug mentale Reinheit erlangt hast, ist es sicherer, deinem Lehrer zu vertrauen und seinem Rat zu folgen, egal wie schwierig das auch sein mag. Ich möchte nur deine spirituelle Entwicklung fördern und habe kein Verlangen, dir Leid zuzufügen. Versuche, auf spirituelle Weise die Tiefe meiner Zuneigung zu dir zu verstehen. Vertraue darauf, mache weiter in deinem Bestreben, deinen Mind zu reinigen. Zurzeit ist, das bisschen Licht, das du hast, mit viel Dunkelheit vermischt. Das musst du erkennen und beseitigen. Mach dir nicht so viele Sorgen. Ramana hat dich bis hierhergeführt und wird dir auch den Rest des Weges zeigen."

Diese besänftigenden Worte waren Balsam für meine Seele. Aber innerhalb weniger Tage begann ich erneut, auf Grund der widerstreitenden Stimmen in meinem Mind zu leiden. Ich dachte, dass es hoffnungslos war, meinen Mind zu reinigen. Ich dachte tatsächlich an Selbstmord, obwohl ich wahrscheinlich nicht den Mut dafür aufgebracht hätte. Zu dieser Zeit fiel mir eine Unterredung zwischen Ramana und einem seiner Devotees bezüglich Selbstmordes in die Hände. Ramana sagte dem Devotee, dass Selbstmord für einen Menschen spirituell genauso schlecht sei wie Mord. Obwohl der Körper Schmerz fühlen kann, gehört das Leiden dem Mind. Es ist der Mind, der getötet werden muss, nicht der unschuldige Körper. Jemand, der seinen eigenen Körper tötet, muss das Leiden seines gegenwärtigen Lebens nach dem Tod noch zu Ende leiden. Zudem hat er noch das zusätzliche Leiden, das er durch die Sünde des Selbstmordes verursacht hat. Selbstmord als Lösung verschlimmert die Dinge nur. Ein Mensch, der Selbstmord begangen hat, kann nach dem Tod niemals Frieden erlangen.

Dies schloss die Möglichkeit eines Selbstmordes für mich natürlich aus. Es gab einfach keine andere Wahl. Ich musste allmähliche Fortschritte machen und versuchen, den Mind soweit zu bringen, meinem Willen zu gehorchen. Ich wünschte mir so sehr, ich könnte in Harmonie mit Ratnamji sein, damit er mich nicht fortwährend korrigieren und schelten müsste. Es war sicherlich kein Vergnügen für ihn und es war die Hölle für mich. Obwohl ich viele Male am liebsten davongelaufen wäre, gab es stets etwas tief in mir, das sagte: „Alles geschieht zum Besten. Gibt nicht auf, sondern schreite tapfer durch diese dunkle Nacht der Seele voran." Ich hatte noch nicht einmal über die dunkle Nacht der Seele gelesen, aber ich war sicherlich mitten darin. Dieser schmerzhafte Zustand dauerte fast ein Jahr, während ich lernte und mich darum bemühte das anzuwenden, was mir gelehrt wurde.

Nach Ablauf eines Jahres bat mich Ratnamji, meine Mutter nach Indien einzuladen. Er sagte mir, dass ich sie auf eine sehr gefühllose Weise verlassen hätte. Tatsächlich habe ich sie mein ganzes Leben lang respektlos und gleichgültig aufgrund der üblichen Selbstsucht und Arroganz, die bei Kindern üblich ist, behandelt. Anders als in der indischen Kultur betont die amerikanische Kultur nicht so sehr, dass man seinen Eltern so weit wie möglich gehorchen sollte. Man sollte die Eltern schätzen und die Schuld, die man ihnen für ihre Erziehung und Versorgung schuldet, zurückzahlen. Entweder aus Pflichtgefühl oder aus Liebe, sollte man sich um seine Eltern kümmern und gute Beziehungen zu ihnen pflegen. Ohne den Segen der eigenen Mutter ist im spirituellen Leben kein wirklicher Fortschritt möglich. Dies ist die Meinung der alten Weisen. Es wird in den Schriften gesagt, dass ein undankbarer Mensch nicht einmal einen Platz in der Hölle finden kann. Erteilen die Eltern jedoch einen Rat oder bitten darum, etwas zu tun, was dem eigenen spirituellen Leben schadet, muss man ihnen nicht gehorchen. Lediglich die Worte des spirituellen Lehrers haben mehr Gewicht als die der Eltern.

Ich schrieb somit meiner Mutter und sie war einverstanden, so bald wie möglich zusammen mit meiner Schwester zu kommen. Zu diesem Zeitpunkt sagte Ratnamji, dass er nach Hyderabad gehen würde. Er wollte einige Devotees Ramanas sowie Verwandte besuchen, die nach langer Zeit begierig darauf waren, ihn zu sehen. Er sagte mir, dass ich meine Mutter mit dorthin bringen könnte, wenn ich das wollte. Alternativ könnte ich nach ihrer Rückkehr nach Amerika allein dorthin reisen, um andere Devotees und Heilige zu treffen. Auf dem Weg zur Bushaltestelle sagte er mir, dass ich versuchen sollte, Ramana in meiner Mutter zu sehen und ihr entsprechend zu dienen. Dies würde Gott erfreuen und auch meine Mutter, selbst wenn sie den Grund dafür nicht wisse. Ein Devotee muss allein Gott lieben. Tut er dies, erhalten alle Geschöpfe seine Liebe, da Gott in den Herzen aller Wesen wohnt. Mit diesen Worten stieg er in den Bus und war fort. Ich war mir selbst überlassen und wartete auf ein neues Kapitel in meinem Leben.

KAPITEL 3

Es geht vorwärts

Nach wenigen Tagen kamen meine Mutter und meine Schwester mit dem Auto von Madras an. Ich hatte sie im Gästehaus des Āśhrams untergebracht. Meine Mutter war nach einem Jahr der Trennung überglücklich, mich zu sehen. Sie war überrascht, dass ich mein langes Haar abgeschnitten und meinen Bart abrasiert hatte, und dass ich nur einen Dhōti und ein Tuch trug. Wie von den hinduistischen Schriften vorgeschrieben, verneigte ich mich vor ihr auf dem Boden.

„Was ist denn das?" rief sie aus. „Warum legst du dich vor mir auf den Boden?"

„Mutter, ich lege mich nicht auf den Boden. Ich verneige mich vor dir, um deinen Segen zu bekommen", antwortete ich ruhig.

„Wenn du meinen Segen willst, dann tu' so etwas bitte nicht noch einmal. Ich habe ja noch nie davon gehört, dass es so etwas gibt! Ich mag das nicht", sagte sie. Sie war ein wenig schmerzlich berührt, dass ihr Sohn sich vor ihr erniedrigte.

„Mutter, bitte sei nachsichtig mit mir. Natürlich magst du es nicht, aber ich muss die richtige Einstellung entwickeln, um

Gott in dir zu sehen. Du weißt, als Moses in dem brennenden Busch auf dem Berg Sinai Gott sah, fiel er wie ein Holzscheid vor lauter Hingabe und Ehrfurcht auf den Boden. Durch diese Übung werde ich Gott schließlich in allem und jedem sehen", versuchte ich, ihr zu erklären.

„Nun, du kannst es mit anderen machen, wenn du möchtest, aber nicht mit mir!" erwiderte sie.

Nachdem ich es ihnen bequem gemacht hatte, führte ich sie zu meinem kleinen Zimmer, in dem ich fast ein Jahr lang gewohnt hatte. Sie war ein wenig betrübt, die Einfachheit meines Lebensstils zu sehen. Als ich noch zu Hause lebte, hatte ich eine dreißig Zentimeter dicke Matratze und Schaumstoffkissen benutzt, während ich hier ohne auch nur ein Laken oder Kissen auf einer Matte lag. Ich erzählte ihr von meiner täglichen Routine: morgens um halb vier aufzustehen und gegen elf Uhr abends ins Bett zu gehen. Ich zeigte ihr auch meine Pūjā und versuchte sogar, etwas für sie zu kochen. Aber es war so schlecht, dass es nicht einmal eine Kuh hätte fressen können.

Dennoch schätzte sie mit ihrer üblichen Geduld alles und ermutigte mich, auf meinem gewählten Weg weiterzugehen, obwohl es sie viel glücklicher gemacht hätte, mich ein normaleres Leben führen zu sehen. Unglücklicherweise erkrankte sie nach ein paar Tagen an der Ruhr und musste die verbleibenden Tage im Bett verbringen. Ich nahm es als Willen Gottes an, der mir eine Chance gab, ihr zu dienen. Ich versuchte mein Bestes, sie wieder gesund zu pflegen. Nach einem ereignislosen Aufenthalt von zwei Wochen brachten meine Schwester und ich sie zur Heimreise nach Madras. Meine Schwester beschloss, nach Tiruvannamalai zurückzukehren. Sie blieb die nächsten sechs Monate zum Meditieren und Studieren dort.

Ich nahm den ersten verfügbaren Zug nach Hyderabad und kam am nächsten Morgen dort an. Unterwegs bemerkte ich, dass sich meine mentale Verfassung enorm verändert hatte. Die übliche Verwirrung und der Kampf in meinem Mind waren einem Strom des Friedens gewichen. Ich hatte diesen Strom hin und wieder gefühlt, aber jetzt hatte er längeren Bestand. Ich spürte ihn besonders am Morgen vor Sonnenaufgang und am Abend nach Sonnenuntergang. Er stellte sich spontan ein, ohne dass ich dazu meditierte. Selbst zu den übrigen Zeiten während des Tages war ich friedlicher und glücklicher. Lag der Grund darin, weil ich Ratnamji gehorcht und den Segen meiner Mutter empfangen hatte? Ich war zuversichtlich, dass ich in größerer Harmonie mit ihm sein würde, wenn ich ihn wiedersah.

Nachdem ich Hyderabad erreicht hatte, machte ich mich auf die Suche nach dem Haus, in dem Ratnamji wohnen sollte. Als ich dort ankam, erfuhr ich jedoch, dass er im Krankenhaus war.

„Was soll das heißen, im Krankenhaus? Ich glaube, sie meinen eine andere Person." Ich dachte, ich sei vielleicht zum falschen Haus gekommen.

„Nein, Ratnamji ist mein jüngerer Bruder. Er sagte mir, dass du kommen würdest. Es tut mir leid zu sagen, dass er mit einer gebrochenen Hüfte im Krankenhaus liegt."

Ich konnte nicht glauben, was ich hörte. Wie konnte ein so heiliger Mensch in einen derartigen Unfall verwickelt werden? Ich war zu jener Zeit natürlich sehr naiv. Ich dachte, dass Heilige nicht wie gewöhnliche Menschen die Härten des Lebens durchmachen müssten. Im Laufe der nächsten sieben Jahren mit Ratnamji sollte ich noch erfahren, dass Heilige tatsächlich viel mehr leiden müssen als gewöhnliche Menschen.

„Komm herein. Nach dem Mittagessen bringe ich dich zu ihm", versicherte sein Bruder mir. Er war ein älterer Mann von ungefähr fünfundsechzig Jahren, ein pensionierter Eisenbahnangestellter. Er empfand eine mütterliche Fürsorge für Ratnamji. Er schickte ihm jeden Monat ein wenig Geld, damit er nicht unter Nahrungsmangel leiden musste. Ratnamji betrachtete das Geld als göttliche Gabe. Wann immer er nach Hyderabad kam, verbrachte er einige Zeit im Hause seines Bruders. Er versuchte, ihm einige spirituelle Ideen näherzubringen.

„Wie hat er sich die Hüfte gebrochen?", fragte ich, nachdem ich den Abwasch gemacht und im Wohnzimmer Platz genommen hatte.

Er nahm an einem Bhajansingen - einer Zusammenkunft, bei der spirituelle Lieder gesungen werden - im Hause eines Freundes teil. Am nächsten Morgen sollte er herkommen. Wir wollten die Jahresfeier für unsere verstorbenen Eltern durchführen. Der Sohn seines Freundes bot ihm an, ihn auf einem Motorroller hierher zu bringen. Ratnamji war einverstanden. Bei einer Kehrtwendung wurden sie seitlich von einem Taxi angefahren, das sie umstieß. Der Rollerfahrer blieb unverletzt. Ratnamji brach sich jedoch auf Grund der Wucht seines Sturzes die Hüfte. Das war vor zwei Tagen. Sie haben den Knochen noch nicht gerichtet, da man ihn dafür operieren muss. Er ist Diabetiker. Der Arzt möchte seinen Blutzuckerspiegel erst auf das Normallevel senken, bevor er irgendetwas unternimmt", erwiderte sein Bruder.

Nach dem Mittagessen nahmen wir einen Bus zum Krankenhaus. Es war etwa acht Kilometer entfernt. Das gab mir die Gelegenheit, ein wenig von der Stadt zu sehen. Der Bus war ein Doppeldecker wie jene in London. Daher setzten wir uns auf das obere Deck, um einen besseren Blick auf die Stadt zu haben. Hyderabad ist eine der schönsten Städte Indiens. Es hat breite Hauptverkehrsstraßen mit zahlreichen schattenspendenden

Bäumen, die an beiden Seiten der Straßen wachsen. Es gibt viele Parks, große Freiflächen und ein kleiner Fluss schlängelt sich durch das Herz der Stadt. Der Einfluss aus der Zeit der Mogulherrschaft ist überall in der Architektur der Stadt zu sehen. Es handelt sich eigentlich um eine Zwillingsstadt, deren Schwester Secunderabad ist. Die Menschen sind sehr freundlich und höflich. Da die Stadt nahe der Mitte Indiens gelegen ist, machen hier viele Heilige aller Religionen, die auf der Durchreise sind, halt. Man kann stets ein spirituelles Programm finden, das irgendwo in der Stadt stattfindet.

Wir erreichten das große Regierungskrankenhaus und gingen zum zweiten Stock. Wir kamen in die Station für Männerchirurgie. Es gab etwa einhundert Patienten auf der Station. Sein Bruder führte mich an das Bett, in dem Ratnamji lag. Ein breites Lächeln leuchtete auf seinem Gesicht.

„Das ist schrecklich! Wie konnte dir solch ein Unfall widerfahren?", rief ich mit Tränen in den Augen aus, noch bevor ich ihn begrüßte.

„Unfall? Gibt es so etwas? Ist die Geburt ein Unfall? Ist der Tod ein Unfall? Es ist alles Ramanas süßer Wille zu meinem spirituellen Besten. Für einen gottergebenen Menschen gibt es so etwas wie Schicksal oder Unfälle nicht. Was auch immer ihm passiert, geschieht durch den gnädigen Willen seines Geliebten, der immer damit beschäftigt ist, den Devotee zu sich zurückzuführen. Wir sollten in jeglicher Situation glücklich sein, in die er uns versetzt", erwiderte Ratnamji lächelnd.

Er praktizierte sichtbar, was er predigte. Er schien so glücklich wie eh und je zu sein, obwohl er an ein Bett gebunden und unfähig war, sich hierhin oder dorthin zu bewegen. Der Arzt hatte an seinem Bein eine vorläufige Haltevorrichtung angebracht, um jegliche Bewegung des Beines zu verhindern. Es war offensichtlich sehr unbequem.

„Woher wusstest du, dass ich hier bin?", fragte Ratnamji mich.

„Ich hätte nie vermutet, dass du im Krankenhaus bist. Nachdem meine Mutter abgereist war, nahm ich den nächsten Zug. Als ich Hyderabad erreichte, ging ich direkt zum Haus deines Bruders. Dessen Adresse habe ich deinem Briefordner entnommen. Ich war geschockt, als ich von deinem Unfall hörte. Ich dachte, ich sei beim falschen Haus gelandet. Aber jetzt sehe ich, dass es stimmt", erwiderte ich. Mir standen die Tränen in den Augen, ihn in diesem Zustand auf dem Bett liegen zu sehen. Er war stets so aktiv gewesenund jetzt war er wie ein Gefangener eingesperrt.

Er berührte liebevoll meinen Arm. In dem Versuch, mich zu trösten, sagte er: „Reg dich nicht auf. Zu irgendetwas wird das schon gut sein. Alle waren besorgt, dass niemand da ist, der sich um mich kümmert. Sie alle müssen sich um ihre Geschäfte, Schulen und Familien kümmern. Wer wird schon einen armen Mönch versorgen? Niemand von ihnen machte viele Worte, aber ich konnte verstehen, was in ihrem Mind vor sich ging. Ich sagte meinem Bruder heute Morgen: ‚Ich habe alles Ramana abegeben. Er wird sich um mich kümmern, du wirst sehen.' Nun bist du gerade zur rechten Zeit hergekommen. Freunde und Verwandte kamen abwechselnd her, um mich zu bedienen, aber sie fühlten sich etwas unwohl dabei. Nun, wer schickte Neal gerade zu dieser Zeit her? War es nicht Ramana? Die weltlichen Menschen haben nur Vertrauen in die Welt. Gott ist für sie eine abstrakte, vage Vorstellung. Für uns ist es genau das Gegenteil. Er allein ist wirklich und diese Welt ist im Vergleich dazu ein verschwommener Traum."

Jemand fragte mich, wie lange ich in Hyderabad bleiben würde. Eigentlich hatte ich eine egoistische Vorstellung im Kopf. Ich dachte, ich würde ein paar Tage hier verbringen. Ich wollte es Ratnamji bequem machen und dann zum Frieden des Āśhrams zurückkehren. Ich hatte Bedenken, dass seine Gesellschaft meinen Mind wieder in Aufruhr versetzen würde.

„Er wird erst gehen, wenn ich wieder selbst laufen kann", antwortete Ratnamji noch bevor ich meinen Mund öffnen konnte. Im selben Augenblick, als ich diese Worte hörte, fühlte ich auch im tiefsten Innern meines Herzens, dass es falsch wäre, ihn in diesem Zustand hier alleinzulassen. Ich betrachtete seine Worte als göttlichen Befehl.

Die kommenden Tage kam ein beständiger Besucherstrom zu Ratnamjis Bett. Er war in Hyderabad großgezogen und ausgebildet worden. Er hatte diesen Ort nach dem Tode Ramanas viele Male besucht. Wer immer von dem Unfall hörte, kam ins Krankenhaus. Selbst nachdem das Krankenhaus für die Nacht seine Tore vor den Besuchern verschloss, kamen die dort wohnenden Ärzte und Mediziner herein, um ihn zu sprechen und spirituelle Erläuterungen von seinen Lippen zu hören. Einer der Devotees gab mir eine Bettdecke. Mit der Erlaubnis des Krankenhausvorstehers schlief ich nachts auf dem Boden nahe seinem Bett und kümmerte mich tagsüber um ihn. Obwohl das Krankenhaus ihn mit Essen versorgte, brachten manche Devotees jeden Tag von draußen etwas zu essen für mich mit. Wir bewahrten uns ein Bild Ramanas auf dem Tisch neben seinem Bett. Ich pflückte jeden Tag ein paar Blumen aus dem Garten und schmückte es. Nachdem ich es Ratnamji am Morgen bequem gemacht hatte, ging ich in das Haus eines Devotees, der in der Nähe wohnte, um ein Bad zu nehmen. Nach Beendigung meiner täglichen Gebete kehrte ich innerhalb von zwei Stunden zurück. Dies war die einzige Tageszeit, zu der ich das Krankenhaus verließ, nachdem ich mich vergewissert hatte, dass Ratnamji in nächster Zeit nichts brauchen würde.

Innerhalb einer Woche hatte sich seine diabetische Verfassung so weit gebessert, dass er von den Ärzten operiert werden konnte. Am Operationstag kamen am Morgen etwa vierzig Menschen, um bei ihm zu sein. Ich dachte gerade an Bhaiji. Ich fragte mich, ob er wohl kommen würde, als er im selben Augenblick in die Station trat. Ich erzählte Ratnamji von diesem Zufall. Er sagte mir: „Selbst wenn derartige Dinge passieren, sollte man keine Selbstbestätigung daraus ziehen. Selbst wenn übersinnliche Kräfte uns erreichen, sollten wir sie uns besser nicht aneignen. Sonst könnten wir von unserem Weg der Selbstverwirklichung abgelenkt werden. Bevor wir die Glückseligkeit der Verwirklichung Gottes erlangt haben, sind alle übernatürlichen Kräfte nichts als Staub".

Bhaiji setzte sich in seiner üblichen, fröhlichen Laune neben das Bett. Nachdem er sich nach Ratnamjis Gesundheit und der kommenden Operation erkundigt hatte, begann er zusammen mit Ratnamji den Namen Gottes zu singen. Was dem folgte, lässt sich schwer in Worte fassen.

Eine Krankenschwester kam und begann, die gebrochene Stelle mit Alkohol einzureiben, um sie als Vorbereitung zur Operation zu säubern. Der Schmerz war entsetzlich und Ratnamji begann, den Göttlichen Namen lauter zu singen. Plötzlich begann er, schallend zu lachen. Im nächsten Augenblick wurde sein Blick starr, sein Atem setzte aus und sein Brustkorb wurde rot. Alle seine Haare an Kopf und Körper standen wie die Stacheln eines Stachelschweins ab, als fließe ein elektrischer Strom durch ihn. Ich blickte ihn voller Staunen an. Ich sah, wie seine Augen ihre Farbe von braun zu einem leuchtenden Blauweiß änderten, der Farbe einer Bogenlampe oder Schweißpistole. War dies Samādhi, die höchste Glückseligkeit oder Vereinigung mit Gott?

Nach wenigen Augenblicken entspannte sein Körper sich ein wenig. Er lachte mit erstickter Stimme und erzählte aufgeregt über den Ozean der Kraft, welcher Gott ist. Noch bevor er das Wort „Gott" aussprechen konnte, stieg sein Mind wieder auf ins Licht. Alle seine Haare standen wie schon zuvor weit ab. Dies geschah einige Male. Einen Augenblick später kam der Arzt ans Bett, um zu sehen, ob Ratnamji bereit war für die Operation. Der Name des Doktors war Rama, welcher in der Sanskritsprache ein Name Gottes ist. Ein Blick auf den Doktor und Ratnamjis Bewusstsein tauchte wieder in den Zustand unendlicher Glückseligkeit. Als er in den Normalzustand zurückkam, stammelte er: „Rama, Rama, allein der Gedanke an Deinen Namen versetzt mich in diesen Zustand!" Der Doktor und die Krankenschwester konnten sich natürlich keinen Reim aus seinen Worten machen. Sie dachten, er werde hysterisch aus Angst vor der bevorstehenden Operation. Sie sagten ihm, er solle sich keine Sorgen machen. Er werde unter Narkose gesetzt und nichts merken.

„Ich mache mir keine Sorgen. Um ihnen die Wahrheit zu sagen, eine Narkose ist überhaupt nicht erforderlich. Selbst ohne Narkose würde ich nicht den geringsten Schmerz fühlen!", erklärte er lachend.

Da sie die Bedeutung seiner Worte nicht erfassen konnten, sprachen sie erneut beruhigend auf ihn ein. Sie sagten ihm, er solle sich bereitmachen. Wenige Minuten darauf rollten sie ihn in den Operationssaal. Ich bekam seinen wunderbaren Zustand mit und hatte auch in Büchern, die das Leben verwirklichter Seelen beschreiben, über derartige Dinge gelesen. Ich wünschte mir dabei in Gedanken innigst, dass ich eine solche Erfahrung der Vereinigung mit dem höchsten Licht, wie ich sie gerade miterlebt hatte, haben könnte. Gerade als ich diesen Gedanken beendete, wendete Ratnamji sich zu mir und sagte: „Meinst du, das geht so schnell? Zuerst musst du praktizieren und reif werden, dann kommt das andere nach." Offensichtlich war mein Mind ein offenes Buch für ihn.

Nachdem er aus dem Operationssaal zurückgekommen war, saßen einige Devotees nahe an seinem Bett. Er strahlte einen tiefen Frieden aus. Meine Gedankenwellen legten sich mehr oder weniger. Ich erfreute mich eines tiefen Friedens wie in einem traumlosen Schlaf. Dann erwachte er nach und nach aus der Narkose und sein Bewusstsein kehrte zurück. Er lachte und scherzte bis spät in die Nacht mit allen. Die Ärzte hatten unterhalb des Knies eine Stahlstange durch sein Schienbein geführt, um das Bein gestreckt zu halten. Es schmerzte mich sehr, das zu sehen.

Wegen der Fahrlässigkeit der Ärzte infizierte sich die Wunde rund um die Stange in den nächsten Tagen. Das verursachte ihm unerträgliche Qualen. Er konnte sich nicht bewegen und war wegen der Schmerzen äußerst ruhelos. Die Ärzte erfuhren von der Infektion, wollten die Wunde reinigen lassen und Antibiotika verabreichen. Sie vergaßen es jedoch und versäumten es fast vier oder fünf Tage lang.

Eines nachts kam ein junger Mann, der für seine medizinische Abschlussprüfung lernte, um mit Ratnamji zu reden. Ich erzählte ihm von der Infektion der Wunde. Er reinigte sie und verabreichte einige Medikamente. Danach kam er jeden Tag, um mit Ratnamji zu reden und die Wunde selbst zu reinigen. Ich war überrascht und wütend über die Gefühllosigkeit des Krankenhauspersonals. Ich beschloss an Ort und Stelle, dass es besser wäre, unbegleitet in der Gosse zu sterben, als in einem Krankenhaus in den Händen solch gleichgültiger Menschen.

In den kommenden Jahren hatte ich viele Gelegenheiten, Krankenhäuser zu besuchen. Es war immer das Gleiche. Das Pflegepersonal und die behandelnden Ärzte schienen zu vergessen, dass es im Innern des menschlichen Körpers Nerven gibt. Ein Mensch ist mit den Nerven verbunden und kann eindeutig Schmerzen fühlen. Die Ausübung der Heilkunst ist wirklich eine Gelegenheit, entweder selbstlos dem Nächsten zu dienen und zu lernen, Gott in ihm zu sehen oder als Bote des Totengottes zu agieren und andere zu quälen. Was den Patienten im Krankenhaus anbelangt, so ist sein Aufenthalt dort eine gute Chance, äußerste Hingabe an Gottes Willen zu üben.

Sie ließen Ratnamji fast zwei Monate lang in dieser Streckung. Man nahm Röntgenbilder auf. Dadurch erfuhren die Ärzte, dass der Bruch auf Grund seiner diabetischen Verfassung äußerst langsam heilte. Sie entschieden sich, die Stange aus dem Bein zu entfernen. Sie wollten es nun mit Hilfe eines Gipsverbandes strecken. Obwohl dies anfangs bequemer war, begann Ratnamji sich nach ein paar Tagen zu beklagen, dass es sich anfühlte, als würde man ihm die Haut vom Bein ziehen. Die Ärzte glaubten ihm natürlich nicht. Sie beharrten darauf, dass dieses Gefühl nur Einbildung sei. Er erlitt diese Tortur einen weiteren Monat lang. Danach wurde der Gips schließlich abgenommen. Die ganze Haut unter dem Gips war durch das Gewicht der Streckung tatsächlich langsam abgezogen. Die zurückbleibenden Narben waren noch Jahre später auf seinem Bein zu sehen. Ich fragte ihn, warum er so viel leiden müsse.

„Jeder Mensch hat im Laufe zahlloser Leben rechtschaffene wie auch schlechte Taten begangen. Was man sät, muss man auch ernten. Was immer ungefragt zu uns kommt, ist nur die Frucht unserer eigenen Handlungen. Rechtschaffene Handlungen lassen einen Menschen angenehme Früchte ernten, schlechte Handlungen lassen ihn schmerzhafte Früchte ernten. Das Ernten der Früchte geschieht nicht unbedingt in demselben Leben wie die Handlungen. Gott ordnet uns die Früchte unsere Taten so an, dass wir dadurch nach und nach auf immer höhere Ebenen spiritueller Verwirklichung geführt werden. Es liegt an uns, seine Gaben für spirituellen Fortschritt zu nutzen. Indem man unbewegter Zeuge der Freuden und Leiden des Körpers bleibt, wird der Mind gereinigt und verschmilzt mit seiner Quelle, die Gott oder das Wahre Selbst von allem ist. Man kann hocherfreut sein über das Angenehme und sich elend fühlen über das Schmerzhafte, so wie die meisten Menschen es tatsächlich tun. Dies bringt einen Menschen aber kein Stück dem Ziel des Gleichmutes näher.

Alle meine Schmerzen sind dieErgebnisse irgendwelcher schlechten Handlungen, die ich irgendwann in der Vergangenheit begangen habe. Die Leiden, die jetzt kommen, drängen meinen Mind dazu, sich auf die Ebene des göttlichen Bewusstseins zu erheben. Warum sollte ich mich beklagen oder anderen die Schuld geben? Obwohl die Leiden durch schlechte Handlungen bewirkt wurden, benutzt Gott sie, um mir seine Vision zu geben. Welch ein Wunder!", erwiderte er.

Eines Abends kam ein Devotee, um Ratnamji zu sehen. Er war verheiratet, hatte drei Kinder und betrieb einen kleinen Kräuterladen. Er setzte sich neben dem Bett auf den Boden und begann mit sanfter Stimme, den Göttlichen Namen zu wiederholen. Ich saß neben ihm und betrachtete ihn. Ich hatte die Vorstellung in meinem Kopf, dass Verheiratete spirituell keine großen Fortschritte machen können. Der größte Teil ihrer Energie und Zeit müsse sie für ihre Familie aufwenden. Gary

Snyder in Japan war eine Ausnahme. Aber selbst er war zuerst durch viele Jahre strenger Disziplin als Mönch gegangen. Dieser Mann war tief in das Singen des Göttlichen Namens versunken. Plötzlich fiel ein schweres Buch, das auf dem Bett lag, auf einige direkt neben ihm stehende Blechteller. Erschrocken sprang ich auf, aber er zuckte nicht einmal, noch öffnete er die Augen. Er sang einfach weiter, als wäre nichts passiert. Ratnamji sah mich mit einem Lächeln in den Augen an.

„Kann man den göttlichen Namen mit einer solchen Versunkenheit wiederholen, dass man weder seinen Körper noch seine Umgebung wahrnimmt", sagte er, „was spielt es dann für eine Rolle, ob man verheiratet ist oder Kinder hat? Den gesamte Mind dieses Mannes hat er an Gott übergeben. Jede Minute des Tages wiederholt er den Göttlichen Namen, obwohl er sich um sein Geschäft und seine Familie kümmern muss. Er hat keine Bindung an irgendjemanden oder irgendetwas. Er geht seinen Weg und tut seine Pflicht in einer losgelösten Haltung des Minds als eine Darbringung an Gott. Er denkt die ganze Zeit an den Herrn und sucht die Gesellschaft von Heiligen, wann immer seine Zeit dies erlaubt. Deshalb verliert sein Mind sich problemlos in Meditation, sobald er sich hinsetzt, um den Namen zu wiederholen. Wer ist besser, er oder wir? Obwohl wir Mönche sind, haben wir denn diese Art von Versunkenheit?"

Dies lehrte mich, dass man die spirituelle Größe eines Menschen nicht nach seiner Stellung im Leben beurteilen sollte. Ein auf alles verzichtender Mönch kann so seicht sein wie eine Pfütze Wasser und ein Haushälter kann in dem, was er spirituell erreicht hat, so tief sein wie der Ozean.

Während Ratnamjis Krankenhausaufenthalt lernte ich auch den großen Heiligen Avadhutendra Swāmī kennen. Er und Ratnamji waren seit etwa zwanzig Jahren enge Freunde. Sie waren

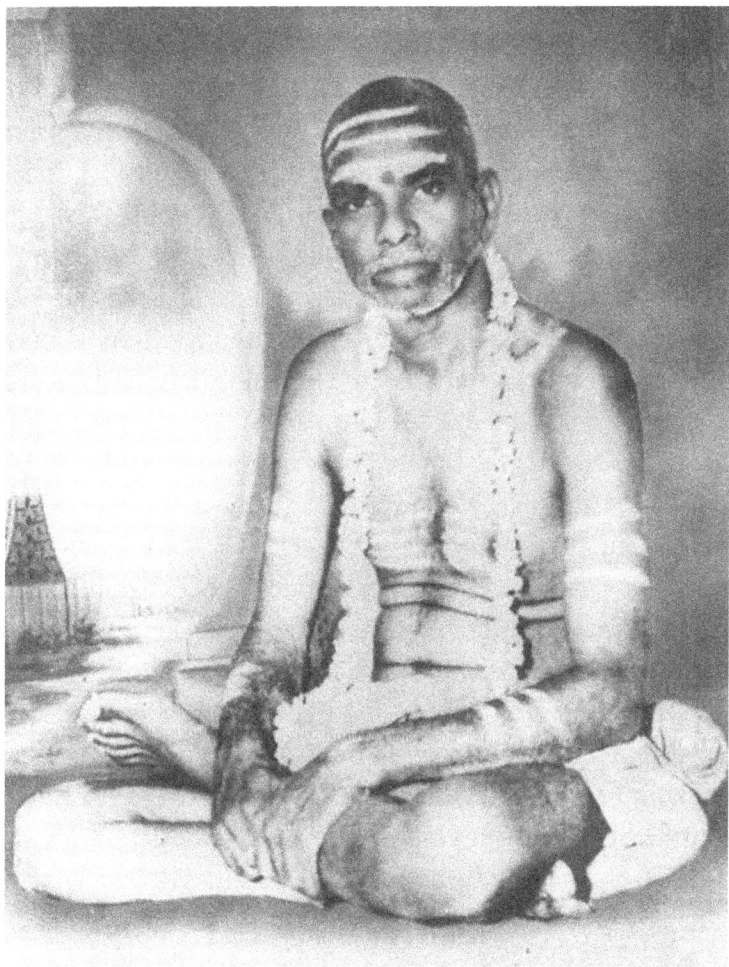

Sri Swami Avadhutendra Saraswati

zusammen schon durch ganz Indien gereist. Avadhutendraji war ein ausgezeichneter Musiker und verbrachte jeden Abend zwei Stunden damit, in Privathäusern oder in religiösen Zentren den Göttlichen Namen zu singen. Sein Gesang war von einer Qualität, dass die Luft sich mit Hingabe auflud. Ich bat ihn, mir ein wenig von seiner Vergangenheit zu erzählen. Vielleicht inspirierte mich dies, meine eigenen Bemühungen zur Verwirklichung Gottes zu verstärken. Er erzählte mir, dass er ein Jahr lang in Nordindien Musik studiert hatte. Nach Ablauf dieser Zeit sagte sein Lehrer ihm, dass er ihm nichts mehr lehren könne. Er sei ein geborenes Musikgenie. Einige Filmproduzenten baten ihn, die Filmmusik für ihre Filme zu singen. Er lehnte das jedoch höflich ab. Er sagte, dass Gott ihm seine Stimme gegeben hat und dass er sie nur für Gottes Lobpreisung verwendet. Er ging dann weiter nördlich nach Ayōdhyā, den Geburtsort Sri Rāmas, wo er einem Āśhram beitrat.

Er war mit spirituellen Disziplinen und Übungen beschäftigt, als er im Laufe der Zeit feststellte, wie nach und nach eine Lähmung Besitz von seinem Körper ergriff. Er konsultierte viele Ärzte und probierte viele Medikamente aus, aber vergeblich. Schließlich war er soweit gelähmt, dass er nicht mehr sprechen konnte. Er erwartete, bald zu sterben. Zu jener Zeit zeigte ein anderer Mönch ihm ein Büchlein mit dem Titel Hanumān Chālīsā. Dies war eine Zusammenstellung eines Heiligen namens Tulasidas, der vor etwa vierhundert Jahren lebte. Es bestand aus vierzig Versen, in denen Hanumān gepriesen wurde. Er sagte Avadhutendraji, dass er versuchen solle, die Verse so gut er könne in Gedanken zu wiederholen. Viele Menschen seien dadurch bereits von unheilbaren Krankheiten geheilt worden. Avadhutendraji gelang es irgendwie, sich die Verse einzuprägen. Er begann die Hymne zu wiederholen. Zu seiner Überraschung kam seine Stimme nach und nach zurück. Die Lähmung verschwand innerhalb eines Monats vollständig, nachdem er mit dem Hanumān Chālīsā begonnen hatte.

Avadhutendraji beschloss, Hanumān seine Dankbarkeit auf konkrete Art zu erweisen. Während der nächsten vierzig Jahre machte er es sich zur Aufgabe, diese Hymne in Marmor in jedem Hanumāntempel den er in Nord- und Mittelindien finden konnte, eingravieren zu lassen. Es gab etwa zweihundert dieser Tempel! Er sagte mir, dass verschiedene Devotees angeboten hatten, die Kosten dieser Aktionen zu übernehmen. Selbst wenn er Geld für seinen eigenen Gebrauch erhielt, benutzte er es für diesen Zweck.

Nachdem er geheilt war, ging er auf die Suche nach einem verwirklichten Guru. Er fand einen in einer kleinen Stadt nahe dem Zusammenfluss von Yamunā und Ganges. Dieser Heilige, Prabhudattaji, hatte viele Jahre lang unter einem Baum Buße getan und Verwirklichung erlangt. Er war in jenen Teilen des Landes sehr bekannt. Avadhutendraji trat an ihn heran, wurde jedoch einer schweren Prüfung unterzogen, bevor er als Schüler angenommen wurde.

Prabhudattaji beauftragte Avadhutendraji, einen Garten mit Basilikumpflanzen zu wässern, die in Indien als sehr heilig gelten. Der Garten war so groß, dass er etwa einhundert Eimer Wasser am Tag brauchte. Ein Brunnen war in der Nähe, aber er war mehr als 30 Meter tief. Außerdem war gerade Winter.- Avadhutendrajis Hände begannen, rissig zu werden, während er das Wasser heraufzog. Nach ein paar Tagen waren seine Hände mit Blut bedeckt. Er wickelte sie aber in einen Stoff-Fetzen und verrichtete seine Arbeit weiter, ohne auch nur einmal zu murren. Nach einem Monat gab sein Guru ihm eine andere Arbeit. Er sollte jeden Tag alle Kochtöpfe des Āshrams reinigen.

Prabhudattajis Āśhram war sehr groß und jeden Tag wurden dort hunderte Menschen verköstigt. Die Töpfe waren so groß, dass er darinsitzen musste, um sie zu reinigen! Nachdem er diese Arbeit einige Tage lang verrichtet hatte, war sein Guru der Ansicht, dass er die Prüfung bestanden hatte. Er nahm ihn für die nächsten fünfzehn Jahre in seinen persönlichen Dienst. Er trug ihm auch auf, jeden Abend im Āśhram den Göttlichen Namen zu singen. Avadhutendraji wurde während des Singens so von Göttlicher Liebe überwältigt, dass er die Lieder an vielen Tagen nicht weitersingen konnte. Sein Guru sah dies. Er rief ihn eines Tages zu sich und sagte ihm, dass er bereit sei, ohne seine Hilfe zu leben. Er stellte es ihm frei zu gehen. Dies geschah, nachdem er seinem Guru fünfzehn Jahre lang gedient hatte.

Von da an zog er durch das ganze Land und sang den Göttlichen Namen. Er hielt Vorträge darüber, wie großartig der Göttliche Name als Mittel zur Verwirklichung Gottes geeignet sei. Er sagte mir, dass er in all den vierzig Jahren seines Umherziehens von einem heiligen Ort zum anderen nie einen Heiligen von der Größe Ratnamjis getroffen hatte. In seiner Gesellschaft hat er stets höchste Glückseligkeit gefunden. Als er hörte, dass Ratnamji sich im Krankenhaus aufhielt, war er von einer weit entfernt liegenden Stadt gekommen, nur um ihn zu sehen.

Avadhutendraji war von majestätischer Gestalt. Wäre er nicht in eine Mönchsrobe gekleidet gewesen, man hätte gedacht, er sei ein König. Er war über einsachtzig groß, hatte lange Arme und eine tiefe Stimme. Seine Augen hatten die Sanftheit eines Rehs und sein Gesicht war stets von einem Lächeln erhellt. Ich fühlte mich besonders geehrt, ihm zu begegnen. Dann und wann schickte Ratnamji mich zu Swāmīs Gesangsveranstaltungen, damit ich vertrauter mit ihm werden konnte. Er bat mich stets, mich neben ihn zu setzen. Er behandelte mich mit großer Freundlichkeit und sogar Respekt. Ich fühlte mich stets unwohl dabei. Er lehrte aber allen, gottergebene Menschen als Gott selbst zu behandeln. Können wir dies tun, ist es nur noch ein einziger weiterer Schritt auf dem Weg, Gott in allen zu sehen.

Ratnamji befand sich schon vier Monate lang im Krankenhaus. Ich wurde langsam ungeduldig und wollte endlich das Krankenhaus verlassen. Er sagte mir aber nach wie vor, ich sollte mich Ramanas Willen ergeben. Ich war voller Staunen über seine Geduld. Ich konnte immerhin noch hingehen, wohin ich wollte, aber er war ans Bett gebunden. Er schien dennoch kein bisschen ungeduldig. Als ich schließlich eines Morgens erwachte, spürte ich einen ausgesprochenen Unterschied in der Atmosphäre, eine Art Frieden oder Leichtigkeit. Vielleicht war es nur meine Einbildung. Was auch immer das gewesen sein mag, an jenem Morgen sagten die Ärzte uns, dass Ratnamji das Krankenhaus jetzt verlassen könnte. Oh Freude! Aber meine Freude währte nicht lange. Ratnamji fragte die Ärzte, ob sie sicher seien, dass es in Ordnung sei, dass er geht. Ich war schockiert, ihn dies sagen zu hören. ‚Was ist, wenn sie ihre Meinung ändern‘, dachte ich! Gleichmut in Freud und Leid - es gab wenig von dieser Qualität in mir. Aber es gab wenig Anderes in Ratnamji! Die Ärzte versicherten ihm nochmals, dass er das Krankenhaus verlassen könnte. Er sollte aber einen weiteren Monat lang nicht versuchen zu laufen. Gott sei Dank verließen wir schließlich das Krankenhaus. Wir trugen Ratnamji zu einem Taxi. Wir fuhren zum Haus eines Freundes, der ihn eingeladen hatte, sich dort so lang wie nötig zu erholen. Unterwegs fragte ich Ratnamji: „Wie sieht der Himmel nach so vielen Monaten da drinnen aus?" „Er sieht genauso aus wie die Decke der Krankenhausstation!" erwiderte er lachend. Seine gleichbleibende Sichtweise war wirklich unvergleichlich.

Jeder Ort, an dem Ratnamji sich aufhielt, wurde binnen weniger Tage zu einem Āśhram. Unser neuer Wohnsitz bildete keine Ausnahme. Unser Freund war ein Regierungsbeamter. Die Regierung hatte ihm eine weitläufige Villa als Wohnsitz gegeben. Sie lag in einem großen Garten von ungefähr zwei Hektar in einem Vorort von Hyderabad. Welch eine Wohltat war das nach der bedrückenden Atmosphäre des Krankenhauses. Sich in einem Krankenhaus aufzuhalten, hatte ohne Zweifel seine wertvollen Lektionen. Jeden Tag sah man ein oder zwei Patienten direkt vor seinen Augen sterben. Die wahre Natur des menschlichen Körpers wurde dadurch auf krasse Weise offensichtlich. Doch trotz alledem hätte ich nicht gerne den Rest meines Lebens dort verbracht!

Unser Freund war ein Devotee eines berühmten indischen Heiligen. Jede Woche veranstaltete er Treffen, hielt Vorträge über die Lehren seines Gurus und bot auch Meditationsklassen an. Er hielt sehr viel von Ratnamji. Er fühlte sich wirklich privilegiert, ihm in seinem Haus zu dienen. Sie verbrachten lange Stunden miteinander, in denen sie bis spät in die Nacht spirituelle Themen erörterten. Während er bei der Arbeit war, kamen tagsüber andere Devotees, um Ratnamji zu besuchen und mit ihm religiöse Lieder zu singen, Pūjās durchzuführen oder zu diskutieren. Es gab nie einen langweiligen Augenblick in Ratnamjis Gesellschaft.

Mein Tagesablauf änderte sich nicht. Ich stand um halb vier auf, nahm ein Bad und führte meine Pūjā durch. Ich kümmerte mich dann um Ratnamjis Bedürfnisse - badete ihn, wusch seine Kleider, reinigte sein Zimmer, schrieb seine Briefe und verrichtete andere, notwendige Arbeiten. Es gab immer etwas zu tun. Er erzählte mir einmal, dass ein fauler Mensch niemals etwas tun und ein aufrichtiger Mensch niemals Freizeit finden könnte.

Ich wollte letzterer sein. Also bemühte ich mich darum, dass ich stets beschäftigt war. Gab es keine Arbeit und mein Studium der Schriften war getan, bat er mich, den Haushältern oder Dienern bei ihrer Arbeit zu helfen. Schließlich seien wir Gäste in ihrem Haus und sollten uns die Arbeit teilen. Das war seine Einstellung. Sogar er tat, was er konnte, um unserem Gastgeber und seiner Familie zu helfen.

Oftmals hielten wir uns während unserer Reisen bei armen Familien auf. Dann bat er mich, Nahrungsmittel zu kaufen und sie der Person zu geben, die kochte. Verabschiedeten wir uns, trafen wir manchmal Vorkehrungen, dass ihnen nach unserer Abreise Geld gegeben wurde. Sie hätten vielleicht gezögert, es von uns direkt anzunehmen. Waren unsere Gastgeber wohlhabend, boten wir zumindest unsere körperlichen Dienste an. Im Hause des Regierungsbeamten tat ich dies, jedoch für gewöhnlich ohne ihre Kenntnis, damit sie sich nicht vor den Kopf gestoßen fühlten. Ratnamji war der Meinung, dass wir niemals das Gefühl haben sollten, auch wenn andere uns Respekt zeigen, dass wir besser seien als sie. Wir sollten vielmehr ein Gefühl des Eins-Seins und der Gleichheit mit allen kultivieren.

Eines Morgens nach dem Baden wollte ich mich gerade zu meinen täglichen Gebeten hinsetzen, als Ratnamji mich rief.

„Ich möchte deine Pūjā heute sehen. Führe sie nahe meinem Bett durch. Ich habe seit vielen Monaten nicht mehr gesehen, wie du sie machst", sagte er.

Ich bereitete alles nahe bei seinem Bett vor und begann mit der Pūjā. Ich hatte etwa fünf Minuten lang meine Gebete gesprochen, als er mich aufzuhören bat.

„Du wiederholst die Verse mechanisch, ohne Gefühl. Nicht nur das, du bringst etwas deinem Guru dar, ohne ihn auch nur anzusehen. Würde ich dir ein Glas Wasser anbieten und es dir in die Hand geben, während ich mich zum Fenster drehe und sage: „Bitte nimm das an", wie würdest du dich dann fühlen? Wenn du die Pūjā richtig durchführst, vertieft sich deine Konzentration von Tag zu Tag. Du wirst anfangen zu fühlen, dass das Bild oder Foto lebt. Versuche, alles so zu tun, wie ich es dir gesagt habe", wies er mich an.

Ich begann von vorne und versuchte, es so zu tun, wie er gesagt hatte. Während ich Ramanas Foto einige Blumen darbrachte, blickte ich ihn direkt an und legte sie ihm zu Füßen. Als ich dies tat, war ich überrascht über das Gefühl der Liebe zu ihm, das ich im Herzen empfand. Gleichzeitig schlossen sich meine Augen ein wenig und Tränen begannen von alleine zu fließen. Das war nicht alles, sondern ich sah deutlich eine lebendige Qualität in dem Foto. Ich war überrascht über die Genauigkeit von Ratnamjis Diagnose. Ich fühlte mich schlecht, dass so viele Tage verstrichen waren, an denen ich die Pūjā nicht richtig durchgeführt hatte. So hatte ich auch nicht den Nutzen und die Glückseligkeit daraus. Ich beschloss, ihn von Zeit zu Zeit zu fragen, ob ich meine spirituellen Übungen richtigmache.

Eines Morgens ging ich in den Garten, um Blumen für die Verehrung zu pflücken. Als ich unter einem Baum durchging, sah und hörte ich deutlich alle Blätter zittern. Ich dachte, es müsste der Wind sein, der die Blätter bläst. Aber es wehte fast kein Wind, jedenfalls sicher nicht genug, um alle Blätter zum Flattern zu bringen. Ich wurde neugierig und ging wieder unter den Baum. Wieder zitterten die Blätter. Ich versuchte dies einige Male, mit fast dem gleichen Ergebnis. Ich rannte dann ins Haus, um Ratnamji davon zu erzählen. „Was ist das Wunder darin? Bäume sind lebendige Wesen genauso wie wir. Sie haben ihre eigenen Gefühle und Empfindungen. Du solltest dich jedoch nicht damit aufhalten. Sonst vergisst du noch, wozu du hier bist. Selbst ein ungewöhnliches Ereignis sollte unsere Aufmerksamkeit nicht ablenken. Ich bemerkte dieser Tage, als ich dich von draußen hereinrief, dass du hierhin und dorthin blicktest, um den in den Bäumen spielenden Affen zuzuschauen. Ein spirituell Suchender sollte so in sein Ziel vertieft sein, dass er niemals durch etwas abgelenkt wird, wenn es nicht nötig ist.

Es gibt eine Geschichte, dass Sri Rāma Hanumān bat, über ein großes Gewässer zu springen, um Informationen von der anderen Seite zu bekommen. Während er hinübersprang, boten ihm einige Wasserwesen ihre Rücken an, damit er sich ausruhen konnte, aber er lehnte ab und ging geradewegs weiter und erledigte die Arbeit. Wir sollten auch so sein und uns nicht von nichts ablenken lassen", antwortete er.

Er hatte natürlich wie üblich recht, aber irgendwie verletzten seine Worte mich ein wenig. Nachdem er mir diesen Rat erteilt hatte, bat er mich, etwa einen halben Kilometer weit die Straße entlang zum Haus eines anderen Devotees zu gehen. Ich sollte ihm sagen, dass er so bald wie möglich kommen sollte. Ich war rebellisch und sagte, dass ich es später tun würde. Er bestand darauf, dass ich es sofort tun sollte. Ich war ein bisschen wütend über seine Beharrlichkeit. ging ins Badezimmer und nahm eine kalte Dusche, anstatt ihm zu gehorchen. Ich war überrascht zu sehen, dass meine rebellische Laune und Wut verflogen waren, nachdem ich geduscht hatte. Ich ging zu ihm, entschuldigte mich und sagte ihm dann, was passiert war.

„Manchmal ist ein Mensch auf Grund überhitzter Nerven gereizt oder wütend. Eine kalte Dusche kühlt die Nerven und die Wut legt sich. Mit dem Gefühl der sinnlichen Begierde verhält es sich ähnlich. Tatsächlich erhitzen alle Leidenschaften die Nerven oder können auf Grund erhitzter Nerven erregt werden. Eine kalte Dusche ist ein gutes Mittel", sagte er.

Nach einem Monat begann Ratnamji mit Gehübungen. Innerhalb von zwei Monaten konnte er mit Hilfe eines Stockes ziemlich gut gehen. Er rief mich eines Tages und sagte mir: „Vor etwa sechsundzwanzig Jahren, in der Zeit als ich Ramana diente, fragte er einen Devotee, der zu Besuch war, ob er je an einem heiligen Ort namens Muktinath in Nepal gewesen sei. Es ist der Ort, von dem der heilige Saligramstein kommt. Dieser Stein wird in großen Mengen im Gandaki gefunden, der dort fließt. Er wird in Indien zu Verehrungszwecken verwendet. Seit ich von diesem Ort gehört habe, wollte ich ihn besuchen, da er als einer der ältesten Pilgerorte gilt.

In den Schriften wird gesagt, dass ein König namens Bhārata sich nach Muktinath zurückzog, um Buße zu tun, nachdem er sein Königreich in die Ohbut seiner Söhne gab. Er erreichte tatsächlich einen hohen spirituellen Zustand, entwickelte aber eine starke Bindung an einen jungen Hirsch. So dachte er im Sterben nur an den Hirsch, anstatt an die höchste Wahrheit. Deshalb wurde er als Hirsch wiedergeboren. Die Schriften stellen es als Tatsache hin, dass das nächste Leben eines Menschen weitgehend von seinen letzten Gedanken während des Sterbens bestimmt wird. Aus diesem Grund wird neben einem Sterbenden laut der Göttliche Name gesungen. Kann er in jenem Augenblick an Gott denken, wird er mit ihm verschmelzen und die höchste Glückseligkeit erlangen.

Avadhutendraji hat mich dieser Tage gefragt, ob ich ihn nach Nepal begleiten möchte. „Zwei weitere Personen kommen mit. Entschließen wir uns zu gehen, werde ich meine älteste Schwester bitten mitzukommen, sie wird für uns kochen. Sie hat mich im Laufe der Jahre bei verschiedenen Pilgerreisen begleitet und tut das sehr gerne. Was sagst du dazu?"

Ich war natürlich begierig mitzugehen, besonders in der Gesellschaft zweier Heiliger. Ich stimmte bereitwillig zu und Avadhutendraji wurde informiert. Wir sollten eine Woche später starten und würden auch andere Orte besuchen, die am Weg lagen. Ratnamjis Schwester kam innerhalb weniger Tage an. Wir machten alles reisefertig. Wir begaben uns auf den Weg, um Avadhutendraji zu treffen.

Unsere sechsköpfige Gruppe begegnete am Bahnhof einer großen Gruppe von Devotees. Sie waren gekommen, um die beiden Heiligen zu verabschieden. Es war schon eine Freude, auch nur bei einem von ihnen zu sein. Man kann sich vielleicht vorstellen, wie glücklich ich war, gleichzeitig mit beiden zusammen zu sein! Ratnamji und Avadhutendraji waren in der Gesellschaft des andern in Hochform. Ich war sehr glücklich, sie zusammen zu sehen. Einer war ein großer Sänger religiöser Lieder und der andere konnte durch seine weisen Worte das Bewusstsein anheben. Beide hatten allen weltlichen Interessen entsagt, um Verwirklichung Gottes zu erlangen und hatten im Spirituellen viel erreicht. Zusätzlich waren sie beide wie Kinder, einfach und unschuldig und ohne jeden falschen Stolz oder Hochmut in sich.

Wir verbrachten die nächsten zehn Tage auf der Reise Richtung Nepal, hielten an heiligen Orten entlang des Weges, besuchten Tempel und wohnten bei Avadhutendrajis Devotees. Während der vierzig Jahre, in denen er im Land unterwegs war, hatte Avadhutendraji nicht wenige Bewunderer. Normalerweise kannte er in jeder Stadt, die wir besuchten, wenigstens einen Menschen.

Auf der Reise in Gesellschaft zweier Heiliger blieb keine Zeit, an irgendetwas anderes als an Gott zu denken. Als ich nach Indien gekommen war, hatte ich nicht einmal an einen Gott geglaubt oder mich darum geschert, ob es einen gibt. Jetzt fand ich, dass mein Mind allein vom Gedanken an Gott erfüllt war. Wie war dies geschehen? Es lag sicherlich daran, dass ich mich in der Gesellschaft von Heiligen befand. Die fieberhafte Eile und Fadheit des weltlichen Lebens waren durch einen anhaltenden inneren Frieden und inneres Glück ersetzt worden. Jeder Augenblick hatte eine eigene Faszination. Der Strom des Friedens und Lichts steigerte sich von Tag zu Tag, an seinem Ende war das Versprechen des Eins-Seins enthalten.

Das Ziel meines Lebens war das Höchste, wonach ein Mensch streben kann: Die Identität mit dem Schöpfer sowie die unendliche Glückseligkeit und das Wissen, die damit einhergehen. Irgendwie hatte ich es geschafft, mit einer Tradition in Kontakt zu kommen, die seit Jahrtausenden erprobt war und sich über tausende Jahre als förderlich für die spirituelle Entwicklung erwiesen hatte. Ich lebte jetzt in der Gesellschaft und unter der Anleitung zweier Weiser, die Zeugen der Größe und Wahrheit der alten Traditionen waren. Dachte ich daran, traten mir Tränen in die Augen. Ich fühlte, dass ich ein Nichts und ein Niemand war, der wie ein trockenes Blatt vom günstigen Wind des Göttlichen Willens hierher geblasen wurde.

Avadhutendraji gab mir kaum jemals Unterweisungen. Obwohl ich manchmal seine Kleider wusch und sein Gepäck trug, war er der Ansicht, dass ich Ratnamjis spiritueller Sohn sei. Es sei nicht nötig, mich zu unterweisen. Nur bei einer Gelegenheit erteilte er mir seinen Rat. Eines Tages, als wir auf dem Weg zu einem Tempel durch die Straßen gingen, näherte sich mir ein Mann. Er fragte mich, aus welchem Land ich komme. Ich wollte ihm gerade antworten, als Avadhutendraji sich umwandte und mich fragte, worüber ich denn sprechen würde. Ich erzählte ihm von der Frage des Mannes. Er erwiderte:

„Wiederholt man den Göttlichen Namen mit jedem Atemzug, kann man sehr bald göttliches Bewusstsein erlangen. Die Menschen schaffen dies nicht, weil sie sehr viel Zeit mit unnützem Gerede vertun. In der Zeit, die es dich kostet, diesem Mann zuzuhören und seine Frage zu beantworten, könntest du dein Mantra mindestens zehn Mal wiederholen. Ist das nicht ein großer Verlust?"

Wir reisten weiter nach Norden und kamen schließlich an die Grenze Nepals. Von dort aus kann man entweder eine sehr ermüdende Busreise machen oder ein Flugzeug nehmen, um Kathmandu zu erreichen, die Hauptstadt Nepals. Ratnamji wies mich an, mich sowohl um alle Ausgaben Avadhutendrajis als auch um die Ausgaben von uns dreien zu kümmern. Ich entschied, dass wir ungeachtet der Kosten mit dem Flugzeug reisen sollten, da es bequemer für sie sein würde. Da Ratnamji noch nie in einem Flugzeug geflogen war, wollte ich ihm diese Erfahrung zumindest einmal ermöglichen. Wir stiegen ins Flugzeug und flogen schon bald über den Himalaja. Ratnamji war wie ein Kind. Er schaute begierig aus dem Fenster auf den Boden, der sich weit unter uns befand. Er sagte zu mir: „Weißt du, dies ist dem göttlichen Bewusstsein sehr ähnlich. Wenn der Mind höher und höher zu seiner Quelle hin steigt, verlieren sich die Unterschiede nach und nach. Bis schließlich alles mit dem einen Sein verschmilzt. In dem Maße, wie wir höher und höher fliegen, verlieren die Gegenstände unter uns ihre relative Größe. Menschen, Bäume, Gebäude und sogar Berge, alles scheint die gleiche Höhe zu haben. Würden wir hoch genug fliegen, verschwindet selbst die Erde in der Weite des Weltalls!"

Ich war überrascht über seine Sicht der Dinge. Sein Mind war stets auf Gott eingestellt, egal was auch passierte.

Als wir in Kathmandu ankamen, fuhren wir mit dem Auto zu einem Gasthaus nahe dem Haupttempel der Stadt Pasupathinath. Das Gasthaus war ein Rasthaus für Pilger, die den Tempel aufsuchten. Es war ein zweistöckiges Gebäude. Das Erdgeschoss wurde für die Kuhhaltung und dessen Obergeschoss für Gäste benutzt. Es war kostenlos, aber man konnte eine Spende geben. Wir nahmen ein Zimmer, breiteten unser Bettzeug aus und ruhten uns ein wenig aus, bevor wir zum Tempel gingen.

Der Pasupathinath-Tempel ist ein gewaltiger Komplex innerhalb einer Verbundmauer. Sein architektonischer Stil, eine Pagodenform, ist fernöstlich, obwohl es sich um einen Hindutempel handelt. Hunderte Gläubige gehen von früh morgens bis spät in die Nacht im Tempel ein und aus. Das Klima im Kathmandutal ist sehr kühl und erfrischend. Ich fühlte mich, als wäre ein großes Gewicht von meinen Schultern genommen worden, nachdem wir die Hitze des indischen Flachlandes verlassen hatten. Auch Ratnamji und Avadhutendraji mochten den Ort sehr. Sie sahen sich alles an und erfreuten sich der neuen Umgebung und Kultur.

Am nächsten Tag nahmen wir ein Taxi und fuhren zu allen wichtigen Sehenswürdigkeiten der Stadt. Dazu gehörten viele hinduistische und buddhistische Tempel. Wir fuhren dann zu einer der Nachbarstädte. Dort gab es einen berühmten, alten Tempel, der der Göttlichen Mutter geweiht war. Wenige Meter vom Tempel entfernt hörten wir laute religiöse Gesänge. Avadhutendraji, der sich davon angezogen fühlte und neugierig war zu sehen, was dort vor sich ging, führte uns in einen riesigen Hof. Hunderte von Menschen sangen zu der Begleitung von Trommeln und Harmonien den Göttlichen Namen. Im Mittelpunkt der Menge stand ein älterer Herr. Er wiegte sich zu der Musik und warf auf jeden, der in seiner Nähe stand, Blumen. Er hatte einen strahlenden Gesichtsausdruck. Als er Avadhutendraji sah, sprang er auf, kam herüber zu ihm und umarmte ihn. Avadhutendraji war sehr glücklich. Er sagte uns, dass dieser Mann einer der größten Heiligen Nepals sei. Er verbrachte sein ganzes Leben damit, den Göttlichen Namen in Nepal und Nordindien zu verbreiten. Avadhutendraji war ihm zuvor in Indien begegnet. Dort hatte dieser Heilige einen Āśhram in Vṛindāvan. Dies ist der heilige Ort, der mit dem Leben und der Vergangenheit Sri Kṛiṣhṇas in Verbindung gebracht wird. Avadhutendraji und Gautamji, wie er hieß, waren überrascht und überglücklich über diese zufällige Begegnung. Wir wurden eingeladen und mit einem üppigen Mahl versorgt. Am Abend gingen wir in unser Gasthaus zurück. Wir versprachen, zu Gautamjis Kathmandu-Āśhram zu gehen, welcher nur fünf Fußminuten von unserem Aufenthaltsort entfernt lag.

Am nächsten Tag gingen wir sechs zum Āśhram, der auf einem Hügel zwischen dem Tempel und unserem Gasthaus lag. Es war eigentlich das Stammhaus von Gautamjis Familie. Als wir dort ankamen, war ein Fest in vollem Gange. Gautamjis Sohn war als Sri Kṛiṣhṇa und einige der Devotees als seine Begleiter verkleidet. Sie führten gymnastische Kunststücke und Spiele vor, wie es Kinder tun, wenn sie Kühe auf die Weide bringen und hüten und in den Feldern spielen, wie Sri Kṛiṣhṇa es als Kind getan hatte. Währenddessen wurde laut der Göttliche Name gesungen. Die Atmosphäre war voller Hingabe. Nach der Vorführung wurde Essen an alle Anwesenden verteilt.

Gautamji führte uns dann hinaus in den Garten, um uns den Rest des Āśhrams zu zeigen. Im Garten waren zwei kleine Tempel und zahlreiche Steinsäulen. Die Tempel enthielten die heiligen Schriften der Hindus, einschließlich der vier Vēden, das Mahābhārata, Rāmāyaṇa sowie der achtzehn Mahāpurāṇas. Die

Hindukultur hat einen gewaltigen Schatz religiöser Literatur, um allen Menschen in jedem Stadium der spirituellen Entwicklung zu helfen. Wie in jeder anderen Religion, werden die Schriften als das offenbarte Wort Gottes verehrt und angebetet. Wir befragten Gautamji nach den Steinsäulen. Er sagte uns, dass er seine Devotees angewiesen hatte, im Laufe der Jahre den Namen Gottes beständig zu wiederholen und ihn auch in Notizbüchern niederzuschreiben. Er hatte eine riesige Zahl solcher Notizbücher, in denen der Göttliche Name „Rama" aufgeschrieben war, gesammelt. Er hatte sie im Boden vergraben und Säulen darüber aufgestellt, um den Ort zu markieren. Die Säulen waren sichtbare Darstellungen des Göttlichen Namens. Wir fragten ihn, wie viele Namen unter den fünf oder sechs Säulen im Garten vergraben sind. Er sagte uns, dass unter jeder Säule zehn Millionen Mal der Name „Rama" in den Notizbüchern geschrieben stand! Wir waren vor Staunen sprachlos. An keinem Ort hatten wir je eine solche Hingabe an den Göttlichen Namen gesehen.

Gautamji fuhr uns dann zu einer kleinen Stadt etwa dreißig Kilometer außerhalb von Kathmandu. Dort hatte er einen weiteren Āśhram. Das saftige Grün des Landes mit dem Himalaja im Hintergrund war ein wunderschöner Anblick für uns alle. Die nepalesischen Dorfbewohner sind vielleicht die kultiviertesten, religiösesten und einfachsten Menschen der Welt. Ich hatte das Gefühl, dass die Inder vor tausend Jahren vielleicht genauso gewesen waren, bevor das Eindringen der Mongolen und der Briten die ursprüngliche Reinheit der alten Kultur verdarb.

Nachdem wir den Āśhram erreicht hatten, wurden wir von einem der Āśhrambewohner herumgeführt. Er zeigte uns einen kleinen, künstlichen Hügel in der Mitte des Āśhrams, der aus Zement oder Gips angefertigt war. Man erzählte uns, dass einige Steine vom heiligen Govardhana-Berg in Indien hergebracht waren. Dieser Berg wurde mit Sri Kṛishṇa in Verbindung gebracht. Die Steine waren in die Mitte des Āśhrams gestellt und eine Nachbildung des Govardhana-Berges über ihnen errichtet worden. Genau wie am Govardhana, gingen die Devotees um den Miniaturberg, sangen und rezitierten die Namen und Geschichten von Sri Kṛishṇa.

An einer anderen Stelle war ein Bereich von etwa zwei Mal einem Meter mit einer Säule in jeder Ecke. Man sagte uns, dass dieser offene Raum, genauso wie bei den Säulen im Kathmandu-Āśhram, weitere zehn Millionen Namen enthielt. Starb jemand in der Umgebung, wurde sein Körper hierhergebracht und an diesen Platz gestellt. Die Menschen waren der Ansicht, dass die spirituelle Schwingung des göttlichen Namens eine enorme Unterstützung für die scheidende Seele ist. Avadhutendraji, der vierzig Jahre lang den Göttlichen Namen wiederholt und ihn überall in Indien verbreitet hatte, war überrascht und überglücklich über diesen kindlichen Glauben an Gott und seinen Namen. Tatsächlich sah er, als er an jener Stelle stand, nicht so aus, als wollte er je nach Indien zurückkehren. Er wandte sich zu uns um und sagte: „Diese einfachen Menschen haben vollkommene Hingabe an Gott. In Indien können wir niemanden mit auch nur einem Zehntel dieses Glaubens finden. Mir ist nicht danach zumute, dorthin zurückzukehren!" Es war September und das Wetter im Kathmandutal war am frühen Morgen sehr kalt. Avadhutendraji war schon seit einiger Zeit nicht mehr bei guter Gesundheit und wegen der Kälte fühlte er sich nicht wohl. Er beschloss schließlich doch, so bald wie möglich mit den beiden anderen Devotees nach Indien zurückzukehren. Wir besprachen unsere Zukunftspläne. Ratnamji wies mich an, für Avadhutendraji ein Flugticket nach Indien zu kaufen. Für uns sollte ich drei Fahrscheine nach Pokhara besorgen, einem Dorf ungefähr hundertsechzig Kilometern westlich von Kathmandu. Von dort aus mussten wir unsere Pilgerreise nach Muktinath beginnen. Avadhutendrajis Flug war für den nächsten Tag gebucht. Sitze nach Pokhara standen erst nach drei Tagen zur Verfügung. Nachdem ich alles gebucht hatte, ging ich ins Gasthaus zurück. Als Ratnamji am nächsten Morgen erwachte, hatte er brennend hohes Fieber. Er konnte kaum aufstehen. Avadhutendraji wollte zum Tempel gehen, bevor er nach Indien zurückkehrte. Ratnamji bestand darauf, ihn zu begleiten. Er stützte sich auf meine Schulter und wir gingen langsam zum Tempel und zurück. Sobald wir das Gasthaus erreichten, wurde Ratnamji bewusstlos. Avadhutendraji und ich legten ihn in ein Taxi. Wir fuhren zu einem homöopathischen Arzt, kauften Medikamente und kehrten zurück.

Avadhutendrajis Flug sollte um elf Uhr morgens sein. Es war schon neun Uhr. Wie konnte er Ratnamji in diesem Zustand zurücklassen? Er fragte mich immer wieder, ob er fliegen sollte. Ich versicherte ihm, dass Ratnamjis Schwester und ich uns um alles kümmern würden. Wir baten ihn, sich keine Sorgen zu machen. Schließlich gab er mir seine kostbare Wolldecke für Ratnamji. Er verabschiedete sich mit einem Ausdruck der Trauer im Gesicht.

Ratnamji gewann sein Bewusstsein bis zum nächsten Tag nicht wieder. „Wieviel Uhr ist es? Wo ist Avadhutendraji?" fragte er.

„Es ist ein Uhr Nachmittag. Avadhutendraji ist gestern gegen neun Uhr morgens nach Indien abgereist. Es tat ihm sehr weh, dich hier zurückzulassen. Wir brachten dich zum Arzt. Dann drängte ich Avadhutendraji, mit seinem Vorhaben fortzufahren. So reiste er in einer unentschlossenen Stimmung ab. Er hat diese Decke für dich zurückgelassen. Es ist gut, dass er das getan hat, weil wir nichts Warmes hatten, mit dem wir dich zudecken konnten. Du warst lange bewusstlos. Wie fühlst du dich? fragte ich.

„Tot", erwiderte er. „Wie schade, dass ich Avadhutendraji nicht ‚Auf Wiedersehen' sagen konnte. Du hättest versuchen sollen, mich zu wecken. Ich muss mich entschuldigen, wenn ich ihn das nächste Mal sehe."

So tiefgehend wie sein Gleichmut war auch seine Demut. Ich wurde bei der geringsten Provokation wütend und hatte trotzdem eine sehr hohe Meinung von mir. Ich fragte mich, ob ich noch in diesem Leben in der Lage sein würde, Ratnamjis Beispiel zu folgen. Ich fühlte mich wie eine Mücke, die den Ozean überqueren will. Ratnamji nahm in den nächsten beiden Tagen regelmäßig die homöopathische Medizin. Er fühlte sich gut genug, um an dem für unsere Reise festgesetzten Datum abzureisen. „Es sieht so aus, als ließe Gott Gnade mit uns walten. Sonst hätte ich für eine lange Zeit das Bett hüten müssen. Jetzt gibt er uns eine Chance zu sehen, ob mein Bein geheilt ist", sagte er.

Am nächsten Tag nahmen wir das Flugzeug nach Pokhara. Wir suchten nach einem Ort zum Übernachten. Dort war ein Kālītempel, der auf einer Bergspitze am Dorfrand thronte. Dies bedeutete einen anstrengenden Aufstieg. Aber die Atmosphäre dort würde sehr friedvoll sein. Kālī ist der grimmige Aspekt der Göttlichen Mutter. Die Göttliche Mutter selbst ist die Macht Gottes in einer verkörperten Form. Sie hat drei Funktionen und drei Aspekte, die sich auf Schöpfung, Bewahrung und Zerstörung beziehen. Was immer geschaffen wird, muss schließlich zerstört werden. Kālī ist der Aspekt von Gottes Macht, der jedes geschaffene Objekt zerstört. Sarasvatī ist die Schöpferkraft und Lakshmi ist die Kraft der Bewahrung. Kālī wird von weltlichen Menschen angebetet, um das zu vernichten, was ihrem Glück im Wege steht, wie zum Beispiel schlechte Gesundheit, Armut oder Feinde. Spirituelle Sucher beten Kālī an, um ihre spirituelle Unwissenheit zu beseitigen. Diese verhüllt die innere Wirklichkeit und sorgt dafür, dass sich ein Mensch auf Körper und Mind begrenzt fühlt. Jeder Hindu weiß, dass Gott, das Höchste Sein, unteilbar und formlos ist. Er glaubt jedoch auch, dass Gott sich in zahllosen Formen manifestiert. Gott tut es auch, um den Devotees auf ihrem Weg zu helfen und sie zu erfreuen. Ein und dieselbe Person kann von verschiedenen Menschen Mutter, Schwester, Tochter und Nichte genannt werden, abhängig von der Beziehung, die der jeweilige zu der Person hat. Trotzdem ist diese Person ein- und dieselbe. Vom Mind verschiedener Menschen wird das Eins-Sein Göttliche Mutter, Kṛiṣhṇa, Śhiva und mit unzähligen anderen Namen benannt.

Nachdem wir unser Essen gekocht und zu Mutter Kālī gebetet hatten, beendeten wir unser Mittagsmahl. Wir begannen, nach Norden zu wandern und erkundigten uns unterwegs nach dem Weg nach Muktinath. Wir hatten uns entschieden selbst zu kochen, also trugen wir einen Kerosinofen, Kerosin, Reis und andere Nahrungsmittel sowie auch Kleider und Bettzeug mit uns. Es war ein beträchtliches Gewicht. Wir entschlossen uns deshalb, drei Träger anzuheuern, die uns tragen helfen und den Weg zeigen sollten. Zu jener Zeit wussten wir nicht, dass wir besser nur nepalesische Träger anheuern sollten. Wegen unserer Unwissenheit machten wir eine bittere Erfahrung nach der anderen. Der erste Ort, an dem wir Arbeitskräfte fanden, die wir anheuern konnten, war in dem tibetanischen Flüchtlingslager außerhalb des Dorfes. Wir trafen dort auf drei Männer, aber Ratnamji warnte mich davor, sie anzuheuern. Aus irgendeinem Grunde mochte er ihre Erscheinung nicht. Ich blieb bei meiner Meinung, dass es keine andere Möglichkeit gebe. So einigten wir uns schließlich auf ihre Löhne und heuerten sie an. Wir entschieden uns, die Reise am nächsten Morgen zu beginnen. Bei Sonnenaufgang brachen wir auf und gingen auf die „Straße" nach Muktinath. Straße ist wohl kaum das richtige Wort für den Fußpfad, der in den Himalaja zum hundertvierzig Kilometer entfernten Muktinath führte. Muktinath liegt nur ein kurzes Stück vor der chinesischen Grenze. Jenseits von Pokhara gab es keine Straße. Ratnamji und Seshamma, seine Schwester, entschieden sich, die gesamte Strecke als Akt religiöser Askese barfuß zu laufen. Ich wollte auch barfuß gehen, war am vorhergehenden Abend jedoch in ein scharfes Holzstück getreten und hatte mir die Fußsohle aufgeschnitten. Daher musste ich Zehensandalen aus Gummi tragen, die später eine Quelle für großes Leid für mich wurden.

Wenige Kilometer hinter Pokhara begann der Aufstieg in das Vorgebirge des Hamalajas. Der Aufstieg war steil und erschöpfend. Die atemberaubende Landschaft und reine Luft waren jedoch mehr als ein Ausgleich für die Strapazen. Die Träger gingen so schnell, dass wir sie nach einer Stunde nicht mehr sahen. Dies war ein Vorgeschmack auf das, was noch kommen sollte.

Gegen Mittag fanden wir unsere Begleiter glücklicherweise in einem kleinen Dorf am Rande eines Berges, wo sie auf uns warteten. Wir erklärten ihnen, dass wir den Weg nicht kannten und darauf angewiesen seien, dass sie uns den Weg zeigen. Sie sagten, dass wir zu langsam gingen. Sie könnten wegen uns nicht langsamer gehen. Wir sagten ihnen, dass sie besser zurückgingen, wenn sie nicht mit uns gehen könnten. Daraufhin versprachen sie uns, langsamer zu gehen.

Nachdem wir gekocht und gegessen hatten, machten wir uns auf zum nächsten Dorf. Erreicht man ein Dorf nicht vor Sonnenuntergang, läuft man Gefahr, von wilden Tieren angegriffen zu werden. In jener Nacht schafften wir es irgendwie, das nächste Dorf zu erreichen. Wir waren aber zu müde, etwas zu kochen. Wir kauften einfach Milch und Kekse, aßen sie und legten uns schlafen. Während der nächsten drei Wochen fanden wir zu unserer Überraschung, dass ein Glas Milch am Morgen, eine volle Mahlzeit zu Mittag sowie Milch und ein paar Kekse am Abend ausreichten, um uns auf den Beinen zu halten. Ich war während dem Bergsteigen tatsächlich bei viel besserer Gesundheit als sonst. Mein Mind blieb mühelos in einem erhobenen Zustand. Vielleicht war das auf Grund der körperlichen Bewegung und der Luft. Unser Mittagessen war äußerst einfach. Wir warfen Reis, Linsen und unreife Bananen in einen Topf, kochten alles zusammen und gaben gegen Ende etwas Salz hinzu. Weder vor noch nach dieser Wallfahrt habe ich je so ein schmackhaftes Essen genossen. Wir machten die deutliche Erfahrung, dass Hunger der beste Koch ist.

Zwei oder drei Tage lang ging alles glatt. Dann begannen die Träger erneut, schneller zu laufen und uns zurückzulassen. Bei einer Gelegenheit verschwanden sie in der Ferne und hatten sogar unsere Taschenlampe bei sich. Wir hatten nichts als ein wenig Geld bei uns. Wir riefen und riefen, aber vergeblich. Als wir alleine weitergingen, kamen wir an eine Weggabelung. Wir nahmen den linken Weg, der in eine Sackgasse führte. Wir vergeudeten zwei Stunden damit, denselben Weg zurückzugehen. Es war fast fünf Uhr nachmittags und wir wussten nicht, wie weit entfernt das nächste Dorf lag. Es gab niemanden, der uns den Weg hätte zeigen können.

Ich beschloss vorauszugehen, um die Träger zu finden. Daher beschleunigte ich mein Tempo. Ratnamji und Seshamma ruhten sich am Wegrand aus. In meinem Eifer, die Träger und unsere Sachen zu finden, versäumte ich es, etwas Geld bei Ratnamji zu lassen. Eine leise Stimme in meinem Innern sagte mir, ihnen etwas Geld dazulassen. Ich überhörte dies jedoch und ging weiter. Ich habe stets die Erfahrung gemacht, dass sich etwas Schmerzliches ereignen wird, wenn ich es unterlasse auf jene innere Stimme zu hören. In diesem Fall kam es genau so. Nach kurzer Zeit kam ich zu einer Steinmauer, die den Weg versperrte. Der einzige andere Weg führte in einen dichten Wald. Es wurde bereits dunkel. Ich dachte, dass das Dorf vielleicht im Wald liegt und ging weiter. Nachdem ich etwa einen halben Kilometer weit gegangen war, erschien plötzlich ein Mann aus der entgegengesetzten Richtung. „Wohin gehst du? Weißt du nicht, dass du in einen dichten Wald hineingehst?", sagte der Mann auf Englisch.

In Nepal gab es damals nur sehr wenige Menschen, die Englisch sprachen, selbst in den Städten. Hier befand ich mich mitten in einem Wald im Vorgebirge des Himalajas, wo ein Fremder an mich herantrat, der perfekt Englisch sprach. Vor lauter Freude, jemanden zu finden, der den Weg zu kennen schien, vergaß ich meine Überraschung. Ich sagte ihm, dass ich mich verirrt habe, dass meine Träger mich verlassen haben und dass ich sie suche. Ich erzählte ihm auch von Ratnamji und Seshamma, die ich zurückgelassen habe.

„Folge mir", sagte der Fremde. „Ich werde die Träger finden und ihnen gehörig den Marsch blasen."

Obwohl es zu diesem Zeitpunkt schon stockfinster war, ging er zügig in die Richtung, aus der ich gerade gekommen war. Er bog an einem Punkt des Weges jedoch ab. Ich musste stolpern, um Schritt mit ihm zu halten. Nach fünfzehn Minuten erschöpfenden Kletterns und dem Überqueren eines reißenden Flusses kamen wir zu einem Dorf. Der Mann bat mich, vor einem Haus Platz zu nehmen. Er ging die Straßen auf und ab und rief nach den Trägern. Er fand sie schließlich und hielt ihnen eine Standpauke. Er befahl ihnen dann, alle unsere Sachen zu einem Haus zu bringen, in dem wir bequem übernachten konnten. Dann setzte ein heftiger Regen ein. Ich war äußerst erschöpft, aber was sollte ich wegen Ratnamji und Seshamma unternehmen? Mir wurde klar, dass sie kein Geld bei sich hatten. Ich sagte dies dem Mann. Er nahm einen Regenmantel, meine Taschenlampe und einen der Träger und suchte sie. Ich legte mich erschöpft hin und schlief ein.

Mitten in der Nacht wachte ich auf und sah, wie Ratnamji und Seshamma völlig durchnässt in den Raum traten. Ohne auch nur ihre Kleider zu wechseln oder ein Wort zu sagen, legten sie sich hin und schliefen ein. Ich schlief ebenfalls wieder ein. Am nächsten Morgen bewegte Ratnamji sich nicht. Ich sah, dass er wach war, aber er antwortete nicht auf meine Fragen. Er lag dort bis elf oder zwölf Uhr. Schließlich bat ich ihn flehend, etwas zu sagen, obwohl ich Angst hatte vor dem, was er sagen würde.

„Wie konntest du uns so verlassen, ohne uns auch nur etwas Geld dazulassen? Ich wusste nicht, dass du so grausam bist. Ich muss dich völlig falsch eingeschätzt haben", sagte er in einem aus Schmerz und Wut gemischten Ton.

„Ich hatte nicht die Absicht, euch zu verlassen. Ich dachte, dass ich versuchen sollte, das Dorf und die Träger zu finden. Danach wollte ich mit der Taschenlampe zurückgehen und euch finden. Hätten wir uns alle drei im Dunkeln verlaufen, was wäre dann passiert? Erreicht einer von uns das Dorf, könnte er zurückgehen und die anderen mit einer Leuchte holen. Das war mein Plan. Unglücklicherweise war ich schon weit voraus, als ich erkannte, dass ich euch ohne Geld zurückgelassen hatte. Ich dachte, ich würde es nicht mehr schaffen, das Dorf zu erreichen, falls ich umkehre. Also ging ich weiter. Irgendwie fand mich ein Fremder im Wald und brachte mich zum Dorf. Nachdem er die

Träger gefunden hatte, schickte er sie los, nach euch zu suchen. Ich wäre selbst mitgekommen. Ich war jedoch so erschöpft, dass ich keinen Schritt mehr tun konnte. Ich schlief auf der Stelle ein. Bitte vergib mir. Ich habe euch nicht in schlechter Absicht verlassen", erklärte ich ihm.

Als er die Wahrheit erfahren hatte, stand Ratnamji auf, putzte sich die Zähne und wusch sein Gesicht. Nachdem er ein Glas Milch getrunken hatte, kam er wieder in seinen normalen Zustand zurück. Er erzählte mir dann, was geschehen war, nachdem ich sie verlassen hatte.

„Nachdem du weg warst, versuchten meine Schwester und ich, dir zu folgen, aber du gingst zu schnell. Ich sah, wie du etwas in unsere Richtung zurückriefst, aber ich konnte nicht verstehen, was du sagtest. Wir gingen auch schneller und erreichten bei Einbruch der Dunkelheit irgendwie das Ufer eines reißenden Flusses. Wir hatten keine Vorstellung davon, wo wir waren oder in welche Richtung wir laufen sollten. Seshamma und ich stiegen in den Fluss. Sie rutschte jedoch aus und wurde fast von der Strömung mitgerissen. Mit großer Mühe hielt ich sie fest. Mehr tot als lebendig erreichten wir die andere Seite des Flusses. Erschöpft und hungrig kamen wir an ein Haus am Rande des Dorfes. Ich erklärte dem Besitzer, dass wir kein Geld haben und hungrig sind. Als er unseren bemitleidenswerten Zustand sah, teilte er sein Abendessen mit uns, obwohl er selbst arm ist. Zu diesem Zeitpunkt kamen unsere Träger und ein anderer Herr an. Sie erkundigten sich nach uns und brachten uns langsam im Regen hierher. Ich war sicher, dass Seshamma in diesem Fluss weggeschwemmt werden würde und das war meine Hauptsorge. Was würde ihr Mann sagen? Du hättest uns jedenfalls Geld zurücklassen müssen. Wir sind nur durch Gottes

Gnade angekommen. Was sollen wir mit diesen Halunken, unseren Trägern, tun?"

Ich sagte, dass wir sie aus unserem Dienst entlassen sollten. Die Besitzerin des Hauses, in dem wir übernachteten, teilte uns jedoch mit, dass in dem Dorf keine Träger seien. Sie riet uns auch, extrem vorsichtig zu sein. Einige Pilger, die vor kurzem Träger vom selben Ort genommen hätten, seien auf mysteriöse Weise zwischen zwei Dörfern verschwunden. Man hatte den Verdacht, dass sie ermordet und ihres Geldes beraubt worden waren. Sie schien ernsthaft um unsere Sicherheit besorgt zu sein.

Ratnamji rief die Träger herbei. Er sagte ihnen, dass wir an diesem Tag nicht reisen würden. Er drohte ihnen auch, dass sie entlassen würden, wenn sie ein weiteres Mal Schwierigkeiten machten. Sie wussten natürlich, dass wir blufften, da keine anderen Träger vorhanden waren. Sie waren hartherzig und berechnend. An jenem Abend kamen sie zu uns. Sie sagten, dass sie unsere Sachen nicht mehr tragen würden, nur wenn wir ihren Lohn erhöhen. Was konnten wir schon tun. Wir mussten uns einverstanden erklären.

Am folgenden Tag nahmen wir unsere Reise wieder auf. Auf Grund des Regens war der Pfad sehr gefährlich geworden, gelegentliche gab es Erdrutsche. Als wir uns gerade langsam am Rande eines Berges entlangbewegten, erschien aus der Gegenrichtung eine Gruppe von Männern. Am Fuß des Berges, dreihundert Meter unter uns, floss ein reißender Fluss. Obwohl der Pfad nur eine Spur hatte, mussten wir ihn in eine doppelspurige Autobahn verwandeln, wollte nicht irgendjemand schwimmen gehen! Die Männer beharrten darauf, dass sie auf der Bergseite an uns vorbeigehen wollten. Wir sollten auf der Flussseite an ihnen vorübergehen. Während wir dieses Manöver vorsichtig mit angehaltenem Atem durchführten, rutschte mein Fuß auf dem losen Boden aus. Ich dachte, es wäre um mich geschehen. Irgendwie schaffte ich es noch, mich an dem langen Gras festzuhalten, das in der Nähe wuchs. Das rettete mich davor, in den Tod zu stürzen. Man sagte uns, dass am Tage zuvor ein Pferd an derselben Stelle ausgerutscht sei und die Felsen mit seinem Blut bemalt habe. Man braucht nicht zu erwähnen, dass das arme Geschöpf nie wiedergesehen wurde, sondern in der reißenden Strömung unterhalb der Felsen verschwunden war.

Eines nachts, als wir etwa die Hälfte der Strecke nach Muktinath bewältigt hatten, übernachteten wir in einem Dorf. Ich wachte nachts auf und hörte, wie Ratnamji laut einige Verse sang. Dann schlief er wieder ein. Am Morgen sagte er mir, dass er in der Nacht die Vision eines Tempels mit einem großen Scheibenrad hatte, das vor dem Tempel in Stein gehauen war. Es waren Priester dort, die mit Wasserkannen auf ihren Köpfen vom Fluss kamen. Er hörte das laute Singen des Göttlichen Namens Narayana. Plötzlich fand er sich aufrecht im Zimmer sitzend, aber der Klang Narayana hallte ihm noch in den Ohren nach. Das war der Zeitpunkt, zu dem ich ihn die Verse zum Lobpreis des Gottes Narayana singen hörte. Er sagte mir, dass er bei seinen früheren Pilgerreisen ähnliche Erfahrungen gemacht habe, sobald er sich innerhalb einer bestimmten Entfernung des Tempels befand. Er wusste dann, dass er sozusagen unter der Hoheit der Gottheit jenes Tempels stand.

Je weiter wir wanderten, desto spärlicher wurde die Vegetation. Schließlich befanden wir uns in einer absolut öden Gegend. Es gab keinen einzigen Baum und nur hier und dort einige kleine, fast blattlose Büsche. Die nepalesische Regierung hatte mir nur erlaubt, bis Jomsom, das etwa 10 bis 15 Kilometer südlich von Muktinath entfernt liegt, zu gehen. Dort gab es ein Lager der indischen Armee, von dem aus den Chinesen beobachtet wurden.

Sie wollten nicht, dass Fremde über diesen Punkt hinausgingen. Ich bat die Beamten inständig, weitergehen zu dürfen. Sie waren sehr verständnisvoll, konnten es mir jedoch nicht erlauben. Ratnamji sagte mir, ich sollte mir keine Sorgen machen. Er würde innerhalb weniger Tage zurückkommen und mir vom Tempel die geweihten Gaben, Prasād genannt, mitbringen. Ich stand am Stadtrand und sah zu, wie er in der Ferne verschwand.

Als ich in das Zimmer zurückkam, das meine Unterkunft war, sah ich, dass er seine Decke vergessen hatte. Wie würde er nur ohne Decke an diesem kalten, windigen Ort auskommen können? Ich ging in das Armeelager, traf den diensthabenden Offizier und erzählte ihm die Geschichte. Er war einverstanden, mich mit einem seiner Soldaten loszuschicken, um Ratnamji einzuholen und so rannten wir los. Fast eine Stunde und fünf Kilometer später erreichten wir ihn. Die Freude, sein Gesicht zu sehen, war die Mühe wert. Diesmal weniger traurig, kehrte ich nach Jomsom zurück. Ich wartete mit gespanntem Herzen auf seine Rückkehr.

In den nächsten vier Tagen hielt ich mich so beschäftigt, als wäre ich im Āshram in Arunāchala. Ich stand am frühen Morgen auf, badete in einer eiskalten Quelle nahe den Militärunterkünften und führte dann meine tägliche Pūjā durch. Kochen und essen nahmen ihre Zeit in Anspruch. Den Rest des Tages verbrachte ich mit Studium und Meditation. Schließlich kehrte Ratnamji zurück.

„Denkst du, dass unsere Reise bis zu diesem Ort schwierig war, hättest du erst mit uns nach Muktinath kommen sollen", sagte er. „Ich war sicher, ich würde dich nie wiedersehen. Nachdem wir dich das zweite Mal verlassen hatten, kamen wir zu einem Pfad, an dem der Wind so heftig wehte, dass wir dachten, wir würden in die Schlucht hinunter geblasen. Zuerst versuchten wir, aufrecht zu gehen, aber das war unmöglich. Dann versuchten wir, auf allen Vieren zu kriechen, aber selbst das war nicht möglich. Schließlich entschieden wir uns, bis zum nächsten Tag zu warten. Wir übernachteten in dieser Nacht im Freien. Die Kälte war extrem. Am nächsten Tag legte der Wind sich und wir eilten durch den Pass. Gerade als wir durch waren, setzte der Wind wieder mit großem Geheul ein.

„Irgendwie erreichten wir dann Muktinath. Zu meiner Überraschung sah ich, dass es derselbe Tempel war, den ich in meiner Vision gesehen hatte. Sogar das mächtige, in Stein gehauene Rad war dort am Eingang. Wir verrichteten unsere Gebete und bereiteten eine Feier für die beiden Priester vor, die dort wohnten. Als wir sie nach ihrem Lieblingsgericht fragten, erwiderten sie, dass es Milchpudding sei. Also baten wir sie, Milch aus dem nächsten Dorf zu besorgen. Am nächsten Tag schleppte man etwa fünfzehn Liter Milch an. Damit kochten wir Reis und Zucker, um Pudding für die Priester zu machen. Sie wollten nichts Anderes. Du kannst dir die Menge Pudding vorstellen, die sich aus fünfzehn Litern Milch ergibt! Sie waren unersättliche Esser. Wir waren glücklich, ihren Wunsch zu erfüllen. Wir hatten das Gefühl, dass wir in ihrer Form Gott selbst zu essen gaben. Danach ging ich hinunter an den Fluss. Dort sammelten wir diese Saligramsteine. Ich konnte nicht erkennen, welche gut waren und welche nicht, also brachte ich einfach ungefähr zweihundert Stück mit. Hier sind die Reste der Pūjādarbringung."

Wir entschieden, am nächsten Tag nach Pokhara aufzubrechen, sobald Ratnamji und seine Schwester sich ausgeruht hatten. Früh am nächsten Morgen, nachdem wir uns von den Soldaten verabschiedet hatten, machten wir uns auf den Weg. Auf dem Rist meines Fußes hatte sich an der Stelle, wo die

Gummisandale sich am Fuß gerieben hatte, eine kleine Beule gebildet. Jetzt vergrößerte sich die Beule. Nach drei Tagen Fußmarsch war sie so angewachsen, dass ich nicht mehr laufen konnte. Mein Fuß war auf die Größe eines amerikanischen Footballs angeschwollen.

„Nun, was sollen wir jetzt machen?", fragte ich Ratnamji. „Du gehst voraus und lässt mich hier zurück. Geht es mir besser, werde ich dich irgendwie in Pokhara treffen."

„Wirklich, eine tolle Lösung! Glaubst du, ich bin so egoistisch, dich alleine hierzulassen?", erwiderte Ratnamji. „Wir müssen einen anderen Weg finden. Wir werden einen der Träger bitten, dich zumindest bis zum nächsten Dorf hinunter auf seinem Rücken zu tragen."

Unter großen Schwierigkeiten und großem Murren der Träger erreichten wir das etwa sechs Kilometer entfernt liegende nächste Dorf. Der Schmerz war unerträglich. In jener Nacht legte Seshamma einen heißen Breiumschlag auf die Beule, aber ich fühlte keine Linderung. Ratnamji erkundigte sich im Dorf, ob es jemanden gebe, der mich bis Pokhara zurücktragen könne, eine Strecke von etwa fünfundfünfzig Kilometern. Es gab niemanden. Wir hatten keine andere Wahl, als uns weiter so durchzuschlagen wie bisher.

Am nächsten Morgen schlug Ratnamji vor, dass er und Seshamma sich früh auf den Weg machten, langsam bis zum nächsten Dorf gingen und schon das Essen kochten. Ich solle später mit den Trägern nachkommen, von denen einer mich tragen solle. Ich war einverstanden und so gingen sie los. Ich wartete bis zehn Uhr und hinkte dann auf der Suche nach den Trägern hinaus. Sie saßen unter einem Baum vor dem Haus.

„Warum haben wir uns noch nicht auf den Weg gemacht?", fragte ich sie.

„Wir wollen dich nicht tragen und dein Gepäck auch nicht. Hebst du unsere Löhne an, werden wir das Gepäck schon noch tragen. Dich aber tragen wir unter keinen Umständen. Du kannst dir aussuchen, was dir besser gefällt", erwiderten sie. Oh Gott, warum spielst du so ein Spiel mit mir? Behandelst du so die Menschen, die dir ergeben sind? Also gut, ich werde ihnen das Geld geben, losgehen und irgendwie selbst die anderen erreichen. So dachte ich und gab ihnen das Geld, das sie haben wollten. Wir machten uns auf den Weg. Sie ließen mich natürlich innerhalb weniger Minuten hinter sich. Ich war mir selbst überlassen. Ich hatte einen dreizehn Kilometer langen Fußmarsch vor mir. Ich musste mit einem pulsierenden Fuß in der heißen Sonne durch einen Wald einen Berghang hinunterlaufen.

Während des Gehens versuchte ich so glücklich zu sein, wie ich Ratnamji in ähnlich schmerzhaften Situationen gesehen hatte. Hier war nun eine echte Chance, mich in Hingabe an Gott zu üben. Hörte ich auch nur eine Minute lang auf zu gehen, wurde der Schmerz im Fuß so unerträglich, dass ich aufschrie. Einmal hielt ich erschöpft an, nachdem ich etwa sechs Kilometer dahingehinkt war. Der Fuß begann so stark zu pulsieren, dass ich glaubte, er platzt gleich. Ich schrie aus vollem Halse „Amma", den Namen der Göttlichen Mutter. Sofort hörte der Schmerz auf. „Was ist das denn für ein Wunder?", dachte ich. Auf dem weiteren Weg zum nächsten Dorf war der Schmerz nicht mehr so schlimm. Ich dankte Gott für seine Gnade.

Sobald Ratnamji mich sah, sprang er auf und fragte: „Was ist los? Was haben diese Halunken mit dir gemacht?" Ich erzählte ihm die ganze Geschichte. Weder vorher, noch nachher habe ich Ratnamji je so wütend erlebt. Er verfluchte die Träger, dass sie nach ihrem Tod einen Platz in der untersten Hölle finden sollten. Ich hatte keinen Zweifel, dass es so eintreten würde.

Große Heilige haben sowohl die Macht zu verfluchen als auch zu segnen. Es ist selten, dass sie einen Menschen verfluchen und sie tun es sicherlich nicht zu ihrem eigenen Nutzen. Ratnamji fühlte einen solchen Schmerz darüber, dass ich so leiden musste, dass er seine Wut nicht kontrollieren konnte. Ich dachte nur: Möge Gott sich dieser armen Menschen erbarmen, die Gegenstand solcher Wut sind.

Zum Glück gab es einen Mann in diesem Dorf, der bereit war, mich nach Pokhara zu tragen. Er kaufte einen großen Korb, schnitt eine Seite davon aus, so dass ich darinsitzen konnte und legte eine Decke hinein. Er trug mich auf seinem Rücken. Er hielt den Korb mit einem Stoffband, dass er sich um die Stirn schlang. Dadurch waren seine beiden Hände frei. Das Ganze war mir ehrlich gesagt recht peinlich. Ich drängte Ratnamji und Seshamma, ebenfalls Träger anzuheuern. Aber sie wollten nichts davon hören. Diese Art Reisen war sehr langsam. Der Mann musste mich im Regen zwei Berge hinauf und wieder hinuntertragen. Er tat mir äußerst leid. Er beschwerte sich kein einziges Mal, sondern er fragte mich immer wieder, ob ich etwas brauche. Was für ein Unterschied zu den anderen Trägern! Ratnamji und seine Schwester kamen schnell voran. Der Träger und ich folgten ihnen langsam nach und trafen sie zum Mittagessen. Wir trafen uns jede Nacht wieder.

Wir brauchten nur zwei Tage, um Pokhara zu erreichen. Unterwegs platzte die Beule auf, was meine Schmerzen etwas linderte, obwohl ich keine Medizin hatte, um die Wunde zu behandeln. Nachdem wir Pokhara erreicht hatten, zahlten wir die Träger aus und gaben dem Träger, der mich getragen hatte, einen Bonus. Zum Glück waren im nächsten Flug nach Kathmandu drei Sitze frei. Wir erreichten die Hauptstadt noch am selben Abend.

Nachdem wir meine Wunde versorgt hatten, kauften wir Tickets nach Indien. Unsere bittere Erfahrung mit den Trägern hatte den großen Wunsch in uns geweckt, nach Indien zurückzukehren. Gespannt sahen wir dem nächsten Tag entgegen.

KAPITEL 4

Pilgerfahrt

Indien! Trotz all seiner Hitze, fieberhaften Aktivität und Armut, ist es dennoch meine Heimat und ich war froh zurück zu sein. Obwohl ich Nepal mochte, konnte ich bei den wenigen Gelegenheiten, als ich dachte, ich würde Indien nie wiedersehen, den Gedanken daran nicht ertragen. Nepal ist ohne Zweifel ein heiliges Land, aber Indien ist für mich sogar noch heiliger.

Die meisten Touristen, die nach Indien kommen, sind entsetzt über die Armut, Verschmutzung und generell ungepflegte Erscheinung des Landes. Heutzutage, da viele Inder ins Ausland gehen um zu arbeiten, schauen manche Inder sogar auf ihr eigenes Land herab. Sie betrachten die USA und andere westliche Nationen als Himmel auf Erden. Alles Ausländische ist gut, alles Indische ist zweitklassig. Dies ist heutzutage das Gefühl vieler Inder.

Nachdem ich eine Hälfte meines Lebens in den USA und die andere in Indien gelebt habe, kenne ich beide Seiten der Medaille. Gefesselt vom Glanz des Materialismus, sehen die Inder nicht die giftige Seite des Westens und die einzigartige Größe ihrer eigenen Kultur. Vergewaltigung, Mord, Diebstahl und eine generelle Gewalttätigkeit sind in den USA weit verbreitet. Beim Vergleich der Pro-Kopf-Kriminalitätsraten in den beiden Ländern würde man meines Erachtens herausfinden, dass Indiens Kriminalitätsrate nur ein Tropfen im Ozean der Kriminalität der USA ist. Dies liegt sicherlich nicht an den unterschiedlichen Strafverfolgungsmethoden, die im Westen weit überlegen sind.

Die Idee, ein rechtschaffenes Leben zu leben und die Furcht, die Folgen böser Taten in diesem oder einem anderen Leben zu ernten, sind im Bewusstsein der Inder tief verwurzelt. Es gibt keinen Inder, der nicht wenigstens etwas von den alten Hinduschriften kennt, wie zum Beispiel das Rāmāyaṇa und Mahābhārata. Diese Werke wurden von Weisen geschrieben, die die Höhe der Verwirklichung des Göttlichen erreicht hatten. Sie wollten die Glückseligkeit und das Wissen daraus mit der ganzen Menschheit teilen. Sie fanden, dass ihr Wissen und ihre Erfahrung am besten durch Geschichten vermittelt werden konnten. Die Charaktere, die in diesen Werken dargestellt werden, offenbaren die höchsten und nobelsten menschlichen Eigenschaften. Die Weisen der alten Zeit bestärkten die Menschen darin, in ihrem Leben erhebenden Qualitäten nachzueifern. Mit Hilfe eines wissenschaftlichen Systems zeigten sie, dass der wahre Zweck des Lebens nicht im Vergnügen liegt. Es liegt stattdessen in der Glückseligkeit und dem Frieden, die aus der Verwirklichung der wahren Natur des Menschen entstehen. Sie vermittelten den Menschen auch die Vorstellung, dass eine friedliche Koexistenz das Ideal auf Erden sein sollte. Diese Ideen und die daraus folgende Lebensart wurden Jahrtausende lang befolgt. Trotz der heftigen Angriffe fremder Invasoren hatte die alte Kultur noch bis vor kurzem in ihrer Reinheit Bestand.

Der Einfluss der Massenkommunikation hat die alte Kultur Indiens nahezu verdorben. Die westlichen Ideale des Genusses und Vergnügens haben den einfachen, kindlichen Mind der Inder ergriffen. Als Folge davon haben sie die Größe ihrer eigenen Kultur vergessen. Es ist jedoch bemerkenswert festzustellen, dass die Menschen des Westens in immer größerer Zahl über ihre eigene, selbstzerstörerische, materialistische Kultur desillusioniert werden. Sie wenden sich also nach Indien, der Mutter des Hinduismus und Buddhismus, um ihren spirituellen Hunger zu stillen. Als einer dieser Menschen habe ich die Armut Indiens als oberflächlichen Farbmantel ignoriert. Ich habe stattdessen die wunderbare spirituelle Kultur gesehen, die darunterliegt. Ich habe festgestellt, dass Indien auf Grund seines Erbes und spirituellen Vermächtnisses der beste Ort auf Erden ist, will man die Offenbarung des Göttlichen und den Frieden des Minds erlangen. Obwohl ich höre, wie Menschen Tag und Nacht die USA für ihren materiellen Fortschritt preisen, beachte ich solche Worte nicht mehr als das Geplapper von Kindern. Selbst die Forschungsarbeiten der Quantenphysik haben nach der Investition von sehr viel Geld und Zeit die gleichen Schlussfolgerungen hervorgebracht, zu denen vor Tausenden von Jahren die indischen Weisen durch die Kraft ihrer Meditation gelangt waren.

Die Weisen wussten zum Beispiel, dass das Universum ein zusammenhängendes Ganzes ist. Es besteht in seinem Wesen aus Energie. Das Bewusstsein des Betrachters beeinflusst das beobachtete Phänomen. Dies ist eine der grundlegenden Lehren der Vēdāntaphilosophie. Die Tatsache, dass das Universum aus Energie und Bewusstsein besteht, wurde von den Weisen bildhaft als die Einheit von Śhiva und Śhakti ausgedrückt, dem Höchsten Sein in einer dualen Form aus statischem Bewusstsein und dynamischer Energie. Schon jedes Hindukind kann einem erzählen, dass diese Welt ŚhivaŚhaktiMāyā ist, d.h. aus Śhiva und Śhakti besteht. Es ist erfreulich zu sehen, dass die alte indische

Kultur langsam weltweit anerkannt und wertgeschätzt wird. Sie wird durch das Interesse des Westens teilweise wiederbelebt. Wie sagte ein großer indischer Weiser noch vor kurzem: „Die Hindus beschäftigen sich mit dem Hinduismus erst dann, wenn die aus dem Westen es tun!"

Nachdem wir in Indien angekommen waren, reisten wir nach Durgapur, einem der Hauptzentren der indischen Stahlproduktion. Dort lebten Seshammas Ehemann und Sohn. Ratnamji wollte sie auf eine weitere Pilgerreise zu den nahegelegenen Orten Gaya, Benares und Allahabad mithaben. Nach ein paar Tagen in Durgapur nahmen wir einen Zug nach Gaya und kamen am nächsten Tag dort an.

Seit ich Tiruvannamalai verlassen hatte, um nach Hyderabad zu kommen, hatte ich viel mentalen Frieden genossen. Ich hatte eine harmonische Beziehung zu Ratnamji. Nachdem ich im Laufe des ersten Jahres mit ihm durchs Feuer gegangen war, war ich nun sehr wachsam geworden, um keine Fehler mehr zu machen. Trug er mir eine Sache auf, versuchte ich sie fraglos auszuführen. Die Tendenz meines Minds, alles zu trennen und zu spalten hatte enorm nachgelassen. Ein Ergebnis davon war, dass ich die Bedeutung und den Wert seiner Aussagen erfassen konnte. Ich versuchte, mich selbst zu vergessen, um ihm zu dienen. Ich hatte das Gefühl, dass ich alles perfekt machen sollte, um ihm zu gefallen und die Gnade Gottes zu erhalten. In der Tat vergaß ich alles andere. Zu dieser Zeit existierten nur er, Ramana und ich, sozusagen in meinem Mind.

Es war wirklich wunderbar, wie spontan meine Meditation wurde, wenn ich nur seinen Anweisungen folgte. Ich fühlte ein inneres Eins-Sein mit ihm in meinem Herzen und begann, auf mein Herz zu hören, anstatt auf meinen Mind. Ich versuchte, den daraus resultierenden Frieden zu einer dauerhaften und anhaltenden Erfahrung werden zu lassen. Dieser Frieden hatte im Laufe der Zeit zugenommen. Ich bemerkte, dass es meistens nur meiner Dummheit zuzuschreiben war, wenn ich ihn verlor. Ich war überzeugt, dass ich mein Ziel durch die achtsame Anwendung der Prinzipien, die er mich lehrte, erreichen würde. Gaya ist der wichtigste Ort Indiens, um Pūjās für die Vorfahren abzuhalten. Man glaubt in Indien, dass man eine Pflicht gegenüber den verstorbenen Vorfahren hat. Man sollte sie einmal im Jahr besänftigen, indem man einen Gelehrten der Heiligen Schriften als ihren Stellvertreter mit Essen versorgt. Die Zeremonie wird unter der Begleitung von Mantren (mystischen Gebetsformeln) durchgeführt. Dies Mantren sind vergleichbar einem Telegramm, sie gewährleisten, dass der feinstoffliche Anteil der Nahrung irgendwie die Vorfahren erreicht, wo auch immer sie sind. In Anbetracht solcher Kommunikationsmittel wie Radio, Fernsehen und Satellit ist es heutzutage nicht mehr schwierig, sich das vorzustellen. Feinstoffliche Objekte können durch die Kraft von Mantren, die nur eine andere Form von Energie darstellen, zu einem anderen Wesen gebracht werden.

Auch ich nahm an der Festlichkeit teil. Ich war zufrieden, dass ich wenigstens einmal in meinem Leben dieser Pflicht nachgekommen war. Ich war mir sicher, dass nichts von dem, was die Weisen der alten Zeit empfohlen hatten, unnötig war. Sie waren in einem Zustand verankert, der Zeit und Raum transzendierte. Daher haben ihre Erkenntnisse immer und überall Gültigkeit.

Das Ziel und die Probleme des Lebens scheinen sich niemals wesentlich zu ändern, selbst wenn für einen unkritischen Mind dabei Unterschiede in Zeit und Raum auftreten können. Die Weisen haben sich klar geäußert, dass das Glück das Ziel des Menschen ist. Jeder Mensch macht die Erfahrung, dass dies so ist. Sucht man sein Glück jedoch mit weltlichen Mitteln, kann man es niemals finden. Es zieht sich tatsächlich immer weiter zurück. Nur wenn der Mind zur Ruhe gebracht wird, kann Frieden eintreten. Vollkommener Frieden und ewiges Glück sind ein und dasselbe. Wir müssen ungeachtet unserer Lebensumstände in einem inneren Frieden verwurzelt sein, dann ist nichts in der Lage, unsere innere Gelassenheit zu stören. Obwohl dies äußerst einfach zu verstehen ist, ist die Praxis, die zu einem derartigen Zustand führt, wegen der komplexen und ruhelosen Natur des Minds sehr schwierig. Es ist denkbar, dass ein Mensch durch ständiges Versuchen und Hinterfragen seiner Fehler einen Weg findet, seinen Mind zu beruhigen. Man kann jedoch einen sehr viel kürzeren Weg gehen, indem man die Lehren der Heiligen und Weisen folgt, deren Mind in der Stille der Wirklichkeit verankert ist.

Nachdem wir uns einen Tag in Gaya aufgehalten hatten, setzten wir unsere Reise nach Benares oder Kasi, wie es häufiger genannt wird, fort. Diese Stadt wird mit Recht als Hochburg der Hindukultur betrachtet. Jedes Jahr pilgern Millionen von Menschen an diesen heiligen Ort, um Gott im Tempel anzubeten und ein reinigendes Bad im heiligen Ganges zu nehmen. Man könnte Kasi sehr wohl als das Jerusalem Indiens bezeichnen. An diesem Ort war es, wo ich die deutliche Erfahrung machte, dass Gott existiert; nicht als eine Frage meines Glaubens, sondern als eine direkte Erfahrung im Herzen meines Seins.

Ratnamji, Seshamma und ihr Mann hatten den starken Wunsch, die zu einer Pilgerreise nach Kasi gehörenden, traditionellen Rituale durchzuführen. Wir beschlossen, dass ich mehr Freiheit hätte, wäre ich alleine untergebracht. Ich wohnte in einem Zimmer im Haus des Priesters, der bei der Durchführung der Rituale mitwirkte. Die anderen waren in einem Gästehaus in der Nähe des Flusses untergebracht. Da ich mich nur ungern von Ratnamji trennte, versprach er mir, mich jeden Abend zu besuchen. Danach stellte sich diese kurzfristige räumliche Trennung sogar als Segen heraus. Jeden Morgen stand ich wie gewöhnlich um halb vier auf und ging zum Fluss. Um diese Tageszeit waren nur wenige Menschen an den Badestellen. Der Ganges schien ein lebendiges Wesen zu sein. Ich grüßte ihn und bat um Erlaubnis, in seinen Wassern zu baden. Ich hatte großes Vertrauen in die reinigende Kraft des Ganges und betrachtete ihn als Gott. Medizinische Untersuchungen haben ergeben, dass die antiseptische Kraft des Gangeswassers so wirkungsvoll ist, dass Erreger von Cholera und anderer tödlicher Krankheiten darin nicht überleben können. Im Laufe der Zeit haben Heilige und spirituelle Wissenschaftler die spirituelle, reinigende Wirkung des Flusses bezeugt und ihn heilig genannt. Sie hatten zweifellos Erfahrungen gemacht, die sie daran glauben ließen. Dies ist sehr wahrscheinlich, denn kurz darauf sollte ich selbst eine solche Erfahrung machen.

Nachdem ich jeden Morgen ein Bad genommen hatte, kam ich in mein Zimmer zurück und meditierte eine Weile. Dann ging ich durch enge, sich windende Gassen zu dem etwa eineinhalb Kilometer entfernt gelegenen Śhivatempel. Selbst zu dieser frühen Stunde waren viele Menschen wach und gingen zum Tempel. Nachdem ich einen Blick auf die Gottheit geworfen hatte, ging ich langsam in mein Zimmer zurück und kaufte unterwegs Blumen für die Verehrung. Ich nahm am liebsten Lotusblumen und diese waren nur am frühen Morgen auf dem Markt erhältlich. Nachdem ich mein Zimmer erreicht hatte, verrichtete ich meine Gebete und las dann aus den Schriften die Geschichten des Gottes Śhiva. Die über Kasi herrschende Gottheit war Śhiva oder der Gott Viśveśvara, das heißt „Herr des Universums."

Ratnamji kam später normalerweise in mein Zimmer. Nachdem wir eine Weile gesprochen hatten, brachte er mich zu den verschiedenen Tempeln und heiligen Plätzen in und um Kasi. Ich verbrachte jeden Nachmittag mit dem Studium der Schriften. Jeden Abend kehrte Ratnamji zurück und ging mit mir zu einer der Badestellen, wo wir bis spät in die Nacht spirituelle Themen erörterten.

In der dritten Woche unseres Aufenthalts machte ich eine dramatische Erfahrung. Eines Morgens, nachdem ich vom Tempel zurückgekehrt war, setzte ich mich zu meiner üblichen, täglichen Verehrung nieder. Ich war fast fertig und sang den Göttlichen Namen Śhivas, als das Bewusstsein meines Körpers und der Umgebung plötzlich vollständig verschwanden. Zurück blieb das, was ich Gott nenne, aus Mangel eines besseren Wortes. Ich war überwältigt vom Gefühl der Wirklichkeit von Gottes Gegenwart. Auf eine unerklärliche Art und Weise war ich eins damit und gleichzeitig ein wenig getrennt davon. Nach einiger Zeit wurde ich mir langsam vage meines Körpers bewusst. Ich fühlte deutlich die göttliche Gegenwart, als tanze sie glückselig auf dem Scheitel meines Kopfes. Aus Sorge, diese Glückseligkeit zu verlieren, hielt ich meine Augen geschlossen. Ich konnte hören, wie ich mit lauter Stimme „Śhiva, Śhiva" chantete, aber dies schien ziemlich getrennt von mir abzulaufen. Mit der Zeit ließ die Intensität dieser Glückseligkeit nach. Das Bewusstsein meines Körpers und meiner Umgebung wurde wieder klarer. Ich öffnete langsam meine Augen und sah, dass meine Kleider und mein Gesicht tränennass waren, obwohl ich mir nicht bewusst war, geweint zu haben. Ich saß überwältigt und überglücklich über diese plötzliche Manifestation Göttlicher Gnade da. Genau in diesem Augenblick trat Ratnamji herein. Ein Blick auf mein Gesicht und er verstand, was geschehen war.

„Ich glaube, ich habe Gott gesehen", sagte ich.

„Das ist die Wirkung, wenn man jeden Tag im Ganges badet und dabei an seine spirituelle Kraft glaubt", erwiderte er lächelnd. „Ist man aufrichtig in seinem spirituellen Leben und badet regelmäßig im Ganges, dann sollten sich einige Erfahrungen einstellen. In jedem Falle werden die Reinheit und Unschuld der Gedanken in hohem Maße gesteigert. Jetzt hast du die Wahrheit der Worte der Weisen erfahren."

Ich war bereits überzeugt von der Wahrheit der Worte der Weisen der alten Zeiten gewesen. Jetzt gab es auch nicht mehr den geringsten Zweifel darüber. Was mir widerfahren war, war so klar wie das Licht des Tages. Selbst jetzt, fünfundzwanzig Jahre später, da ich diese Worte schreibe, kann ich mich noch an die Ereignisse jenes Tages erinnern, als wären sie erst gestern passiert.

Unser Aufenthalt in Kasi näherte sich dem Ende zu- und zwar einem sehr glücklichen Ende, zumindest für mich. Am nächsten Tag sollten wir nach Allahabad weiterreisen oder Prayag, wie es traditionell genannt wird - dem Ort, an dem der Ganges und die Yamunā zusammenfließen. Man sagt, dass ein Bad an jenem Ort sehr hilfreich für spirituell Suchende ist. Ich freute mich darauf und war natürlich glücklich, mal wieder die ganze Zeit mit Ratnamji verbringen zu können.

Am nächsten Tag nahmen wir einen Zug nach Allahabad. Wir stiegen an der Gangesseite der Eisenbahnbrücke in einem kleinen Dorf namens Jhusi aus, wo sich der Āśhram von Prabhu-dattaji befindet, dem Guru von Avadhutendra Swāmī. Ratnamji war der Ansicht, dass der Āśhram der beste Aufenthaltsort für uns sei. Während wir in einem Pferdekarren die Straße lang fuhren, bat Ratnamji mich, an der Post auszusteigen und mich nach dem exakten Standort des Āśhrams zu erkundigen. Als ich in die Post trat, begegnete ich niemand anderem als Avadhutendraji selbst! Ich wollte mich vor ihm verbeugen, aber er verhinderte das durch seine Umarmung.

„Wo ist Ratnamji?", fragte er mich. Ich führte ihn zur Kutsche und wir fuhren alle zusammen fröhlich zum Āśhram seines Gurus. Er brachte uns bequem unter und führte uns dann zu Prabhudattaji, einem kräftig gebauten Mann mit langem, weißem Haar und einem Bart, der ungezähmt in allen Richtungen hervorstand. Er hatte die Augen eines verrückten Mannes. Er war tatsächlich verrückt, nämlich von der Glückseligkeit des Gottesbewusstseins! Wir alle verbeugten uns vor ihm. Dann führte er uns in die Küche und setzte sich mit uns hin, während wir unser Mittagsessen aßen. Er gab mir einen Namen, Neelamani, der ein Beiname Kriṣhṇas ist und „blauer Edelstein" bedeutet. Er hatte etwa hundertfünfzig Bücher über spirituelle Themen geschrieben. Alle Bücher sind sehr informativ und unterhaltsam, in denen er die Wahrheit in eine sehr süße und lebhafte Form brachte. Am Abend las er Teile aus einigen der Bücher vor und erläuterte sie. Seine Unterhaltungen waren voller Leben.

Prabhudattaji erzählte uns eine witzige Geschichte von einem reichen Mann, dessen Tochter in seinen Āśhram gekommen war. Ihr Vater bestand darauf, dass sie in sein Haus zurückkehren und nicht den Āśhram besuchen sollte. Er sagte ihr: „Ich habe drei Autos und dein Guru hat auch drei Autos. Ich bin Eigentümer vieler Gebäude und das ist auch dein Guru. Er scheint genauso wie ich sehr wohlhabend zu sein. Was ist dann der Unterschied zwischen uns? Warum willst du dorthin gehen? Du könntest genauso gut hierbleiben."

Das Mädchen ging zu Prabhudattaji und erzählte ihm, was ihr Vater gesagt hatte. Er bestellte ihren Vater zu sich und sie setzten sich bequem nieder.

„Sie Halunke!", sagte er. „Sie sagten, dass wir gleich sind? Möchtest du wissen, was der Unterschied zwischen uns beiden ist? Ich kann jede Minute aufstehen und von all dem hier weggehen, ohne auch nur ein paar Kleidungsstücke mitzunehmen. So lange ich lebe, verschwende ich anschließend keinen einzigen Gedanken mehr daran. Doch wie steht mit dir aus? Schon wenn du eine unbedeutende Summe Geld ausgibst, fühlst du dich, als hättest du einen großen Verlust erlitten. Das ist der Unterschied zwischen uns beiden. Das ist der Grund, warum deine Tochter bei mir bleiben will und nicht bei dir!" Es scheint, dass diesem Mann ein Licht aufgegangen war, denn daraufhin beschenkte er den Āśhram mit einer riesigen Geldsumme, um eine religiöse Feier zu arrangieren und Tausende armer Menschen zu verköstigen.

Jeden Tag nahmen wir ein Boot und fuhren zum Baden an die Stelle, wo Yamunā und Ganges zusammenfließen. Prabhudattaji sagte uns, dass hier alle zwölf Jahre eine Feier veranstaltet wird, an der jeden Tag nahezu fünfzehn Millionen Menschen teilnehmen. Ich traute kaum meinen Ohren. Fünfzehn Millionen Menschen? Er lud uns ein, zur nächsten Feier zu kommen, die in etwa sechs Jahren stattfinden würde. Ich nahm tatsächlich an dieser Feier teil, die Kumbha Mēla genannt wird. Bezülich der Anzahl der Menschen war es nicht übertrieben, die Menge war unvorstellbar groß und erstreckte sich meilenweit in beide Richtungen des ausgetrockneten Flussbettes. Es war praktisch eine Großstadt ohne die Kriminalität einer Großstadt. Es gab nicht einen einzigen Fall von Diebstahl, Schlägereien oder irgendeiner Form von Gewalt. Die gesamte Menschenmenge war dort für den alleinigen Zweck versammelt, ein reinigendes Bad im Fluss zu nehmen.

Mein Visum lief langsam aus. Ich musste daher vor Abschluss unserer Pilgerfahrt nach Tiruvannamalai abreisen. Ratnamji und Avadhutendraji sagten mir, ich solle sie nach der Verlängerung meines Visums in Hyderabad wiedertreffen. Als ich mich von ihnen verabschiedet hatte, reiste ich Richtung Süden ab. Nachdem ich meine Visumsformalitäten erledigt hatte, reiste ich wieder nach Hyderabad. Dort traf ich Ratnamji und Avadhutendraji. In den nächsten beiden Jahren bereiste ich in der Gesellschaft dieser beiden heiligen Männer verschiedene Teile Indiens. Die Zeit mit ihnen war ein andauerndes Fest und ein anhaltender Lernprozess. Ihre Geduld mit mir, der nichts über Spiritualität wusste und einen Fehler nach dem anderen in Körper, Sprache und Mind beging, war grenzenlos. Obwohl ich sie als meine spirituellen Leitfiguren betrachtete, sahen sie mich einfach als ihren jüngeren, spirituellen Bruder an.

Seit vielen Jahren schon hatten einige Devotees ein Haus für Ratnamji bauen wollen. Er hatte dies wiederholt zurückgewiesen. Nun begann seine Gesundheit zu schwächeln. Er war der Ansicht, dass ein dauerhafter Wohnsitz nötig werden könnte. Er stimmte den beharrlichen Bitten seiner Freunde und Bewunderer zu. Mit Geld, das er von seinem Bruder hatte, kaufte er ein kleines Stück Land in der Nähe des Āshrams in Tiruvannamalai. Zu der Zeit fragte er mich, ob ich vorhätte, ständig dort zu bleiben. Ich wollte bei ihm bleiben, so lange er lebte und sagte deshalb zu.

Glücklicherweise wurde auch das angrenzende Grundstück zum Verkauf angeboten. Der Eigentümer musste die Hochzeit seiner Tochter veranstalten und brauchte dafür Geld. Er fragte mich, ob ich das Grundstück kaufen wollte. Ich war sofort einverstanden. Es wurden Pläne für zwei kleine Häuser entworfen. Mit dem Geld, von den Devotees und Geld, das ich neulich geerbt hatte, begann der Bau. Im Laufe des nächsten Jahres blieb ich in Tiruvannamalai und überwachte die Bauarbeiten, während

Ratnamji seine Reisen fortsetzte. Die Bauarbeiten hätten nur ein paar Monate in Anspruch nehmen sollen. Wir hatten aber häufig schlechtes Wetter, Probleme mit den Arbeitskräften und Materialknappheit. Das sorgte dafür, dass die Arbeiten sich fast ein Jahr lang hinzogen. Schließlich waren sie fertig und Ratnamji versprach, bald zurückzukehren.

Obwohl beide Häuser gleichzeitig fertig wurden, teilte Ratnamji mir brieflich mit, dass es kein guter Zeitpunkt sei, die Eröffnungszeremonie seines Hauses durchzuführen. Meine sollte aber sofort gemacht werden. Er schrieb, ich sollte meine Mutter bitten, für die Feier nach Indien zu kommen, denn in der Person der eigenen Mutter lebt eine spezielle Manifestation göttlicher Macht. Es ist die Macht der Zuneigung, die hilft, die Schöpfung zu bewahren und zu erhalten. Ratnamji schrieb, dass er sofort versuchen würde, zusammen mit Avadhutendraji zu kommen, sobald ich den Termin festgelegt hätte. Ich schrieb sofort meiner Mutter. Ich bat sie, für die Einweihungsfestlichkeiten zu kommen. Ich schrieb ihr, dass ich den Termin der Feier erst dann festlegen könnte, wenn ich ihr Ankunftsdatum wüsste. Es war vier Jahre her, seit sie mich zuletzt gesehen hatte. Sie traf sofortige Reisevorbereitungen, als sie von mir hörte und kam innerhalb weniger Wochen zusammen mit meinem Stiefvater an. Auch Ratnamji und Avadhutendraji kamen und wohnten im Āśhram. Ich brachte meine Mutter im Hause eines Devotees unter.

Am Tage vor der Feier brachte ich meine Mutter und meinen Stiefvater zum Āśhram, um Ratnamji und Avadhutendraji zu treffen. Einige Devotees Avadhutendrajis aus Madras gingen gerade, um nach Hause zurückzufahren. In Indien verbeugt man sich vor älteren Menschen und Heiligen als Zeichen des Respekts und der Bescheidenheit auf den Boden nieder, sowohl wenn man ihnen begegnet, als auch wenn man sich von ihnen verabschiedet. Dies geschieht aber nicht, um ihnen zu schmeicheln. Die Weisen der alten Zeit fanden heraus, dass jede Lage oder Haltung des Körpers das Nervensystem beeinflusst. Das wiederum wirkt sich auf den Mind oder die Haltung des Minds aus. Zeigt man während des Redens mit dem Zeigefinger auf einen Menschen, stärkt dies beispielsweise subtil die Gefühle der eigenen Wichtigkeit, der Arroganz und vielleicht auch der Wut. Ebenso bringt das Verbeugen vor einem anderen Menschen den Mind in eine empfängliche Stimmung, um Rat von jenen zu erhalten, die vielleicht weiser sind als man selbst.

Als mein Stiefvater den Mann sah, der sich vor Avadhutendraji verbeugte, fragte er: „Warum sollte ein Mensch sich vor einem anderen Menschen verbeugen? Sind wir nicht alle gleich?" Dies ist natürlich eine universell akzeptierte Vorstellung, aber sie ist irrig. Obwohl der Funke des Lebens oder Gottes in allen Menschen der gleiche ist, ist alles andere unterschiedlich. Körperlich, mentale, moralisch und spirituell unterscheidet sich jeder Mensch vom anderen. Das, was universell in allen Menschen gleich ist, wird unglücklicherweise durchwegs übersehen und ignoriert und nur unsere Unterschiede werden gesehen und hervorgehoben. Ich sage „unglücklicherweise", weil diese Welt ein viel friedlicher Ort wäre, wenn wir eine Sicht der Einheit hätten. Ratnamji war nicht der Mensch, den irgendjemand mit einer Frage hätte überrumpeln können. Er stellte sofort eine Gegenfrage.

„Verbeugst du dich nicht vor deinem Chef, wenn du eine Beförderung möchtest, selbst wenn du dies vielleicht auf eine andere Art tust? Diese Männer hier möchten das Wissen und die Erfahrung, die wir ihrer Ansicht nach haben. Um es zu bekommen, verbeugen sie sich. Das ist natürlich nicht genug, aber es ist ein erster Schritt. Ob sich auch der Mind beugt, muss sich erst noch erweisen. Einen nicht empfänglichen Mind kann man nichts lehren." Mein Stiefvater schwieg, vielleicht weil er die Wahrheit dieser Worte erkannte. Nach wenigen Minuten der Unterhaltung gingen alle in ihre Zimmer.

Ratnamji und ich besprachen dann die Häusereinweihungspläne. In Indien wird ein Haus nicht ‚mit guter Stimmung vorgewärmt'. Man betritt es zur Einweihung ganz feierlich. Dies ist eine religiöse Feier. Man glaubt, dass die Anfangsschwingung die Atmosphäre förderlich für ein friedliches und harmonisches Leben bereitet, führt man vor dem Hausbezug bestimmte Rituale durch. Man sagt auch, dass die Form des Hauses und die Richtung, in die es zeigt, die Bewohner positiv oder negativ beeinflussen. Dies wurde von allen alten Kulturen als wahr betrachtet. Vielleicht findet die wissenschaftliche Forschung eines Tages heraus, dass dem so ist. Diese Prinzipien beruhen auf extrem subtilen Gesetzen von Schwingungen oder Energiewellen, die das Universum durchdringen und Ereignisse und mentale Veränderungen beeinflussen.

Wir beschlossen, dass Avadhutendraji das Haus zuerst betreten sollte, indem er vedische Mantren rezitiert. Schließlich sollten gewisse Rituale ausgeführt werden und alle Gäste etwas zu essen bekommen, um den guten Willen aller anwesenden Personen sicherzustellen. Ratnamji dachte, dass es für die spirituelle Praxis hilfreicher wäre, wenn er Avadhutendraji bat, das Haus zuerst zu betreten. Es ergab sich, dass Gott seinen eigenen Plan hatte, der etwas anders war als unserer, aber zweifellos zum Besten.

Am nächsten Morgen versammelten wir uns alle am Āśhram. Dann gingen wir den Göttlichen Namen singend langsam zum neuen Haus. Unterwegs nahm ein Fremder meine Mutter zur

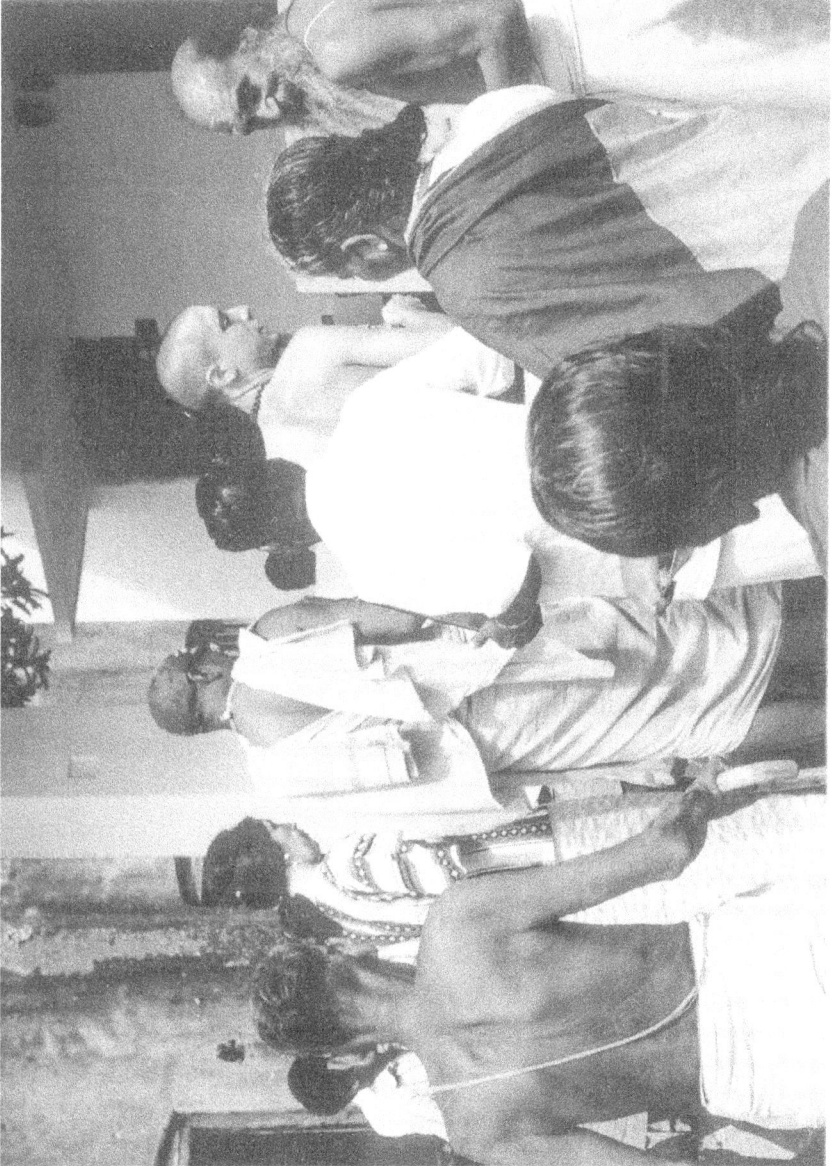

Beim Betreten des Hauses in Tiruvanamalai.
Von links nach rechts: Neals Mutter,
Avadhutendraji, Neal, Ratnamji

Seite und sagte ihr, dass sie als meine Mutter das Haus zuerst betreten müsste. Keiner von uns hörte diese Worte. Als wir uns der Vordertür näherten, begannen die Priester, die vedischen Mantren zu singen. Avadhutendraji machte sich gerade auf, ins Haus zu gehen als - schwupps! – als meine Mutter von der Seite herbeirannte, Avadhutendraji zur Seite schubste und triumphierend als erste ins Haus schritt! Wir sahen uns alle erschrocken und überrascht an. Dann lachte Ratnamji und sagte: „Offensichtlich wollte Gott zuerst in der Form der Mutter eintreten!" Dies wurde freudig von allen Anwesenden akzeptiert und alles andere verlief glatt. Meine Mutter und mein Stiefvater wollten, dass ich mit ihnen durch Nordindien reiste. Daher reisten wir am nächsten Tag zusammen ab. Als wir uns verabschiedeten, sagte Ratnamji, dass er mit Avadhutendraji nach Bombay reisen wolle. Ich solle sie dort nach der Abreise meiner Mutter treffen. Er gab mir die Anschrift des Hauses, in dem sie wohnen würden. Ich versprach, sie dort zu treffen und reiste nach Madras ab.

Wir besuchten die meisten der wichtigen touristischen Orte Nordindiens. Dann reisten meine Mutter und mein Stiefvater nach Amerika ab. Sie ließen mich in Bombay zurück. Ich machte mich sofort auf den Weg zu dem Haus, in dem Avadhutendraji und Ratnamji wohnten. Ich verbeugte mich vor ihnen und berichtete ihnen alle Einzelheiten meiner Reise. Sie erzählten mir dann, dass sie von einigen Devotees nach Baroda eingeladen worden waren, einer Großstadt östlich von Bombay und am nächsten Tag abreisen würden. Ich war gerade noch rechtzeitig gekommen, um sie zu begleiten.

Am nächsten Abend waren wir in Baroda. Avadhutendraji machte sich auf die Suche nach einem Tablaspieler, der während seines Abendgesangs spielen sollte. Er ging zur Musikakademie, weil er persönlich niemanden in Baroda kannte, der die Tablas spielen konnte. Während er sich dort erkundigte, traf er auf seinen Musiklehrer von vor vierzig Jahren. Er hatte seinen Lehrer seit damals nicht mehr gesehen und sie freuten sich über ihr Wiedersehen.

Der Lehrer brachte uns zu seinem Haus. Er lehrte Sitar in der Musikschule, wo er uns ein Gemälde seines Lehrers zeigte. Er sagte uns, dass das Gemälde eine Seltenheit sei. Er musste eine riesige Geldsumme zahlen, um es aus einer Privatsammlung zu ersteigern. Da sein Lehrer sein Guru war, scheute er keine Mühen. Er arbeitete lange Zeit hart, um genug Geld zusammenzubringen, um das Gemälde zu bezahlen. Er spielte etwa eine Stunde lang Sitar für uns. Während dieser Zeit versanken sowohl Avadhutendraji als auch Ratnamji in tiefer Meditation.

Bei einer früheren Gelegenheit hatte jemand Ratnamji eingeladen, um in Hyderabad ein Konzert von Ravi Shankar zu hören. Sie baten mich mitzugehen. Unterwegs sagte Ratnamji mir: „Verliere dich nicht in der Melodie, die du hörst. Richte stattdessen deine Aufmerksamkeit auf den Hintergrundton der Tanpura. Dann wird das Konzert nützlich für deine Meditation sein." Wir setzten uns im Zuhörersaal hin und die Lichter gingen aus. Das Konzert begann. Ich schloss meine Augen und versuchte, mich auf die Tanpura zu konzentrieren. Mir schien es so, dass nach zwei Minuten die Lichter angingen und alle Leute aufstanden. Ich fragte mich, was los war. Warum war das Konzert schon ganz am Anfang gestoppt worden? Fragend blickte ich Ratnamji an, der nur lachend sagte: „Na los. Lasst uns gehen. Sobald du deine Augen geschlossen hattest, bist du fest eingeschlafen. Das war vor zwei Stunden. Ich dachte, dass du sehr müde sein musst, also störte ich dich nicht. So eine tiefe Meditation!" Wenn ich heutzutage der Sitar lausche, achte ich darauf, dass ich meine Augen nicht schließe.

Nachdem wir uns ein paar Tage in Baroda aufgehalten hatten, beschloss Avadhutendraji, nach Bombay zurückzukehren. Ratnamji hatte einen Brief erhalten, in dem man ihn bat, nach Hyderabad zu kommen. Also kauften wir Fahrkarten dorthin. Zu der Zeit, als wir die Fahrkarten kauften, musste ich das Geld von Avadhutendraji borgen, da ich mein Geld im Haus gelassen hatte. Als wir Bombay erreichten, stand Avadhutendraji auf, um auszusteigen. Ratnamji fragte mich: „Wieviel Geld schuldest du Avadhutendraji?"

„Siebzig Rupien", erwiderte ich.

„Wieviel Geld hast du bei dir?", fragte er.

„Hundertfünf", erwiderte ich.

„Gib ihm einhundert", sagte Ratnamji. „Das ist eine runde Zahl. Außerdem macht es keinen guten Eindruck so exakt abzurechnen, wenn man einem heiligen Mann Schulden zurückzahlt."

Widerwillig bot ich Avadhutendraji das Geld an. Er nahm es und sagte, dass er kein Geld bei sich habe und das Geld nützlich sei. Dann stieg er in Bombay aus dem Zug aus.

„Was mache ich jetzt?", sagte ich ein wenig gereizt. „Wir haben noch eine Reise von zwei Tagen vor uns. Wie sollen wir mit fünf Rupien genug zu essen für uns kaufen?"

„Nun, lass uns sehen, wie Gott für uns sorgen wird. Sollten wir ihm nicht dann und wann eine Gelegenheit geben, es zu tun?", fragte mich Ratnamji mit einem leicht schelmischen Grinsen auf dem Gesicht.

„Auf dem Weg dorthin liegen zwei heilige Orte, die ich schon lange mal besuchen wollte. Einer der Orte ist Dehu Road, wo vor etwa dreihundert Jahren der große Heilige Tukaram lebte. Nicht weit davon entferntliegt Alandi, wo sich das Grab Jñāneśhvars befindet. Er war eine verwirklichte Seele, die freiwillig im Alter

von einundzwanzig Jahren ihren Körper verließ. Er bat seine
Schüler, seinen Körper zu beerdigen, während er noch am Leben
war. Er saß in Meditation, stellte alle seine Lebensfunktionen
ein und wurde beerdigt. Viele Devotees haben ihn, selbst heute
noch, während ihrer Meditation nahe seinem Grab gesehen.
Einige wurden mit erleuchtenden Erfahrungen gesegnet.

„Das Dumme an der Sache ist, dass dies ein Expresszug ist,
der nicht in Dehu Road halten wird. Andererseits können wir
einen Bus nach Dehu Road nehmen, steigen an der nächsten
Haupthaltestelle aus und fahren dann dorthin zurück, um den
nächsten Zug zu erreichen. Tun wir das, haben wir allerdings
nicht einen Penny übrig, um auch nur eine Banane zu kaufen.
Nun, mal sehen. Lass uns heute nichts essen, um Geld zu sparen."

Nicht essen? In dem Augenblick, da ich diese Worte hörte,
begann ich nachzudenken, wie hungrig ich war. Nach ein paar
Stunden knüpfte Ratnamji ein Gespräch mit einem Mann an, der
auf derselben Bank saß wie wir. Der Mann hatte einige Trauben
in einer Papiertüte. Wie ein hungriger Wolf, der eine Schafherde
beäugt, starrte ich auf die Tüte. Oh großer Gott im Himmel! Er
steckt seine Hand in die Tüte und bietet Ratnamji die Trauben
an. Oh Herr, ich wusste, du würdest deine Ergebenen nicht im
Stich lassen! Ratnamji wandte sich zu mir um und öffnete seine
Hände. Sechs kleine Trauben. Die Großzügigkeit des Mannes und
mein Hunger standen irgendwie nicht im richtigen Verhältnis
zueinander. Als er meinen Gesichtsausdruck sah, brach Ratnamji
in schallendes Gelächter aus. Ich für meinen Teil konnte nichts
Lustiges daran finden. Gott hatte uns im Stich gelassen.

Noch ein paar Stunden vergingen, dann hielt der Zug
plötzlich an. Ratnamji schaute aus dem Fenster. „Los! Spring
raus! Das ist Dehu Road! Gott hat den Zug für uns angehalten!",
rief Ratnamji. In aller Eile sammelte ich unsere Taschen ein

und sprang aus dem Zug. Sofort setzte sich der Zug wieder in Bewegung. Anscheinend war eine Kuh auf die Gleise gelaufen. Der Zug war so zum Anhalten gezwungen worden, bis das Tier den Weg freigemacht hatte. Zufällig handelte es sich tatsächlich um Dehu Road!

Wir ließen unsere Taschen in einem Geschäft nahe der Bushaltestelle und machten uns auf den Weg alle Orte anschauen, die mit dem Leben Tukarams in Verbindung gebracht werden. Er war ein heiliger Mann, der auf Grund seines unschuldigen und reinen Herzens stets triumphierend aus allem hervorging. Er wurde sein ganzes Leben lang von unwissenden Menschen schikaniert. Durch die Lieder, die er komponierte, wies er die Menschen an, ein spirituelles Leben zu führen. Sein Einfluss auf das Leben der Menschen in jenem Teil des Landes ist selbst heute noch spürbar. Man sagt, dass er am Ende seines Lebens auf mysteriöse Weise verschwand und nie wiedergesehen wurde. Sein Haus und der Tempel, in dem er saß und sang, blieben erhalten. Es waren jene Orte, zu denen wir gingen.

Am Ende der Stadt gab es einen sehr alten Baum, der eine Art Wahrzeichen zu sein schien. Da wir aber die örtliche Sprache nicht konnten, erfuhren wir nicht, worum es sich handelte. Anstatt an das Leben des Weisen zu denken und mich inspiriert zu fühlen, war ich hungrig und ein bisschen wütend auf Ratnamji, weil er all unser Geld weggegeben hatte. Wir kamen zurück zur Haltestelle, um den nächsten Bus nach Alandi zu nehmen, das etwa dreißig Kilometer entfernt liegt. Der Ladeninhaber, der Englisch sprach, sagte uns, dass der Bus in einer Stunde komme. Er fragte uns, ob wir den Ort gesehen hätten, an dem Tukaram verschwunden sei. Er erzählte, dass Tukaram unter einem Baum gestanden hatte und sich dabei von allen seinen Freunden und Devotees verabschiedete, anschließend flog er in so etwas wie einem Flugzeug weg. Jedes Jahr am gleichen Tag und zur gleichen Uhrzeit soll der Baum heftig zittern, als ob er sich fürchte. Er erklärte uns, wo wir ihn finden konnten.

Ratnamji sagte, dass wir den Baum vor der Abreise sehen müssten. Er rannte in der brennenden Mittagssonne los. Es ergab sich, dass es der Baum war, den wir vorher bemerkt hatten. Als wir erschöpft und durstig zum Laden zurückkamen, war der Bus schon abgefahren. Ich murrte leise. Unser Anschlusszug war um sechs Uhr abends und jetzt war es erst 1 Uhr. Sollten wir den Zug verpassen, würden unsere Fahrkarten ungültig werden. Wir wären ohne Tickets oder Geld gestrandet. Der nächste Bus nach Alandi kam um drei Uhr. Wenn wir in Alandi ankämen, dort alles sähen und einen Bus zum Bahnhof nähmen, würde es fast sieben Uhr sein. Außerdem war ich hungrig und müde.

Als Ratnamji hörte, dass in den nächsten zwei Stunden kein Bus kommen würde, legte er sich im hinteren Bereich des Ladens hin. Er sagte mir, ich solle ihn vor drei Uhr wecken und schlief ein. Dies bedeutete, dass ich nicht einschlafen sollte. Mein Mind raste vor Wut und Sorge. Wo waren meine Hingabe und mein Vertrauen zu Ratnamji und Ramana? Sie waren verschwunden im Angesicht unseres Missgeschicks.

Wir nahmen den Bus um drei und kamen um vier in Alandi an. Dort besuchten wir alle Orte, die in Verbindung mit Jñāneshvars Leben standen und setzten uns schließlich zur Meditation in die Nähe seines Grabes. Meditation? Es kam für mich nicht in Frage, in einer derart erregten Verfassung zu meditieren. Wir nahmen schließlich einen Bus, der uns in etwa zwei Stunden zum Bahnhof bringen würde. Jetzt wird Gott Ratnamji eine Lektion erteilen, dachte ich. Warum nur war er so unpraktisch?

„Wie haben dir diese Orte gefallen?" Ich fühlte mich, als wäre ich in eine ganz und gar andere Welt verfrachtet worden, als ob ich mit diesen Heiligen zusammenleben würde. „Wie war es bei dir?", fragte Ratnamji.

„Ich bin hungrig und müde. Wie könnte ich irgendetwas genießen? Jetzt ist es auch nicht mehr möglich, den Zug zu erreichen. Ohne ein zweites Mal zu diesem Baum zu gehen, wären wir jetzt schon am Bahnhof", sagte ich in einem Ton voller unterdrückter Wut.

„Es ist schade, dass du noch so viel an deinen Körper denkst, obwohl du schon so lange bei mir lebst. Anstatt die Pilgerreise für dein spirituelles Wachstum zu nutzen, nutzt du sie nur dafür, deinen Mind zu verderben. Wo ist dein Glaube an Ramana? Kannst du nicht einmal einen Tag lang ohne Geld auskommen? Als wir uns zum ersten Mal trafen, sagtest du mir, du willst ohne Geld leben. Wo ist dieser Mind jetzt?", fragte er mich.

Was konnte ich schon sagen? Er hatte wie üblich recht. Schließlich erreichte der Bus den Bahnhof. Wir stiegen aus. Im Bahnhof erfuhren wir, dass unser Zug verspätet und noch nicht angekommen war! Wir eilten zum Bahnsteig und kamen gerade rechtzeitig dort an, um unseren Zug einfahren zu sehen. Als wir unsere Sitze gefunden hatten, blickte Ratnamji mich an und lächelte.

„Kaufe jetzt ein paar Bananen. Morgen erreichen wir unser Ziel", sagte er.

Ich hatte eine ordentliche Lektion gelernt. Ich schwor mir, nie wieder meinen spirituellen Lehrer anzuzweifeln. Im Laufe der Jahre kam Ratnamji ständig zu spät zu den Bahnhöfen, verpasste aber nie einen Zug.

In Hyderabad erfuhren wir, dass kürzlich der Śhaṅkar-āchārya von Puri angekommen war. Er hatte eine riesige religiöse Feier vorbereitet. Seit zwei oder drei Jahren hatte es in Hyderabad nicht geregnet. Die Menschen hatten den Achārya gebeten, ihnen zu helfen. Es hatte sich oftmals bestätigt, dass unmittelbar nach der Opferfeier ein heftiger Regenschauer niedergeht, sofern bestimmte vedische Rituale streng nach den Anweisungen der Schriften durchgeführt werden. Ich war zweimal persönlich Zeuge davon, einmal in Tiruvannamalai und ein anderes Mal in Hyderabad. Es wäre sehr weit hergeholt zu behaupten, dass der sintflutartige Regen nach zwei oder drei Jahren Dürre, der unmittelbar nach den Ritualen einsetzte, ein Zufall war.

Vor etwa zwölfhundert Jahren wurde im südlichen Teil Indiens ein Junge namens Shankara geboren. Schon von Kindesbeinen an zeigte er Anzeichen eines tiefsinnigen Intellektes. Im Alter von acht Jahren verließ er sein Zuhause und reiste zu Fuß durch ganz Indien, bis er einen verwirklichten Guru fand. Er lernte bei ihm und erlangte Vollkommenheit. Er schrieb dann zum Nutzen der aufrichtigen Suchenden Kommentare über viele der heiligen Schriften. Vor seinem Tode im Alter von zweiunddreißig Jahren gründete er in verschiedenen Teilen Indiens vier oder fünf Āshrams. Er setzte Schüler, die er ausgebildet hatte, zur Leitung dieser Einrichtungen ein. Da diese Leitungsperon ein berühmter spiritueller Lehrer war, nannte man ihn Achārya.

Seit jener Zeit bis in die Gegenwart wurde diese Tradition kontinuierlich weitergegeben. Jeder nachfolgende Leiter wird als Śhaṇkarāchārya bezeichnet. Diese Männer werden von ihren Vorgängern sorgfältig aufgrund ihrer Lernfähigkeit, Enthaltsamkeit, Hingabe und Selbstlosigkeit ausgewählt. Sie sind die anerkannten religiösen Führungspersönlichkeiten eines großen Teils der hinduistischen Bevölkerung. Der gegenwärtige Śhaṇkarāchārya von Puri war ein Mensch mit einer solch herausragenden Persönlichkeit. Er war berühmt für seine hohen spirituellen Errungenschaften und seine Hingabe an Gott. Man war daher der Ansicht, dass er am besten geeignet sei, diese Feier durchzuführen.

Die Feier bestand aus zwei Teilen. Unter einem Baldachin wurde ein Treffen der größten Schriftgelehrten Indiens abgehalten. Tagsüber erörterten diese Gelehrten viele kontroverse, religiöse Themen und zitierten Verse aus den Schriften, um ihren Standpunkt klarzumachen. Am Abend besprach der Achārya verschiedene Themen, die für den Mann von der Straße in erster Linie von praktischem Wert waren, ihn aber auch besser mit seiner Religion und Kultur vertraut machten. Unter dem anderen Baldachin wurden eintausend Feuergruben eingerichtet, in denen Gott verschiedene Materialien dargebracht wurden. Das Feuer, begleitet vom Rezitieren vedischer Mantren, diente als Vermittler der Verehrung. Dieser Baldachin war so riesig, dass sein Umfang etwa eineinhalb Kilometer betrug. Der Klang der Mantren und der Anblick des hell flammenden Feuers waren sowohl für die Ohren als auch für die Augen ein Fest. Die Atmosphäre war von Hingabe erfüllt. Die Durchführung der Rituale nahm zehn Tage in Anspruch.

Ich wollte unbedingt ein persönliches Gespräch mit dem Achārya und fragte Ratnamji, ob dies möglich sei. Ratnamji kannte den Achārya ziemlich gut und verbrachte die meiste Zeit in seinem Beisein. Tatsächlich wurde Ratnamji innerhalb weniger Tage zum persönlichen Begleiter des Achārya. Der Achārya sagte Ratnamji, ich solle an allen Vorträgen teilnehmen. Er werde mich rufen, sobald er Zeit habe. Zehn Tage und Nächte lang saß ich von sechs Uhr morgens bis Mitternacht erwartungsvoll da, dass ich jede Minute gerufen würde. Am Ende der zehn Tage war die Veranstaltung vorüber und es regnete. Jedoch wurde ich immer noch nicht gerufen.

Der Achārya sollte an jenem Abend Hyderabad verlassen, um zu einer anderen Stadt zu fahren, die etwa achthundert Kilometer entfernt liegt. Er schickte eine Nachricht, dass ich ihm zur nächsten Stadt folgen könnte, wenn ich ihn immer noch sehen wollte. Er prüfte offensichtlich, ob es mir ernst war. Ich antwortete ihm durch den Boten, dass ich ihm notfalls durch ganz Indien folgen würde, bis er mich trifft. Am nächsten Tag bestellte er mich zu sich, sobald er seine dringlichsten Arbeiten erledigt hatte. Er erzählte mir zusammen mit Ratnamji in einem geschlossenen Raum viele Dinge. Er sagte mir, dass von Urzeiten an zahllose Weise durch die ständige Wiederholung des Göttlichen Namens Selbstverwirklichung erlangt hätten. Wollte ich höchste Glückseligkeit und ewigen Frieden erlangen, sei das der Weg, dem ich folgen sollte.

Ich war sehr glücklich, dies zu hören. Ratnamji hatte mir bereits gesagt, dass ich dies tun sollte. Ich versuchte, den Rat zu befolgen. Nachdem er mich ermutigt hatte, in meinen Bemühungen zur Verwirklichung fortzufahren, gab der Achārya mir als Zeichen seiner Gunst die Blumen und Früchte, die in seiner Pūjā Gott dargebracht worden waren. Ich verbeugte mich vor ihm und verabschiedete mich mit einem erfüllten und zufriedengestellten Herzen. Die Wartezeit von zehn Tagen war es wert gewesen.

Ratnamji riet mir nun, nach Tiruvannamalai zurückzugehen und die nötigen Vorkehrungen für die Eröffnung seines Hauses zu treffen. Er versprach mir, mich in zwei Wochen dort zu treffen. Ich machte mich auf den Weg zum Aruṇāchala. Er begleitete den Achārya nach Nordindien, wo er sich eine schwere Erkältung einfing. Die Erkältung entwickelte sich schließlich zu einer ernsthaften Krankheit. Diese war weitgehend dafür verantwortlich, dass er drei Jahre später starb. Dies war der Beginn eines sehr schmerzhaften Teils meines spirituellen Lebens.

„Letzte Nacht hatte ich einen unheilvollen Traum. Ich glaube, dass es um meine Gesundheit von nun an sehr schlecht bestellt sein wird", sagte Ratnamji, als er in meinem Haus lag. Er war am vorangegangenen Abend mit Seshamma, seiner Schwester angekommen. Er hatte Fieber und einen schmerzhaften Husten. Während seiner Reise hatte sich auf seinem Fuß ein Abszess gebildet. Dieser war schließlich geplatzt, nachdem er viel Schmerz verursacht hatte. Ratnamji musste mehr oder weniger überall hingetragen werden.

„Lass uns irgendwie die Eröffnungszeremonie über die Bühne bringen. Dann können wir gehen und einen guten Arzt konsultieren", sagte er. Sobald ich ihn zu Gesicht bekommen hatte, war ich bereit gewesen, sofort einen Arzt mit ihm aufzusuchen. Er wollte es aber nicht. Er wollte nicht, dass der Arzt ihm vielleicht Einschränkungen auferlegt, die nur die Zeremonie behindern würden. Viele Menschen waren bereits eingeladen worden und würden innerhalb weniger Tage kommen. Eine Terminänderung würde viel Ärger und Unannehmlichkeiten für alle bedeuten.

Wir machten alle notwendigen Pläne und trafen die Vorbereitungen für die Feier. Am festgesetzten Tag wurden die Rituale von Ratnamji und den Priestern durchgeführt. Etwa fünfzig Gäste aus allen Teilen Indiens waren gekommen, aber Avadhutendraji konnte nicht kommen. Er lag mit einem Herzinfarkt im Krankenhaus. Die Ärzte erlaubten ihm nicht sich zu bewegen. Darüber war er sehr bestürzt. Er schickte jemanden, der die Neuigkeiten persönlich Ratnamji übermittelte. Ratnamji hatte ihn erwartet. Nach der Gebetsfeier legte Ratnamji sich nieder. Er war sehr schwach und hatte Brustschmerzen. Man konnte aber das übliche Lächeln und Leuchten auf seinem Gesicht sehen. Am nächsten Morgen sagte man uns, dass ein sehr alter Schüler Ramanas im Āśhram im Sterben liegt. Ratnamji und ich eilten zum Āśhram und fanden den Mönch auf seinem Totenbett. Alle Anwesenden sangen mit lauter Stimme den Göttlichen Namen. Innerhalb weniger Stunden verließ er friedlich seine sterbliche Hülle. Sein Körper wurde noch am selben Tag hinter dem Āśhram begraben. Man beschloss, dass Ratnamji die vierzigtägige Pūjā am Grab verrichten sollte, der nach dem Tod eines Mönchs vorgeschrieben ist. Dies bedeutete einen weiteren Aufschub von vierzig Tagen, bis er einen Arzt aufsuchen könnte. Es brach mir das Herz, aber was konnte ich tun? Er wollte keine Argumente hören.

Nach vierzig Tagen des Leidens schlug Ratnamji vor, dass wir Avadhutendraji aufsuchen sollten. Er war aus dem Krankenhaus entlassen worden und hielt sich bei einigen Devotees auf. Er versprach, während unseres Aufenthalts dort einen Arzt aufzusuchen. Wir verließen Aruṇāchala. Als wir zu Avadhutendraji kamen, ging es ihm schon etwas besser. Er hatte jedoch Krämpfe in einer seiner Hauptarterien nahe dem Herzen. Er richtete sich viele Male am Tag plötzlich auf und schnappte nach Luft. Es tat wirklich weh, ihn in diesem Zustand zu sehen. Sobald ein Anfall sich legte, lachte er und machte uns gegenüber Witze darüber. Nach ein paar Tagen war Ratnamji auf Avadhutendrajis Drängen hin einverstanden, zu einem Arzt gebracht zu werden. Man machte eine Röntgenaufnahme. Der Befund lautete, dass der größte Teil seiner Lungen von Tuberkulose befallen war. Sein Blutzucker war sehr hoch. Als unsere Gastgeber am Abend von der Erkrankung Ratnamjis erfuhren, bekamen sie Angst. Sie wollten ihn nicht in ihrem Haus behalten. Avadhutendraji war über ihre Haltung äußerst betrübt. Sie warnten ihn, Ratnamji nicht zu nahe zu kommen.

„Wenn dein eigenes Kind an Tuberkulose erkrankt, würdest du dich von ihm aus Angst fernhalten um dich nicht anzustecken? Wenn es wahre Liebe gibt, wie können dann solche Gedanken aufkommen?" erwiderte Avadhutendraji ärgerlich.

Avadhutendraji unterrichtete Ratnamji auf eine sehr sanfte und taktvolle Art über die Situation. Er schlug vor, dass wir nach Hyderabad gingen und ihn dort in das Krankenhaus aufnehmen ließen. Auch Ratnamji war der Ansicht, dass dies die beste Idee sei. Aber woher würden wir das Geld nehmen? Wir hatten alles für die Hauseröffnungszeremonie ausgegeben. Jetzt hatten wir nicht genug für Zugfahrkarten oder Medizin. Ratnamji verbot mir, dies Avadhutendraji oder jemand anderem gegenüber zu erwähnen. Aber innerhalb weniger Minuten kam Avadhutendraji zu mir und gab mir eine große Geldsumme.

„Heb' dies für Ratnamjis Behandlung auf", sagte er. „Mein Guru, Prabhudattaji, schickte es mir, als er hörte, dass ich krank bin. Ich brauche nicht alles. Für euch ist es vielleicht nützlich." Meine Augen füllten sich mit Tränen. Oh Gott, du sorgst tatsächlich für uns, obwohl ich es immer wieder bezweifelt habe.

Avadhutendraji verabschiedete sich, als wir in ein Taxi stiegen, um zum Bahnhof zu fahren. Wir erfuhren später, dass er fast eine Stunde lang geweint hatte. Vor allem war er wegen der Art so betrübt, in der Ratnamji weggeschickt wurde und weil er selbst so hilflos war und nicht mitkommen konnte. In Hyderabad gingen wir noch einmal zur ambulanten Klinik, wo die Ärzte einen Blick auf Ratnamjis Lungen warfen. „Der Mensch, der diese Lungen hat, sollte sicherlich nicht solch ein strahlendes Gesicht haben!", riefen die Ärzte aus. Diesmal wurde Ratnamji in die medizinische Männerstation eingewiesen. Er hätte niemals einem Privatzimmer oder einer Sonderbehandlung zugestimmt. „Was ist der Unterschied zwischen dem gewöhnlichen, armen Menschen und einem Mönch? Sollte ein Mönch nicht mit dem Geringsten auskommen?" Da er so dachte, erlaubte er nicht, dass zusätzliches Geld für ihn ausgegeben wurde.

Der Bereich um sein Bett wurde natürlich zu einem Āśhram. Fast alle Ärzte und Schwestern kamen mit ihren Problemen zu ihm, obwohl man ihm Ruhe und wenig Sprechen verordnet hatte, um den Lungen eine Chance zur Erholung zu geben. Er musste dadurch zehnmal soviel reden wie außerhalb des Krankenhauses!

„Überlasse den Körper seinem eigenen Schicksal. Spreche ich über Gott, bleibt mein Mind mit ihm vereinigt. Er denkt nicht einmal an die Krankheit. Was könnte besser sein als das? Wer weiß, in welchem Moment der Tod kommt? Sollten wir nicht zu gegebener Zeit an ihn denken?" Er beachtete unsere inständigen Bitten nicht, weniger zu reden und sich auszuruhen.

Die unmenschliche Grausamkeit der Ärzte in der medizinischen Station war nicht geringer als jene, welche wir zuvor in der chirurgischen Station erfahren hatten. Eines Tages kam ein Chirurg mit einigen seiner Studenten auf die Station. Ratnamji schlief und ich las nicht weit von seinem Bett entfernt ein Buch. Der Arzt ergriff Ratnamjis Fuß und schürfte mit dem Griff seines Reflexhammers die Sohle des zarten Fußes. Er schnitt dabei fast durch das Fleisch. Ratnamji schrie auf. Der Arzt erklärte seinen Studenten: „Seht ihr, das nennt man eine Reflexhandlung." Ich wollte diesem erbarmungslosen Menschen gerade meine Reflexhandlungen verabreichen, als Ratnamji mich mit seinem Blick aufhielt, als wollte er mir sagen: „Tu ihm nichts. Er weiß nicht, was er tut."

An einem anderen Tag wurde ein Student mit der Aufgabe betraut, Ratnamji eine Injektion zu geben. Nachdem er die Nadel mit einem plötzlichen Stich eingeführt hatte, sagte er: „Oh je! Sie hat sich beim Reinstechen verbogen." Ohne sie zu entfernen, bog er sie einfach zurecht. Er riss dabei ein zentimetergroßes Loch in Ratnamjis Gesäß. Ich konnte mich nicht zurückhalten, schrie den Mann an und jagte ihn vom Bett fort. Ratnamji drehte sich zu mir um und sagte: „Unter keinen Umständen solltest du zulassen, dass ich in diesem Krankenhaus sterbe. Es wäre besser, in den Händen eines Metzgers zu sterben als hier." Hätte er uns erlaubt in einem bezahlten Zimmer untergebracht zu werden, wäre er nicht so behandelt worden. Aber da er einer der „Armen" war, war es anscheinend erlaubt, ihn wie ein Versuchskaninchen zu behandeln.

Während unseres zweimonatigen Aufenthalts im Krankenhaus wurde mir wie schon beim letzten Mal gestattet, neben Ratnamjis Bett zu schlafen. Eines Nachts hatte ich einen ungewöhnlichen Traum. Oder vielleicht könnte man es eine Vision nennen. Ich sah ein schönes Zimmer am oberen Ende einer Treppe und ging hinauf. Da trat ein Mann an mich heran und sagte: „Es gibt hier ein junges Mädchen, das sich ein Kind wünscht. Hättst du etwas dagegen, ihr diesen Gefallen zu tun?" Ohne nachzudenken war ich mit dem Vorschlag des Mannes einverstanden. Aber im nächsten Augenblick wurde mir klar, worauf ich mich eingelassen hatte. Ich bereute meine Dummheit, hatte Angst, ich könnte mein Zölibatsgelübde brechen und rannte die Treppe hinunter auf die Straße. Als ich die Straße hinunterlief, bemerkte ich einen Tempel, der neben der Straße stand und hielt vor ihm an. Ich konnte das Bild der Göttlichen Mutter im Innern sehen. Ich begann, nach ihr zu rufen: „Oh Mutter, vergib mir meine Dummheit!" Beim Rufen verschwand das Bild der Göttlichen Mutter plötzlich. An seine Stelle trat die lebende Göttliche Mutter in Fleisch und Blut. Sie trat aus dem Tempel und nahm mich an die Hand, führte mich zurück in den Raum, dem ich gerade entflohen war. Sie zeigte mir einige vulgäre Bilder, die an der Wand hingen und sagte: „Mein Kind, dieses Mädchen ist nicht so rein wie du gedacht hattest. Sie ist ein sehr leichtes Mädchen." Dann nahm sie wieder meine Hand und führte mich zum Tempel zurück. Sie ließ mich am Eingang stehen, schritt langsam rückwärts, während sie mich liebevoll anschaute und verschwand plötzlich. An ihre Stelle trat wie zuvor das steinerne Bild. Aus dem Tempel kamen die Klänge eines Liedes: „Ehre der Mutter, Ehre der Göttlichen Mutter."

Plötzlich wachte ich auf, hörte jedoch noch immer das Lied! Nach ein paar Sekunden wurde mir bewusst, dass das Lied aus einem Radio in der Ecke der Station kam. Gerade da rief Ratnamji: „Neal!" Seine Stimme klang genauso wie die der Göttlichen Mutter, als sie zu mir gesprochen hatte. Ich stand auf und erzählte Ratnamji den Traum. Er lächelte und sagte: „Du betrachtest mich als die Göttliche Mutter, die gekommen ist, um dir zu spirituellem Wachstum zu verhelfen. Auch ich betrachte dich als die Göttliche Mutter, die gekommen ist, um meinem armen Körper Erleichterung zu verschaffen. Es gibt viele Arten, wie man die Menschen betrachten kann. Du könntest mich beispielsweise als einen kranken Menschen betrachten, der Hilfe braucht. Oder du könntest mich als jemanden betrachten, dem du dienst. Eine andere Art wäre, mich für einen gottergebenen Menschen oder Heiligen oder sogar Weisen zu halten, dem du deine Dienste anbietest. Aber die höchste und beste Einstellung wäre, dass Gott in dem Körper des Menschen ist, dem du dienst. Deine Dienste bietest du aus Glück und Dankbarkeit an, dass du die glückliche Gelegenheit hast, ihm zu dienen. Schließlich wird dein Ego geschwächt und das Bewusstsein für das Göttliche erwacht. Denke nicht, ich sage das zu meinem eigenen Nutzen. Wärst du nicht hier, würde Gott dafür sorgen, dass jemand anderes mich versorgt. Ich hänge allein von ihm ab, nicht von einem einzelnen Menschen."

Nach zwei Monaten im Krankenhaus hatte Ratnamjis Zustand sich erheblich verbessert. Keine Infektion blieb in seinen Lungen zurück. Er wurde entlassen. Man riet ihm, mehrere Monate lang die Medizin weiter zu nehmen. Sie wollten sichergehen, dass er sich nicht überanstrenge. Kurz danach schickte Avadhutendraji eine Nachricht, dass an einem heiligen Ort namens Bhadrachalam eine Feierlichkeit durchgeführt würde. Dort würde eine Woche lang ununterbrochen der Göttliche Name gesungen. Er bat Ratnamji, sobald wie möglich dorthin zu kommen.

Wir verließen Hyderabad und erreichten am nächsten Tag Bhadrachalam. Wir fanden Avadhutendraji dort in der Gesellschaft hunderter Devotees vor. Seine Gesundheit hatte sich enorm gebessert. Er hatte aber dann und wann immer noch Krämpfe. Während dieser Feierlichkeit sah ich Ratnamji weder tagsüber noch nachts kaum schlafen. Er war stets bei den Devotees, sang, erörterte spirituelle Themen oder folgte Avadhutendraji hierhin und dorthin. Die heilige Atmosphäre Bhadrachalams hatte auf beide eine besonders berauschende Wirkung.

Die Existenz dieses Tempels war allein den Bemühungen eines Heiligen namens Ramdas zuzuschreiben. Er lebte vor etwa zweihundert Jahren. Ramdas hatte einen Traum, in dem Sri Rāmavor ihm erschien. Er bat ihn, einen Tempel für sein Bild zu bauen, dass zu der Zeit noch ohne jeden Schutz auf der Spitze eines Berges stand. Ramdas war zu jener Zeit ein

Regierungsbeamter, der dafür zuständig war, Steuern einzuziehen und sie jedes Jahr an den moslemischen Herrscher zu schicken. Anstatt jedoch die Steuern zu übersenden, benutzte er das Geld für den Bau des Tempels - ohne den König darüber zu informieren. Einige Jahre später wurde dies entdeckt. Man ließ Ramdas nun fünf- oder sechshundert Kilometer weit in Ketten zu einem Gefängnis laufen. Er wurde ohne Nahrung oder Wasser eine Woche lang in einem Kerker gehalten. In jener Zeit komponierte er einige sehr gefühlvolle Lieder an Sri Rama. Er fragte ihn, warum er so leiden müsse, nachdem er seinen Befehlen gefolgt war. Er wollte schon Selbstmord begehen, als der König eines Nachts von zwei Männern geweckt wurde. Sie behaupteten, Diener Ramdas' zu sein und übergaben dem König einen Beutel mit Goldmünzen. Der Wert war der Betrag, den Ramdas sich widerrechtlich angeeignet hatte. Sie baten den Herrscher, Ramdas freizulassen.

Ramdas wurde daraufhin freigelassen. Als die Münzen untersucht wurden, sah man, dass sie auf der Vorderseite das Bild Sri Ramas und auf der Rückseite das von Hanumān mit der Prägung einiger nicht zu entziffernder Buchstaben trugen. Als dem König klar wurde, dass er Gott gesehen hatte, schickte er Ramdas in allen Ehren nach Bhadrachalam zurück. Dannach schickte er jedes Jahr für die Veranstaltung einer Jahresfeier ein großes Goldgeschenk an den Tempel. Ich habe eine der Münzen gesehen, die Sri Rāma dem König gegeben hatte. Im Laufe der Jahre sind bis auf zwei alle verschwunden. Ich habe auch den Tempelschatz gesehen, der viele wertvolle, mit Edelsteinen versehene Kronen und anderen Goldschmuck enthielt. Der König hatte zu seinen Lebzeiten Jahr für Jahr derartige Kostbarkeiten dem Tempel als Geschenk überreicht.

Anscheinend hatte Ramdas anschließend einen Traum, in dem Sri Rāma ihm sagte, dass er in seinem vorhergehenden Leben eine Woche lang einen Papagei in einem Käfig gefangen gehalten hatte. Deshalb musste er in seinem jetzigen Leben genauso eingesperrt werden. Der König war im vorherigen Leben auch ein König gewesen, der Gott äußerst ergeben war. Er hatte eine spezielle Pūjā für Lord Śhiva durchgeführt. Dabei trug er persönlich eintausend Wassertöpfe von einem Fluss herbei und goss sie auf das Bild im Tempel. Aus Erschöpfung und Ärger hatte er den tausendsten Wassertopf abschließend auf das Bild geworfen, anstatt ihn auszugießen. Deshalb musste er noch einmal geboren werden. Auf Grund seiner früheren Hingabe durfte er Gott jedoch in einer persönlichen Form sehen. Nach der Heiligkeit der dortigen Atmosphäre zu schließen, ist die Geschichte ohne Zweifel wahr. Avadhutendraji und Ratnamji erfreuten sich die ganze Woche über einer ständigen Göttlichen Glückseligkeit.

Unglücklicherweise hatte Ratnamji aufgrund der Belastung einen Tuberkuloserückfall und bekam hohes Fieber. Wir nahmen beide den ersten Zug zum Aruṇāchala, nachdem das Fest vorüber war. Sein Zustand verschlechterte sich schnell. Die Krankheit war in seinen Kopf eingedrungen, was ihm kaum erträgliche Kopfschmerzen bereitete. Schlimmer noch war, dass die bisherige Medizin nicht mehr wirkte.

Ich wusste absolut nicht, was ich tun sollte. Ich ging zum Grab des Maharṣhi und betete um Weisung. Danach hatte ich das Gefühl, ich sollte den europäischen Arzt aufsuchen, der mir anfänglich vom Umgang mit Ratnamji abgeraten hatte. Als er mich sah, fragte er mich, warum sich Ratnamji zurzeit nicht sehen ließ. Ich berichtete ihm über seinen Zustand. Er kam sofort mit mir zum Haus und untersuchte Ratnamji. Er gab mir einen ganzen Vorrat starker Schmerzmittel. Er schrieb sofort an einen anderen Āśhram, wo er einen Vorrat ausländischer Medikamente gesehen hatte, die die Krankheit unter Kontrolle bringen würden. Innerhalb weniger Tage kam die Medizin an und Ratnamji war bald auf dem Weg der Besserung. Der Arzt sagte ihm, dass er drei Monate lang das Bett hüten sollte. Sonst würde er mit Sicherheit einen Rückfall erleiden. Es wäre dann schwer, seine Krankheit unter Kontrolle zu bringen. Es sah ganz so aus, als sei er gegen die vorher eingesetzten Medikamente immun geworden. Obwohl Ratnamji den Rat des Arztes befolgen wollte, hatte der Göttliche Wille anscheinend anderes vor. Schon bald sollte ein Ereignis stattfinden, das mehr Strapazen und einen weiteren Rückfall bedeutete. Es sah so aus, als gäbe es kein Ende für Ratnamjis Leiden.

„Avadhutendraji hat einen Brief geschrieben. Er sagt, dass er herkommen und als Akt der Verehrung einhundertacht Mal um den Aruṇāchala gehen will. Geht er einmal am Tag herum, wird er mindestens hundertacht Tage brauchen. Du weißt, dass die Strecke etwa dreizehn Kilometer lang ist. Er ist nicht der Gesündeste. Ich werde ihn ebenfalls begleiten müssen. Sieht aus, als habe Gott anderes mit mir vor, als das Bett zu hüten", sagte Ratnamji eines Tages und lächelte mich an. Ich war schmerzlich von diesen Neuigkeiten berührt. Ich war glücklich zu hören, dass Avadhutendraji kommen würde. Aber das bedeutete neue Strapazen und einen weiteren Rückfall für Ratnamji. Soweit er betroffen war, handelte es sich bei alledem um den süßen Willen Ramanas. Dies war der schmerzhafte Weg, über die Identifizierung mit dem Körper hinauszugehen.

Bald kam Avadhutendraji zusammen mit zwei anderen Devotees an, die sich um seine Bedürfnisse kümmerten. Ich versuchte auszusehen, als sei ich glücklich, ihn zu sehen. Ich vermute aber, er wunderte sich über meinen halbherzigen Ausdruck von Freude. In Wahrheit hatte ich das Gefühl, als wäre der Bote des Todes angekommen. Was konnte ich bloß machen? Ratnamji war natürlich besser darin als ich, sich beglückt zu zeigen. Vielleicht war er aber auch einfach frei von diesen Gedanken. Er schien wirklich glücklich zu sein, Avadhutendraji zu sehen. Sie verbrachten den Tag im Gespräch. Ratnamji achtete darauf nicht zu erwähnen, was der Arzt über die Bettruhe gesagt hatte. Er wollte Avadhutendrajis Aufenthalt nicht verderben.

Am nächsten Tag begann Avadhutendraji den Berg zu umwandern. Ratnamji ging, auf meine Schulter gestützt, ebenfalls mit. Als wir zurückkehrten, war er erschöpft. Als ich prüfte, ob er Fieber hätte, war ich überrascht zu sehen, dass seine Temperatur normal war. Vielleicht wird Gott ihn beschützen, dachte ich.

Am nächsten Tag war sein Tempo noch langsamer. Auf Grund dessen war Avadhutendraji gezwungen, sein eigenes Tempo zu verlangsamen. Nachdem wir daheim ankamen, maß ich seine Temperatur. Ich musste leider feststellen, dass er hohes Fieber hatte. Wie der Arzt es vorhergesagt hatte, war es zu einem erneuten Rückfall gekommen. Er verbot mir, Avadhutendraji etwas darüber zu sagen.

Am nächsten Tag kam Avadhutendraji zu Ratnamji. Er bat ihn nicht mehr mitzukommen, da es eine zu große Strapaze für Ratnamji sei. Außerdem müsste Avadhutendraji mit einem sehr langsamen Tempo gehen. Gott sei Dank! Aber was nutzte das jetzt? Der Schaden war schon angerichtet. Ich ging zum Doktor, aber der lehnte aus Prinzip ab, sich Ratnamji noch einmal anzusehen. Er hatte schließlich zu einer bestimmten Verhaltensdisziplin angeraten. Wir waren aber nicht bereit gewesen, diese zu befolgen. In Zukunft würden wir das gleiche vielleicht noch einmal machen. Warum also sollte er seine Zeit und Energie verschwenden? Ich konnte ihm keinen Vorwurf aus seiner Haltung machen. Ich ging fort und fragte mich, was ich tun sollte. Er hatte vorgeschlagen, dass wir versuchen sollten, die Medizin über jemand anderen zu bekommen. Wir kannten zwei Menschen, die in Amerika waren. Einer von ihnen war meine Mutter. Ich beschloss, ihr zu schreiben.

Einer der Personen, die Avadhutendraji begleitete, war ein typischer Sanskritgelehrter. Ratnamji sagte mir, er finde das Lesen sehr schwierig, da er nicht in der Lage sei, lange Zeit aufrecht zu sitzen. Sein Lieblingsbuch war die Śhrīmad Bhāgavatam, die Lebensgeschichte Sri Kṛishṇas in Sanskrit. Sie umfasst etwa achtzehntausend Verse. Man braucht etwa zehn ganze Tage, um sie bis zum Ende zu lesen. Ratnamji dachte, dass ich Kassetten aufnehmen könnte, während der Gelehrte das Buch laut vorlesen würde. So könnte Ratnamji sie dann anhören, wann immer er mochte. Avadhutendraji gefiel die Idee auch. Meine Mutter hatte einen sehr teuren, deutschen Kassettenrekorder mitgebracht, als sie für meine Hauseröffnungszeremonie nach Indien gekommen war. Diesen hatte sie mir überlassen. Wir beschlossen, sofort mit der Aufnahme zu beginnen. Avadhutendraji ging entweder vor oder nach dem täglichen Vorlesen wie gewöhnlich um den Berg herum.

Nach zwei Aufnahmetagen funktionierte der Kassettenrekorder nicht mehr richtig. Die Spuren überschnitten sich. Ich erzählte Ratnamji und Avadhutendraji davon.

„Kannst du ihn hier reparieren lassen?", fragte Ratnamji.

„Das bezweifle ich. Es ist ein so teures Gerät. Wohin können wir gehen, um ihn reparieren zu lassen? Es wird vielleicht ganz kaputt gemacht anstatt repariert", erwiderte ich.

„Es ist aus den USA gekommen, nicht wahr? Kann er dort repariert werden?", fragte er.

„Ich bin sicher, dass das möglich ist. Bitte mich aber nicht, dorthin zu reisen. Gibt es keinen anderen Weg, bin ich natürlich bereit zu tun, was du sagst", erwiderte ich.

„Ich weiß, dass du nie mehr nach Amerika zurückkehren möchtest. Es wäre falsch, dich darum zu bitten, dorthin zu reisen. Du weißt, wie die Situation ist. Du musst entscheiden, was getan werden sollte", schloss Ratnamji.

In jener Nacht betete ich beim Schlafengehen zu Ramana, mir zu zeigen, was ich tun sollte. Sobald ich einschlief, hatte ich einen lebhaften Traum. Ich sah meine Mutter vor mir stehen. An meiner Seite standen Ratnamji und Avadhutendraji. Sie zeigten beide auf die Füße meiner Mutter. Ich verstand, was sie wollten. Ich trat auf meine Mutter zu, verbeugte mich vor ihr und berührte ihre Füße. Sobald ich sie berührte, wachte ich auf. Ich rief Ratnamji und erzählte ihm von dem Traum. Er sagte nichts. Ich sagte, dass ich glaube, Ramana habe mir gezeigt, ich solle nach Amerika reisen. Aber woher sollte ich das Geld für die Flugtickets nehmen? Ratnamji sagte mir, ich sollte mich wieder schlafen legen. Wir würden am Morgen sehen. Als Avadhutendraji am nächsten Morgen ins Zimmer trat, erzählte Ratnamji ihm meinen Traum.

„Weißt du, einige Devotees wollen, dass ich hier eine Feier veranstalte, so wie die, die wir in Bhadrachalam abgehalten haben. Sie haben mir tatsächlich schon Geld gegeben, damit die ersten Vorkehrungen getroffen werden können. Nimm es für deinen Flug, fliege nach Amerika und komme so bald wie möglich zurück. Wir kümmern uns bis zu deiner Rückkehr um Ratnamji, aber halte dich nicht lange auf", sagte Avadhutendraji.

An jenem Morgen verabschiedete ich mich nach dem Frühstück von ihnen und eilte nach Madras. Dort war gerade zufällig ein freier Sitz im Nachtflug nach New York. Ich hatte nicht einmal Zeit, meiner Mutter Bescheid zu geben, dass ich kommen würde. Was passiert, falls sie nicht in der Stadt ist, wenn ich ankomme? Ich hoffte das Beste, nahm das Flugticket und bestieg in jener Nacht das Flugzeug. Vierundzwanzig Stunden später war ich in New York. Ich fühlte mich wie im Traum. Die USA und Indien sind zwei vollständig unterschiedliche Welten. Es war sechs oder sieben Jahre her, seit ich die USA verlassen hatte. Während dieser Jahre hatte ich das Leben eines traditionellen Hindumönchs geführt. Ich hatte nicht einmal meine Kleider gewechselt. Ich reiste in meinem Dhōti, mit einem Schal, der die obere Hälfte meines Körpers bedeckte. Ich trug nicht einmal Schuhe! Ich fühlte mich wie ein kleines Baby, das von der Wärme und Bequemlichkeit des Hauses auf die Straße geschubst wurde, die mit Reihen von Wolkenkratzern bestückt war. Ich dachte, ich rufe besser meine Mutter in Chicago an und gehe sicher, dass sie da ist.

„Hallo Mutter?"

„Wer ist da?" fragte sie.

„Warum, wer anders als ich?", erwiderte ich.

„Neal, wo bist du? Deine Stimme klingt so deutlich! Was ist los?", rief sie.

„Ich bin in New York am Flughafen und warte auf den Flug nach Chicago. Kannst du mich dort vom Flughafen abholen? Ich erkläre dir später alles."

Ich stand auf der Warteliste des Chicagofluges und bekam schließlich den letzten Platz im Flugzeug. Mutter traf mich am Flughafen. Sie war überglücklich, aber besorgt mich zu sehen, denn ich könnte krank sein. Ich erklärte ihr alles. Ich sagte ihr, dass ich umgehend zurückkehren müsste, wenn möglich schon morgen. Sie fand es nicht gut, dass ich so bald wieder weggehen wollte. Sie war aber einverstanden, mir mit allem Nötigen zu helfen. Wir brachten den Kassettenrekorder noch am selben Tag in ein Geschäft, aber es war Freitag. Man sagte uns, wir könnten ihn nicht vor Montag abholen. Ich bat meine Mutter, meinen Rückflug für Dienstag zu reservieren. Ich denke, sie war genauso im Schockzustand wie ich, sonst hätte sie nicht so leicht zugestimmt. Ich sagte ihr, dass ich in Indien einen sehr armen Freund hätte, der ein bestimmtes, kostspieliges Medikament zur Behandlung von Tuberkulose brauche. Das Medikament sei in Indien nicht erhältlich. Ich fragte sie, ob sie es besorgen könne. Ich erzählte ihr nicht, dass der arme Freund Ratnamji war. Sonst hätte sie sich Sorgen gemacht, dass ich mich mit Tuberkulose anstecke. Wir setzten uns mit dem Familienarzt in Verbindung. Er sagte uns, dass es ein paar Tage dauern würde, das Medikament zu beschaffen. Mutter war einverstanden, es per Luftpost zu schicken, sobald sie es bekam. Am Dienstag bestieg ich das Flugzeug zurück nach Indien. Meine Mutter stand weinend am Flughafen. Es war für uns beide wie ein Traum. Nach weiterer vierundzwanzig Stunden war ich zurück in Madras, sechs Tage nachdem ich dort abgereist war. Als ich unser Haus erreichte, trat ich ein und beugte mich vor Avadhutendraji und Ratnamji nieder. Sie lächelten und fragten nach meiner Reise. Ich hatte gedacht, sie würden glücklich sein, mich zu sehen. Aber sie waren so gleichmütig wie immer. Die Kassettenaufnahmen wurden fortgesetzt und innerhalb einer Woche beendet.

Eines Tages hatte ich das Gefühl, ich fände keine Zeit mehr zum Studieren oder Meditieren. Tatsächlich hatte ich keine Zeit mehr für mich selbst. Ich musste Ratnamji dienen, der bettlägerig war. Wenn ich versuchte, nicht an mich selbst zu denken, erfreute ich mich eines Abglanzes der Glückseligkeit des selbstlosen Seins. Aber manchmal hatte ich das Gefühl, ich sollte irgendwo alleine leben und mich einige Zeit der spirituellen Disziplin widmen. Auf Grund solcher Gedanken wurde ich halbherzig in meinem Dienst an Ratnamji. Avadhutendraji brauchte nicht lange, um dies zu bemerken. Eines Tages nahm er mich zur Seite. „Kind, warum kommst du deinen Pflichten auf solch halbherzige Weise nach?", fragte er. „Ist es, weil du weggehen und alleine meditieren willst? Es hat einmal eine Zeit gegeben, als ich dieses Gefühl auch hatte. Es wird dir immer noch möglich sein, viel Zeit für solche Dinge zu finden. In Gesellschaft wirklicher, weiser Männer zu sein und die Erlaubnis zu haben, in einer engen Beziehung mit ihnen zu leben, ist äußerst selten. Devotees auf der ganzen Welt suchen nach einem wirklichen Heiligen, ohne einen finden zu können. Wir sind beide krank und bleiben vielleicht nicht mehr lange in dieser Welt. Obwohl wir nicht darauf angewiesen sind, dass du uns dienst, solltest du überdenken, was zu tun ist. Worin besteht deine Pflicht? Willst du weggehen und intensiv meditieren, haben wir keine Einwände. Aber entschließt du dich zu bleiben, solltest du von ganzem Herzen und mit deinen Gedanken bei der Arbeit sein. Nur dann wirst du den Nutzen daraus ziehen, Heiligen zu dienen. Entscheide selbst."

Ich wusste bereits, dass das, was Avadhutendraji sagte, die Wahrheit war. Ich sagte ihm, dass ich in Zukunft meinem gewählten Pfad, den Weisen zu dienen, voll gerecht werden würde. Meditation in Einsamkeit würde ich erst dann praktizieren, wenn ihre Gesellschaft nicht mehr vorhanden wäre.

Nachdem er sein Gelübde, den Aruṇāchala zu umwandern, erfüllt hatte, bereitete Avadhutendraji wie geplant die Feierlichkeit vor. Fast fünfhundert Menschen aus verschiedenen Teilen Indiens nahmen an der Veranstaltung teil, die eine Woche lang dauerte. Danach entschied Avadhutendraji, nach Nordindien zu gehen. Er gab Ratnamji Geld, damit er sich Medikamente kaufen konnte. Ratnamji hatte in all diesen Tagen 38 Grad Fieber. Er ließ Avadhutendraji jedoch nichts davon wissen. Jetzt, da Avadhutendraji uns verließ, planten auch wir wegzugehen. Wir wollten einen guten Arzt aufsuchen und Ratnamjis Krankheit behandeln lassen. Am Tag nach der Abreise Avadhutendrajis packten wir unsere Sachen. Wir wollten am nächsten Tag losfahren. Ich hatte das Geld in den Schrank in meinem Haus gelegt, wo Ratnamjis Schwester schlief. Ratnamji und ich schliefen in seinem Haus. Plötzlich um 1 Uhr nachts rief Ratnamji mich.

„Steh auf und geh zum anderen Haus. Mir ist, als ob gerade ein Diebstahl passiert. Beeil dich!", sagte er.

Als ich zum anderen Haus ging, fand ich die Tür von außen verschlossen. Ich öffnete sie. Seshamma schlief fest. Das Geld aus dem Schrank jedoch fehlte. Die Diebe hatten die Betonplatte entfernt, die den Schornstein bedeckte und sich ins Haus hinuntergelassen. Nachdem sie die Beute genommen hatten, waren sie leise nach draußen gegangen und hatten die Tür hinter sich abgeschlossen.

Am Morgen wurde die Polizei gerufen und ein Polizeihund von Madras herbeigebracht. Der Hund fasste einen Mann, der in einem nahegelegenen Haus arbeitete: den Bruder unseres Gärtners. Der Mann wurde von der Polizei in Gewahrsam genommen. Aber jemand machte seinen Einfluss geltend, um ihn frei zu bekommen. Das war das Ende des Liedes. Da wir kein Geld mehr hatten, mussten wir warten, bis einige Freunde uns genug für unsere Reise und die Arztgebühren schicken konnten.

Wenige Tage später hatte ich einen Traum, in dem ich sah, wie Avadhutendrajis toter Körper von verschiedenen Menschen hierhin und dorthin gezerrt wurde. Ich erzählte Ratnamji den Traum, aber er nickte einfach und gab keinen Kommentar ab. Kurz darauf erhielten wir die Nachricht, dass Avadhutendraji plötzlich in Hyderabad an einem Herzinfarkt gestorben war. Tatsächlich gab es ein Tauziehen um seinen Körper. Erst nachdem man einen Brief gefunden hatte, den er viele Jahre früher geschrieben hatte, hörte der Streit auf. In diesem erklärte er, er wollte, dass sein Körper nach seinem Tod im Fluss Kṛishṇa in Südindien versenkt wird.

Wir kamen so schnell wie möglich zu den Ufern des Kṛishṇa. Wir erfuhren, dass die Bestattungszeremonie noch nicht begonnen hatte. Für die nächsten fünfzehn Tage nahm Ratnamji die Situation in die Hand. Er stellte sicher, dass alle vorgeschriebenen Rituale perfekt durchgeführt wurden. Dies bedurfte seiner ständigen Aufsicht. Die Belastung sorgte dafür, dass sich seine Gesundheit weiter verschlechterte. Er schien ein strahlendes Licht in einem gebrochenen Behälter zu sein. Er war entschlossen, das zu tun, was er als seine Pflicht empfand, selbst wenn es ihn das Leben kostete. Gott gab ihm tatsächlich eine Gelegenheit nach der anderen dafür.

Ich war sehr erleichtert, als die Zeremonien schließlich vorüber waren und wir zu einem Arzt gehen konnten. Der Arzt verschrieb verschiedene Kräuter und Mineralien, die mit Honig oder Butter eingenommen werden sollten. Er sagte uns, dass Ratnamji seiner Meinung nach nicht unter Tuberkulose litt, sondern eher unter einer chronischen Art von Bronchitis. Er sagte Ratnamji, er solle nach Hause gehen und ein paar Monate lang die Medizin einnehmen.

Bevor wir zum Aruṇāchala abreisten, konsultierten einige Freunde einen Astrologen bezüglich Ratnamjis Zukunft. Dieser sagte ihnen, dass er nicht mehr länger als neun Monate zu leben hätte. Als er diese Nachricht hörte, entschied Ratnamji, sein Testament zu verfassen. Er hinterließ sein Haus und seine Bücherei mir. Dies waren die einzigen Besitztümer, die er hatte. Er war der Ansicht, dass ich sie in seinem Sinne gebrauchen würde.

In Tiruvannamalai machte Ratnamji sich an die Arbeit, seine Bücherei von fast zweitausend seltenen Büchern zu ordnen. Er hatte fast fünfunddreißig Jahre gebraucht, um diese Bände zu sammeln. Wohin auch immer er während seiner Reisen ging, kaufte er ein Buch, wenn das Geld dafür da war. Jetzt war er der Ansicht, dass sie in die richtige Ordnung gebracht werden sollten, damit ich später nicht zu kämpfen hätte, sie zu ordnen. Er las auch die Garuḍa Purāṇa, ein Buch der alten Zeit. Es befasst sich mit den letzten Ritualen der verstorbenen Seele und beschreibt die Reise zur nächsten Ebene der Existenz nach dem Tod. Er machte sich Notizen, übersetzte sie ins Englische und ließ sie mich studieren, damit ich in der Lage sein würde, seine letzte Zeremonie zu beaufsichtigen, so wie er es für Avadhutendraji getan hatte. Schließlich fertigte er sogar eine Liste der Menschen an, die über seinen Tod informiert werden sollten. Tatsächlich war das Einzige, was er mir zu tun übrigließ, das Eintragen seines Todesdatums!

„Warum tust du all dies?", fragte ich ihn eines Tages. „Ich werde schon irgendwie klarkommen. Ich kann kaum zusehen, dass alle diese Dinge von dir gemacht werden. Wer weiß, vielleicht erholst du dich und lebst weitere fünfzig oder sechzig Jahre!"

„Selbst wenn ich weitere hundert Jahre lebe, muss ich den Körper eines Tages verlassen. Wirst du dann in der Lage sein, an alle diese Dinge zu denken? Dies ist nur eine Probe, dass du dir keine Sorgen machst, wenn die Zeit gekommen ist und damit die Dinge ordnungsgemäß verrichtet werden. Weißt du, alle feiern die Hochzeiten ihrer Kinder oder die Geburt eines Babys oder ähnliche, festliche Anlässe. Als lebenslanger Junggeselle ist dies die einzige Feier, die ich habe. Lass sie auf eine eindrucksvolle Art verrichtet werden. Mein Körper wird eine Darbringung an den Gott des Todes. Man könnte sagen, dass dies die letzte Opfergabe wird", sagte Ratnamji lachend.

Während der nächsten sechs oder sieben Monate nahm Ratnamji weiter die Kräutermedizin ein. Sie schien seinen Zustand weder zu verschlechtern, noch zu verbessern. Seine Schwester, Seshamma, lud ihn in ihr Dorf ein. Er sollte an einer speziellen Pūjā teilnehmen, den sie und ihr Mann dort durchführten. Sie wünschten sich seine Gegenwart und Anleitung. Wir legten ein Datum für die Reise fest und trafen die nötigen Vorbereitungen. Er bat mich zu gehen und ein paar Bücher von einem seiner Freunde im Āśhram abzuholen, der sie vor einigen Monaten ausgeliehen hatte. Der Freund war ein alter Herr, der die intuitive Gabe hatte, die Zukunft vorauszusagen. Er fragte mich, wohin wir gehen und wann wir zurückkehren würden. Ich erzählte ihm von unserem Vorhaben.

„Sag Ratnamji, er soll alles vor dem 21. Februar erledigen", sagte er. „Um die Zeit herum kann etwas geschehen. Ich habe auch das Gefühl, dass du für ein Jahr einen Kredit für einen Menschen aufnehmen wirst, der dir lieb ist." Einen Kredit? Ich konnte mir nicht vorstellen, worüber er sprach. Ich kehrte zu Ratnamji zurück und überbrachte ihm die Nachricht.

Nachdem wir Seshammas Dorf erreicht hatten, begann Ratnamji die Vorbereitungen für die Pūjā. Es sollte eine sehr große Veranstaltung werden, die mit vielen Stunden der Verehrung, der Überreichung von Geschenken und der Bewirtung der Gäste verbunden war. Die Vorbereitungen nahmen fast drei Wochen in Anspruch. Ratnamji bestand darauf, dass nur die besten Materialien verwenden wurden. Er ließ alles zurückgehen, was den Ansprüchen nicht gerecht wurde. Nach und nach verbesserte sich seine Gesundheit. Das Fieber und der Schleim in seinen Lungen hatten sich gelegt. Vielleicht hatte der Kräuterarzt ja doch recht.

Schließlich kam der Tag der Pūjā. Er begann um sechs Uhr morgens und endete erst um Mitternacht, insgesamt ganze achtzehn Stunden! Ratnamji war während der gesamten Veranstaltung dabei und beaufsichtigte jedes Detail. Er stand nicht einmal auf, um auf die Toilette zu gehen und aß und trank nichts, bis alles vorüber war. Ich machte mir Sorgen, was mit seinem Körper geschehen würde. Er war aber auf einer völlig anderen Ebene, kümmerte sich nicht um Leben oder Tod. Sein Körper verbreitete ein sichtbares Leuchten, das sogar kleine Kinder anzog. Es war so auffällig, dass alle Dorfbewohner ihn danach fragten, was solch ein göttliches Leuchten sein könnte.

„Ich weiß nicht", erwiderte er einfach. „Vielleicht ist es ein Ausdruck des Segens meines Gurus." Tatsächlich war es der durch seine Selbstverwirklichung erzeugte Glanz, den er nicht verbergen konnte.

Eines Tages, etwa zwei Wochen nach der Beendigung dieser besonderen Pūjā, rief Ratnamji mich an seine Seite.

„Ich fühle mich jetzt viel besser", sagte er. „In ein paar Tagen können wir zum Aruṇāchala zurückkehren. Trotzdem habe ich das Gefühl, ich werde meinen Körper diesen Monat oder andernfalls in sechs Monaten verlassen." Als er dies sagte, begann sein linkes Bein unkontrollierbar zu zittern. Ich ergriff es mit meinen Händen. Das andere Bein begann ebenfalls zu zittern. Irgendwie schaffte ich es, auch dieses Bein zu ergreifen. Als ich in sein Gesicht blickte, sah ich, dass seine Arme ebenfalls zitterten. Es sah aus, als bekäme er einen epileptischen Anfall. Ich rannte in die Küche und rief seinen Neffen um mir zu helfen. Als wir an Ratnamjis Bett zurückkehrten, sahen wir, dass er bewusstlos war. Innerhalb von zwanzig Minuten gewann er sein Bewusstsein wieder. Bevor er aber etwas sagen konnte, setzte ein weiterer Anfall ein und er wurde erneut bewusstlos. Dies geschah alle zwanzig Minuten. Wir schickten nach dem Arzt, der kurz danach ankam. Wir versuchten, Ratnamji Medizin zu verabreichen. Es war aber schwierig, Ratnamji dazu zu bringen, sie zu schlucken. Nach dem dritten oder vierten Anfall sagte er nur ein paar Worte: „All dies ist deine Liebe, Herr!" Er sprach seitdem nie wieder. Die Anfälle fuhren alle zwanzig Minuten fort. Nach und nach wurde sein Körper schwächer und schwächer. Die Schwere der Anfälle ließ auf Grund der Schwäche seines Körpers nach. Ich sorgte dafür, dass eine Reihe von Menschen um sein Bett saßen und den Göttlichen Namen sangen. Es war offensichtlich, dass der Zeitpunkt für seinen Tod nahe war. Seltsamerweise hatte ich keine Sorgen oder Angst. Bei der gesamten Szene, die vor mir ablief, hatte ich das Gefühl eines Schauspiels. Darin musste ich einfach meinen Part spielen. Schließlich, um halb drei am Morgen des 18. Februar tat Ratnamji seinen letzten Atemzug. Wie er mich vorher angewiesen hatte, machte ich das Ārati (das Schwenken brennenden Kampfers) für ihn. Am Ende des Āratis öffnete er die Augen, lächelte glückselig und war nicht mehr. Der Ausdruck vollkommenen Friedens und innerer Glückseligkeit ließen mich glauben, dass er in Samādhi war. Sein Körper wurde aus dem Haus getragen und in eine Hütte im Hof gelegt. Dort konnten die Devotees ihm die letzte Ehre erweisen.

Das Singen des Göttlichen Namens wurde die ganze Nacht und den nächsten Tag bis zum Abend hindurch fortgesetzt, als der Körper gebadet und zum Feuerbestattungsplatz am Rande des Dorfes gebracht wurde. Ich ging mit, um dafür zu sorgen, dass alles ordnungsgemäß nach seinen Wünschen getan wurde.

Viele hundert Menschen kamen aus den umliegenden Dörfern, um den Körper eines großen Heiligen zu sehen, bevor er den Flammen dargebracht wurde. Nachdem der Begräbnisscheiterhaufen entzündet war, gingen alle nach Hause. Nur ein Freund und ich blieben auf dem Bestattungsplatz nahe dem brennenden Scheiterhaufen. Wir wollten sicherstellen, dass keine Hunde versuchen würden, den Körper zu fressen oder die Ruhe an dem Scheiterhaufen zu stören. Ich fühlte eine Mischung aus Freude und Kummer gleichzeitig. Ratnamji war nach einem Leben des spirituellen Bestrebens schließlich von dem schmerzhaften Käfig seines Körpers befreit worden. Seine Seele war zu seinem Guru, Ramana, gegangen. Gleichzeitig war ich zurückgelassen worden, um für mich selbst zu sorgen. Er war in den letzten acht Jahren mein Ein und Alles gewesen. Er hatte mich alles über das spirituelle Leben gelehrt. Jetzt war er gegangen. Aber war er das wirklich? Ich fühlte deutlich seine Gegenwart in mir als das Licht des Bewusstseins. Während der kommenden Tage machte ich die Erfahrung eines eigentümlichen Gefühls der Identifizierung mit ihm. Obwohl ich nicht wusste, ob andere es wahrnehmen konnten, hatte ich das Gefühl, als wären sowohl meine Gesichtsausdrücke als auch meine Art zu sprechen und auch sogar meine Art zu denken wie die seine. Ich hatte das Gefühl, als wären mein Körper und meine Persönlichkeit nur ein Schatten seiner selbst. Obwohl ich körperlich von ihm getrennt worden war, erfreute ich mich eines tiefen inneren Friedens. Ich vermute, es war für alle eine Überraschung, mich so zu sehen. Die anderen dachten, dass ich untröstlich traurig über sein Ableben sein würde. Ich war in den letzten acht Jahren wie sein eigener Sohn gewesen. Sie waren überrascht zu sehen, dass ich eher glücklicher war. Lag dies nicht an seinem Segen? Ich empfand das so.

Nach den Lehren der heiligen Schriften begibt die Seele sich nach dem Tod nicht sofort in die andere Welt. Es bedarf einer Art von Körper, mit dem die Reise gemacht wird. Normalerweise wird zur Zeit der Bestattung ein kleiner Stein auf die Leiche gelegt. Nachdem das Feuer niedergebrannt ist, werden dieser Stein und einige übriggebliebenen Knochenreste geborgen. Zehn Tage lang wird Essen gekocht und mit den passenden Mantren dem Verstorbenen dargebracht, wobei der Stein als Medium verwendet wird. Man glaubt, dass an jedem Tag, an dem das Essen dargebracht wird, sich ein Teil des Körpers bildet, der für die Reise in die feinstoffliche Welt gebraucht wird. Aus den Gaben des ersten Tages zum Beispiel entstehen die Füße, aus denen des zweiten Tages die Waden und so weiter. Die Darbringung wird Piṇḍa genannt. Der Körper, der aus der feinstofflichen Essenz der Nahrung gebildet wird, nennt sich Piṇḍa Śharīram. Śharīram heißt der Körper. Am zehnten Tag wird die Seele sich ihrer Umgebung und der Existenz des Piṇḍa Śharīram bewusst.

Sie kommt an den Ort, an dem ihr wohlgesinnte Menschen für die Feierlichkeiten versammelt sind und sieht, wer gekommen ist. Danach beginnt sie ihre Reise in die nächste Welt.

Alle diese Zeremonien wurden für Ratnamji durchgeführt. Am zehnten Tag wurde der Stein nach der Erfüllung seines Zwecks in den nahegelegenen Fluss geworfen. Es handelte sich zufällig um denselben Fluss, in dem neun Monate zuvor Avadhutendrajis Körper versenkt worden war. An jenem Tag war zufällig Śhivarātri. Dies ist ein jährliches Fest, das in ganz Indien gefeiert wird. An diesem Tag fasten die Menschen, bleiben die ganze Nacht wach und beten bis zum Morgengrauen Gott an.

Erschöpft von den Zeremonien und in keiner sehr glücklichen Stimmung legte ich mich gegen elf Uhr abends schlafen. Sofort erschien Ratnamji in einem lebhaften Traum. Er lächelte und streckte seine Hand aus. Ich schaute auf sie und sah, dass der Stein in seiner Hand lag. Er warf ihn dann in den Fluss und sagte mir: „Komm, heute Nacht ist Śhivarātri. Wir müssen den Herrn verehren." Er setzte sich hin, forderte mich auf, mich neben ihn zu setzen und begann die Pūjā.

Ich wachte abrupt auf. Ich hatte das sichere Gefühl, dass das, was ich gerade gesehen hatte, nicht nur ein Traum war. Ratnamji wollte mir zeigen, dass er immer noch sehr lebendig und bei mir war, ungesehen von mir in einer feinstofflichen Form. Ich war überglücklich und konnte den Rest der Nacht kaum schlafen.

KAPITEL 5

Für mich selbst sorgen

Nachdem die Zeremonien beendet waren, nahm ich Ratnamjis wenigen Besitz mit mir und kehrte zum Aruṇāchala zurück. Schließlich war ich vor acht Jahren zum Aruṇāchala gekommen, um nahe von Ramanas Grab zu leben. Ich wollte versuchen, die Verwirklichung meiner wahren Natur zu erlangen. Ich fühlte, dass ich in diesen letzten acht Jahren von Ramana in der Gestalt Ratnamjis geführt worden war. Nun musste ich alles, was ich gelernt hatte, in die Tat umsetzen. Das Fundament war gelegt worden, jetzt musste das Gebäude errichtet werden.

Auf dem Rückweg hatte ich im Zug einen weiteren wunderbaren Traum. Ich sah, dass ich im Āshram angekommen war. Dort war eine große Menschenmenge am Fuße des Berges versammelt. Ich kam näher und sah, dass Ramanas Körper unbeweglich dort lag. Er war erst vor kurzer Zeit gestorben. Alle weinten. Ich trat an seinen Körper heran und begann zu weinen: „Oh Herr, ich bin diesen ganzen Weg gekommen, um dich zu sehen, aber bevor ich dich erreichen konnte, bist du gegangen!" Da öffnete er die Augen und lächelte mich an. Er bat mich Platz zu nehmen, legte seine Füße in meinen Schoß und bat mich, seine Beine zu massieren.

„Sie sagen, dass ich tot bin. Sehe ich für dich tot aus?", fragte er. Dann wachte ich auf und wunderte mich über die Klarheit des Traums. Er war sicherlich bei mir. Dies wurde zu meiner festen Überzeugung.

Unsere Häuser schienen ohne Ratnamji leer und ohne Leben. Ich fragte mich, wie ich es schaffen sollte, ohne ihn in seinem Haus zu wohnen. Ich fühlte, dass er in mir war. Es gab aber keinen Zweifel über seine körperliche Abwesenheit. Die Glückseligkeit, die ich in seiner Gesellschaft ständig gefühlt hatte, war nicht mehr da. Ich beschloss, den Astrologen im Āśhram aufzusuchen. Er begrüßte mich und fragte mich nach Ratnamji. Ich erzählte ihm alles. Ich sagte ihm auch, dass er richtig vorausgesagt hatte, Ratnamji solle seine Arbeit vor dem 21. Februar beenden. Ich musste meine Mutter bitten, mir Geld zu leihen, um die monatlichen Zeremonien für den Verstorbenen durchzuführen, die nach dem Tod ein Jahr lang durchgeführt werden. Ich sagte ihm, ich sei überrascht über die Genauigkeit seiner Voraussagen.

„Würdest du mir sagen, was jetzt, da Ratnamji gegangen ist, die Zukunft für mich bereithält?", fragte ich.

„Deine Gesundheit wird sich nach und nach verschlechtern", begann er. „Das kann so weit gehen, dass du in vier Jahren stirbst. Wenn nicht, wirst du zu deiner Mutter gehen und dein spirituelles Leben fortsetzen. Gleichzeitig wirst du damit beschäftigt sein, Geld aufzutreiben."

Tod? Nach Amerika zurückgehen? Geld auftreiben? All das klang zu schrecklich um wahr zu sein. Ich dankte ihm und ging zurück zum Haus. Ich begann mich zu sorgen, da ich wusste, dass die Worte dieses Mannes nicht falsch sein können. Ich war sehr traurig und ruhelos und es gab niemanden, mit dem ich darüber hätte reden können. Zehn Tage lang brütete ich über die Angelegenheit, unfähig zu meditieren oder auch nur etwas zu lesen. Dies wäre wahrscheinlich so weitergegangen, hätte ich nicht folgenden Traum gehabt: Ratnamji stand im Haus. Er blickte mich mit einem verärgerten Gesichtsausdruck an. „Warum benimmst du dich so?", fragte er. „Alles ist in Ramanas Händen. Du hast ihm dein Leben hingegeben oder nicht? Du musst deine Pflicht tun, indem du Tag und Nacht über Gott meditierst. Er kümmert sich um das, was mit dir geschehen soll. Mache dir keine Sorgen." Ich wachte auf. Nicht eine Spur von Müdigkeit war in mir und ich fühlte mich von einer Last befreit. Von da an plagte ich mich nicht mehr mit Gedanken an die Zukunft.

Ich beschloss, während des nächsten Jahres nach Hyderabad zu reisen, um an den monatlichen Zeremonien teilzunehmen, die für Ratnamjis Seele durchgeführt werden sollten. Bei einer Gelegenheit träumte ich, dass Ratnamji und Ramana nebeneinanderstanden und mich anschauten. Ich hatte das Mahl beendet und mich im Hause des Mannes zur Ruhe gelegt, der die Rituale durchführte. Ramana zeigte auf Ratnamji und sagte zu mir: „Indem du ihm dienst, dienst du mir." Obwohl ich diese Erfahrungen Träume nenne, muss ich klarstellen, dass sie nicht die verschwommene Qualität eines Traumes hatten. Sie waren fast so deutlich wie die Erfahrungen im Wachbewusstsein auch zeichneten sie sich durch einige Besonderheiten aus. Ich fühlte mich weder wach noch so, als ob ich träume. Sie hinterließen den tiefen Eindruck in mir, dass diese großen Männer sich um mich kümmerten und mich führten.

Sechs Monate nach Ratnamjis Ableben entschied sich meine Mutter, zusammen mit meiner Schwester und meinem Schwager, nach Indien zu kommen. Wir reisten etwa zehn Tage lang durch Kashmir, einem der malerischsten Teile Indiens. Von dort aus flogen wir nach Ostindien und blieben in Darjeeling, einer bergigen Gegend, die berühmt für ihren Tee ist. Man hat dort auch einen großartigen Blick auf den Mount Everest und Kanchenjunga. Als wir vom Flachland die Berge hinauffuhren, fühlte ich mich ohne ersichtlichen Grund überglücklich. Tatsächlich bog ich mich vor Lachen. Niemand konnte verstehen, was so lustig war noch konnte ich es selbst erklären. Ich vermutete, dass eine große Zahl heiliger Menschen in jener Gegend leben musste, deren bloße Gegenwart mich so glücklich machte.

In jener Nacht erschien mir Ratnamji, als ich mich schlafen legte. Er blickte mich an, als wartete er darauf, dass ich etwas sage. Ich stellte ihm eine Frage: „Ratnamji, als du starbst, was passierte in jenem Augenblick mit dir?" Ich hatte gesehen, dass er aussah, als sei er in Samādhi (vollkommenem Einssein mit Gott).

Er erwiderte: „In jenem Augenblick fühlte ich eine Kraft, die aus meinem Innern aufstieg und mich überwältigte. Ich gab mich ihr hin und verschmolz mit ihr." Er drehte sich dann um, schritt in den Himmel hinein und verschwand immer mehr.

Nach Ablauf des Jahres der monatlichen Zeremonien für Ratnamjis Seele entschied ich mich, das kommende Jahr über am Aruṇāchala zu bleiben. Ich bat all meine Freunde, nicht dorthin zu kommen. Ich wollte dieses Jahr in vollständiger Zurückgezogenheit mit Meditation und Studium verbringen. Ich wollte versuchen, die Erfahrung der letzten neun Jahre zu verinnerlichen. Ich hatte ernste Zweifel, was meine vorrangige spirituelle Übung sein sollte.

Nach den Worten des Maharshi gibt es nur zwei Hauptpfade, den Weg der Hingabe an Gott, was die unaufhörliche Wiederholung des göttlichen Namens oder eines Mantras bedeutet und den Pfad des Wissens, was sich durch die unaufhörliche Befragung des eigenen Innern auszeichnet, um zu erkennen, was es ist, das als „Ich" leuchtet.

Während der ersten sechs Jahre, die wir zusammen waren, hatte Ratnamji mir geraten, den Weg der Hingabe zu gehen. Dann rief er mich eines Tages zu sich und sagte mir, ich müsse mich mehr und mehr auf Selbstbefragung verlegen. Nur das könnte meinen Mind in ausreichendem Maße reinigen, um ihn unbeweglich und fähig werden zu lassen, in das Wirkliche einzugehen. Er ließ mich jeden Tag mehrere Stunden in meinem Zimmer verbringen und auf mein innerstes Selbst meditieren. Jetzt kamen mir Zweifel, worin meine Übung bestehen sollte. Ich fühlte, dass der Pfad des Wissens eine subtile Art falschen Stolzes in mir erzeugte. Obwohl ich ein Abbild der Wahrheit im Innern sah, war ich noch immer weit davon entfernt zu erkennen, dass diese Wahrheit mein wirkliches Selbst ist. Ich dachte, dass es ein sicherer Weg sei, ein demütiger, Gott oder dem Guru ergebener Mensch zu sein. Ich hielt es aber auch für wichtig, Ratnamjis Worte zu berücksichtigen. Wie kann man überhaupt dem eigenen Mind trauen?

Viele Tage verbrachte ich damit, zwischen den beiden Möglichkeiten hin und her zu schwanken. Dann hatte ich eines Nachts einen weiteren, bedeutungsvollen Traum. Ein verwirklichter Weiser, der Śhaṇkarāchārya von Kanchipuram, von dem ich eine hohe Meinung hatte, erschien sitzend vor mir. Er sagte: „Lass mich in dich eingehen! Lass mich in dich eingehen! Wiederhole dies jeden Tag neun Stunden lang." Ich bat ihn, denselben Vers auf Sanskrit zu wiederholen. „Dies ist genug", sagte er ein wenig verärgert und ich erwachte. Vom nächsten Tag an versuchte ich, den Vers neun Stunden lang zu wiederholen. Es war mir unangenehm, diese Worte zu wiederholen. Also wiederholte ich mit der Haltung, die diese Worte in meinem Mind bedeuteten, mein eigenes Mantra. Mein Körper wurde bereits täglich schwächer. Es war mir nicht möglich, so viele Stunden aufrecht zu sitzen. Ich schaffte es irgendwie, diese Wiederholungen jeden Tag fünf Stunden lang zu machen. Gegen Ende des Tages fühlte ich stets eine sehr deutliche Auswirkung auf meinen inneren Frieden. Ich machte zwei oder drei Monate lang so weiter.

Dann erschien der Achārya mir erneut im Traum.

„Der Mind allein ist wichtig", sagte er. Dann bot er mir ein Bananenblattpäckchen voller Süßigkeiten an. Er nahm selbst eine Süßigkeit, steckte sie sich in den Mund, stand dann auf und ging fort. Vom nächsten Tag an drängte es mich nicht mehr, mich zur Wiederholung des Mantras hinzusetzen. Ich fand, dass die Selbsterforschung leicht vonstattenging. So begann ich, diese Praxis mit allem Ernst aufzunehmen. Mir dämmerte jetzt, was er mit „der Mind allein ist wichtig" gemeint hatte: Es ist nicht so wichtig, welche spirituelle Übung man verrichtet, sondern vielmehr die Reinheit des Minds, die man dadurch erhält, alleine darauf sollte man achten. Die Übungen sind somit nur ein Mittel zum Zweck.

Nach Ablauf von zwei Jahren, als es Zeit war, die zweite jährliche Zeremonie für Ratnamji durchzuführen, äußerten die Devotees in Hyderabad den Wunsch, die Rituale in Benares durchzuführen. Zu der Zeit fühlte ich mich zu schwach zum Reisen. Ich hatte große Schmerzen im unteren Teil meines Rückens und im Unterleib. Ich hatte Schmerzen entlang der gesamten Wirbelsäule und häufig Migräne. Ich ließ mich im Regierungskrankenhaus in der Stadt behandeln, jedoch trat keine Besserung ein. Als ich von ihrem Vorschlag hörte, dachte ich: „Nun, Ratnamji hat seinen Körper vernachlässigt, um an spirituellen Programmen teilnehmen zu können. Sollte ich als sein Sohn nicht das Gleiche tun?" Mit diesem Gedanken machte ich mich auf nach Hyderabad. Bald darauf kam ich dort an. Acht von uns fuhren nach Kasi weiter und kamen nach zwei Tagen dort an. Ich war sehr glücklich nach einer Abwesenheit von zehn Jahren nach Kasi zurückzukommen. Aber ich konnte kaum laufen oder mich aufrecht hinsetzen. Ich konnte nur die ganze Zeit über in einer Ecke liegen. In der Nacht vor der Zeremonie hatte ich einen spannenden Traum. Ich befand mich am Fuße eines kleinen Hügels. Ich kletterte hinauf und fand ein kleines Haus, in dem Ratnamji saß. Er leuchtete in himmlischem Glanz und selbst das Haus war erhellt von seiner Gegenwart.

„Ah, du bist diesen ganzen Weg gekommen, nur um an der Zeremonie teilzunehmen? Du leidest sehr, nicht wahr? Ich bin glücklich, deine Hingabe zu sehen. Hier, nimm dies und iss." Als er dies sagte, überreichte er mir eine Süßigkeit. Ich erwachte in Tränen. Er sah tatsächlich alles, was vor sich ging. Er verstand mein Herz genauso wie zu der Zeit, als er noch im Körper lebte.

Unter einigen Schwierigkeiten kehrte ich an den Arunāchala zurück. Der Astrologe hatte gesagt, dass ich innerhalb von vier Jahren sterben könnte. Jetzt waren zwei Jahre verstrichen. Ich hatte zwei Wünsche, die ich mir erfüllen wollte, bevor ich die irdische Ebene verließ. Einer davon war, hundertacht Mal um den Arunāchala zu wandern. Der andere war, zu allen wichtigen Heiligengräbern in der Himalajaregion zu pilgern. Ich war zwar zu schwach für beides, beschloss aber, es immerhin zu versuchen. Schließlich war das Schlimmste, was geschehen könnte, dass mein Körper vorzeitig sein Leben aushauchte. Lass ihn dann wenigstens bei der Verrichtung einer heiligen Tat sterben, dachte ich.

Ich ging langsam zum Grab des Maharshi im Āśhram hinauf. Ich stand dort und bat ihn gedanklich, mir genug Stärke zu geben, um meinen Wunsch zu erfüllen. Ich fühlte eine Woge von Kraft. Ich war an jenem Tag irgendwie in der Lage, die dreizehn Kilometer um den Aruṇāchala herum zu wandern. Ich beschloss, jeden zweiten Tag auszuruhen. Jedes Mal, wenn ich zum Āśhram hinaufging, fühlte ich mich so schwach, dass ich dachte, es sei unmöglich, auch nur noch ein paar Schritte zu gehen. Nachdem ich vor dem Samādhischrein betete, fand ich jedoch genug Kraft, um den Berg zu umwandern. Dies ging so weiter, bis ich die hundertacht Umwanderungen beendet hatte.

Jetzt kam die Zeit, die Erfüllung des zweiten Wunsches zu versuchen. Ich nahm einen Zug nach Hyderabad und dann nach Kasi. Ich hatte die Vorstellung, ein paar Tage lang in Kasi zu verweilen und dann zum Himalaja zu wandern. Ich dachte, dass ich etwa sechs Monate brauchen würde, um die Reise gemächlichen Schrittes zu machen. Unglücklicherweise wurde ich in Kasi so krank, dass ich daraus schloss, es gäbe keine Möglichkeit, meinen Wunsch zu erfüllen. Ich gestand mir den Fehlschlag ein, ging denselben Weg zurück und nahm einen Zug nach Hyderabad. Dort besuchte ich in ein Krankenhaus für Naturheilverfahren. Ich glaubte, dass mich nur jemand untersuchen und heilen könnte, dessen medizinische Systeme im Einklang mit den Richtlinien der Naturheilkunde, der Homöopathie oder dem Āyurvēda (traditionelle indische Heilkunde) waren.

Ich blieb zwei Monate lang in dem Krankenhaus. Die Atmosphäre war die eines Āśhrams mit Yōgaklassen, religiösen Gesängen und verschiedenen Diäten. Ich wurde jedoch trotzdem auch weiterhin schwächer. Ich beschloss schließlich, einen anderen Weg zu suchen. Ich ging dann zu einem berühmten Homöopathen, der zu jener Zeit den Präsidenten von Indien behandelte.

Der Homöopath behandelte mich zwei oder drei Monate lang kostenlos, aber es gab keine Besserung. Was sollte ich als nächstes tun? Einer meiner Glaubensbrüder schlug mir vor, dass ich für mein spirituelles Leben in die USA gehen sollte, um etwas für die Wiederherstellung meiner Gesundheit zu tun. Er glaubte nicht, dass mir dies spirituellen Schaden zufügen würde, wie ich es all diese Jahre empfunden hatte. Er sagte, dass ich sofort nach Indien zurückkehren sollte, wenn sich nichts verbessert. Nur ein Mensch, der einige Jahre lang in Indien gelebt hat, kann meine Abneigung verstehen, in den USA zu leben. Es ist sehr leicht, ein diszipliniertes Leben zu führen und seine Zeit mit Meditation, dem Studium der Schriften und anderen spirituellen Übungen zu verbringen, während man in Indien lebt. Es gibt nur sehr wenig, wovon man abgelenkt wird. Die Kultur an sich ist sehr förderlich für eine solche Lebensweise. Dies ist in den USA nicht der Fall. Da das US-amerikanische Ideal Bequemlichkeit und Vergnügen ist, wird man aus jeder Richtung mit Gelegenheiten konfrontiert, sein spirituelles Ziel zu vergessen und sich in Vergnügungen zu verlieren. Es liegt nicht in der menschlichen Natur, durch Verzicht mentalen Frieden zu suchen und sich nach innen zu wenden, um Gott zu finden. Die Menschen neigen vielmehr dazu, ihr Glück in den äußeren Objekten der Welt zu suchen. Ohne Ausnahme werden sie in ihrer nach außen gerichteten Suche nach Frieden unterschiedlich desillusioniert. Einige von ihnen beginnen dann, als Alternative nach innen zu schauen. Sie haben gehört, dass es ein höheres, subtileres Glück gibt als das, was die Welt zu bieten hat. Dann nehmen viele Menschen ein Leben auf, in dem sie sich der spirituellen Verwirklichung und der daraus resultierenden grenzenlosen Glückseligkeit widmen, die man erlangen kann. Aber die alte Tendenz, im Außen nach Glück zu suchen, kommt irgendwie immer wieder durch. Aus diesem Grund hat sich herausgestellt, dass ein Mensch, der den rasiermesserscharfen Grat der Selbstverwirklichung gehen will, eine förderliche Atmosphäre braucht.

Um zu demonstrieren, wie weltliche Tendenzen den Mind daran hindern, sich nach innen zu wenden, um das Licht zu sehen, wird in Indien eine Geschichte erzählt. Es gab einmal eine Katze, die müde wurde, für ihren Lebensunterhalt Mäuse zu jagen. Sie dachte, wenn sie lesen lernte, könnte sie eine bessere Arbeit bekommen. Eines Nachts studierte sie im Kerzenschein sitzend das Alphabet. Da lief eine Maus vorbei. Die Katze warf sofort das Buch zur Seite, löschte das Licht und sprang nach der Maus! Wo war ihr Wunsch zu lesen geblieben? Ich fühlte mich selbst sehr wie die Katze in der Geschichte. Ich war mir sicher, ich würde wieder anfangen, einem Leben der Sinnesfreuden nachzulaufen. Ich würde das innere Licht, das ich durch viele Bemühungen erhalten hatte, nach und nach verlieren, wenn ich einige Zeit in den USA wäre.

Ich beschloss also, es maximal sechs Monate lang zu versuchen. Ich rief meine Mutter an, dass ich innerhalb weniger Tage kommen würde und buchte meinen Flug. Ich kehrte zum Aruṇāchala zurück, ging zu Maharṣhis Grab und betete um Führung und eine sichere Rückkehr. Dann begab ich mich nach Madras und flog über Bombay nach New York, wo meine Mutter mich abzuholte. Von dort aus nahm sie mich zu ihrem neuen Heim in Santa Fe mit. Dort war sie vor kurzem hingezogen. Die ganze Zeit über bewahrte ich die Haltung eines Kindes, das in den Händen seiner Mutter ist. Ich beschloss, meiner Mutter als Stellvertreterin Gottes sechs Monate lang strikt zu gehorchen. Es sollte eine weitere Übung darin sein, mich seinem Willen hinzugeben.

Ich verbrachte die nächsten sechs Monate damit, zu verschiedenen Ärzten zu gehen. Zuerst versuchte ich natürlich das allopathische System. Der Arzt war bereit zuzugeben, dass ich Schmerzen hatte und sehr schwach war. Er konnte aber keine Ursache dafür feststellen. Keine Diagnose hieß keine Behandlung. Als nächstes kam eine Kräuterbehandlung, dann die Homöopathie in Verbindung mit einer speziellen Diät. Dann folgte Akupunktur und sogar Hypnose. Nichts schien irgendetwas zum Besseren zu bewirken. Schließlich war meine Mutter der Ansicht, ich sollte einen Psychiater aufsuchen. Ich musste lächeln bei der Vorstellung. In Ordnung, dachte ich bei mir, wenn es dein Wille ist, Herr, werde ich gehen.

„Erinnerst du dich an deinen Vater?", fragte mich der Psychiater.

„Natürlich, ich erinnere mich in jeder Minute meines Lebens an meinen Vater", erwiderte ich.

„Ist das so? Wie interessant! Aus welchem Grund musst du dich so häufig an deinen Vater erinnern? Sie müssen eine sehr traumatische Erfahrung mit ihm erlebt haben", sagte er.

„Ja, traumatisch wäre ein gutes Wort dafür. Er pflanzte den Wunsch in meinen Mind, ihn zu sehen und eins mit ihm zu werden. Seit jenem Tag versuche ich, mich stets seiner zu erinnern und ihn in allem zu sehen, was mir unter die Augen kommt."

„Was meinst du denn mit ‚Vater'?", fragte er.

„Du und ich und jeder andere Mensch haben nur einen Vater und das ist Gott. Wir sind alle seine Kinder. Es mag sein, dass du vielleicht lieber nicht an seine Existenz glaubst, doch das ist deine Sache. Was mich betrifft, so kann ich seine Existenz nicht leugnen. Ich fühle seine Gegenwart deutlich in mir. Du magst es eine mentale Täuschung nennen oder was auch immer. Ich würde andererseits sagen, dass es ziemlich normal ist, das Wirkliche in sich zu fühlen. Ich würde sagen, dass es eine Art Krankheit ist, nichts Anderes zu fühlen als Gedanken und Ruhelosigkeit, wie es die meisten Menschen tun", erwiderte ich. „Obwohl mein Körper krank ist, fühle ich mich vollkommen im Frieden und glücklich."

„Du bist vielleicht im Frieden und so mag es in Ordnung für dich sein, aber ich habe viele Patienten, die mit schweren, mentalen Problemen herkommen. Der Glaube an Gott ist keine Lösung für sie. Sie fragen: ‚Wenn es einen Gott gibt, warum muss ich dann so leiden?' Ich habe dann nicht nur keine Antwort für sie, sondern frage mich dasselbe."

„Herr Doktor", begann ich, „du wurdest in einer Gesellschaft erzogen, in der das Christentum und Judentum vorherrschen. Es ist schwierig, einem Rationalisten die Existenz Gottes oder den Wert der Hingabe an seinen Willen zu beweisen, wendet man die Lehren oder die Philosophie dieser Religionen an. Es wäre nur eine Frage des Glaubens oder blinden Vertrauens. Heutzutage überdenken viele Menschen eine Sache sehr gründlich, bevor sie sie als wahr akzeptieren. Würde man die philosophische Seite der orientalischen Religionen untersuchen, würde man herausfinden, dass sie auf Resultaten beruhen, die aus logischen, methodischen Experimenten gezogen wurden. Die Folgerungen, die von den indischen Weisen gezogen wurden, waren die Ergebnisse ihrer lebenslangen, spirituellen Übungen. Diese haben ihnen zu bestimmten Erfahrungen verholfen. Wenn ein Mensch den von ihnen aufgezeichneten Pfaden folgt, wird er die Erfahrungen machen, die schon Tausende von Menschen gemacht haben. Ihre Lebensphilosophie ist vollkommen logisch und steht in Übereinstimmung mit den wissenschaftlichen Ergebnissen unserer Zeit.

Die höchste Vorstellung der Hindus von Gott besteht beispielsweise nicht darin, dass er jemand ist, der oben im Himmel
sitzt und wie ein Diktator seine Schöpfung beherrscht. Gott ist
vielmehr der innerste Kern eines jeden Menschen. Man kann
diese unmittelbare Erfahrung machen, kontrolliert man seinen
Mind und lässt ihn feinsinnig und friedlich werden. Die Sonne
kann man nicht deutlich auf der Oberfläche eines Sees sehen,
der von Wellen bewegt ist. Unser Mind ist wie ein See, der die
Gegenwart des Göttlichen widerspiegelt, lässt man ihn ruhig
werden. Verlieren wir den Edelstein, der in uns ist, laufen wir
ruhelos auf der Suche nach unserem Glück herum. Wir können
nicht einmal eine Minute lang stillsitzen. In dem Augenblick, in
dem wir uns an einem Gegenstand erfreuen, wird unser Mind
für eine kurze Zeit ruhig. Diese Ruhe nennen wir dann Glück.
Daraus folgt logisch, dass das Glück ununterbrochen erfahren
werden kann, kontrolliert man den ruhelosen Mind. Man muss
ihn in sich selbst ruhig werden lassen, ohne Genuss als Mittel
zu benutzen.

Im Osten ist die Religion nicht bloß eine Frage des Glaubens.
Es ist die Wissenschaft der Kontrolle des Minds, um die Wirklichkeit unmittelbar zu erfahren. Dies ist die Quelle des Minds.
Handlungen, die uns von diesem inneren Zentrum entfernen,
könnte man „schlecht" nennen. Gut ist das, was uns dem Zentrum näherbringt. Die Wissenschaft der Physik erklärt, dass jede
Handlung eine gleichlaufende und eine gegenläufige Reaktion
erzeugt. Dies gilt für alle andern Lebensbereiche sowohl für die
körperlichen als auch für die mentalen. Was man sät, erntet
man. Fügen wir anderen körperlich oder gedanklich Schaden
zu, müssen wir schließlich den gleichen Schaden erleiden. Dies
gilt auch für das Gute, das man anderen tut. Das Ergebnis ereilt

denjenigen vielleicht nicht gleich, aber es muss kommen, wenn diese Wissenschaft recht hat.

Dies bedingt natürlich den Glauben an eine vorhergehende und zukünftige Existenz. Sonst müssten wir uns fragen, warum wir für etwas leiden, woran wir uns nicht erinnern können. Oder warum wir Freuden erfahren, für die wir keinen eigenen Verdienst geleistet haben? Einige Menschen führen ein sehr schlechtes Leben und kommen unversehrt davon. Andere Menschen tun anderen nur Gutes und leiden ihr ganzes Leben lang. Was man in diesem Leben erfährt, beruht in einem großen Maße auf den Taten im vorhergehenden Leben. Niemand kommt mit einer weißen Weste zur Welt. Was wir heute tun, wird morgen oder in einem zukünftigen Leben zu uns zurückkommen. Unser Schicksal erschaffen wir so selbst und können Gott nicht für unsere Leiden verantwortlich machen. Es ist ein Naturgesetz, dass die Konten ausgeglichen werden. Es liegt an uns, diese Gesetze zu lernen und in Harmonie mit ihnen zu leben, um Leid zu vermeiden und ewigen Frieden und Glück zu erlangen.

Man muss bewusst sein, dass man nur sein Konto ausgleicht, während man angenehme oder schmerzhafte Erfahrungen als die Früchte seiner Taten erntet. Dann bleibt der Mind friedlich und wird weder unglücklich noch überglücklich. In einem solch friedlichen Mind wird das äußerst subtile, spirituelle Licht, das die eigentliche Quelle des Minds und seiner gelegentlichen Glücksblitze ist, allmählich gesehen und wahrgenommen. Das ist die Essenz der Glückseligkeit. Ein solcher Mensch wird von da an ein Weiser genannt und leuchtet als Quelle der Inspiration für die irrende Menschheit weiter.

Selbst wenn du vielleicht in der Lage bist, deine Patienten ruhig werden zu lassen und einige ihrer Probleme zu lösen, werden immer wieder neue Probleme auftauchen. Man muss verstehen, dass der Mind selbst kontrolliert und von allen Gedanken einschließlich der störenden befreit werden kann. Dann wird es möglich sein, einen Menschen richtig zu beraten, so dass die Probleme nicht mehr auftreten, zumindest auf der mentalen Ebene. Ich weiß nicht, ob du allem folgen konntest, was ich gerade gesagt habe. In deinen Augen ist dies vielleicht eine seltsame Art, die Dinge zu betrachten."

Der Psychiater verstand tatsächlich, was ich gesagt hatte, denn er hatte ein wenig indische Philosophie studiert. Er war auch zu dem Schluss gekommen, dass es zum Erlangen von Frieden logischer wäre, sich mit dem Mind selbst anstatt mit jedem seiner zahllosen Probleme auseinanderzusetzen. Da er aber keine Schulung darin hatte, konnte er niemandem dazu raten. Beim Abschied gab ich ihm ein Exemplar eines Buches, das die Lehren von Maharṣhi in einer sehr knappen Form enthält. Es trägt den Titel: „Wer bin ich?" Er lud mich für einen anderen Tag zu einem Mittagessen ein. Wir hatten eine lange Unterhaltung über spirituelle Themen. Als meine Mutter all dies sah, entschied sie, dass mir die Psychiatrie nichts bringen würde. Sie drängte mich also nicht, zu weiteren Terminen zu gehen. Ich hatte ihr auch gesagt, dass ich nicht das Bedürfnis hätte, einem Psychiater fünfzig Dollar die Stunde zu zahlen, nur um ihm etwas mentalen Frieden zu bereiten!

Es waren jetzt schon fünf Monate seit meiner Rückkehr in die Vereinigten Staaten vergangen. Mein Abreisedatum näherte sich. Das Einzige, was mich davon abhielt zurückzufliegen, war die Tatsache, dass ich ein längeres Visum für die Einreise nach Indien beantragt hatte und die Antwort sich verspätete. Inzwischen entwickelte sich eine sehr unangenehme Situation an einer anderen Front. In den letzten drei oder vier Monaten kam regelmäßig eine junge Frau in meinem Alter, um mich zu

Sri Nisargadatta Maharaj

sehen. Konnte sie an einem Tag nicht kommen, dann rief sie zumindest an um zu hören, wie es mir gehe. Zuerst dachte ich, sie hätte Interesse an spirituellen Themen und wollte aus diesem Grund einige Zeit mit mir verbringen. Ich redete ausschließlich über spirituelle Themen mit ihr. Nach einiger Zeit bemerkte ich, dass sie dann und wann amouröse Gesten machte. Ich tat es als Produkt meiner unreinen Phantasie ab oder als einen Aspekt, der vielleicht zur weiblichen Natur gehörte.

Ich fing an, eine Art subtilen Vergnügens in ihrer Gesellschaft zu empfinden. Manchmal fragte ich mich, wieso ich glaubte, dass der Pfad vollkommener Enthaltsamkeit von weltlichen Vergnügungen der Weg für mich war. Ich war überrascht, dass derartige Gedanken in meinen Mind aufkamen. Ich wusste, sollte ich der Versuchung erliegen, so würde dies nur für einen Moment sein. Ich hatte das weltliche Leben bereits hinter mir und war davon desillusioniert. Dennoch wäre ein Rückfall immerhin ein Rückfall und eine Zeit- und Energieverschwendung. Als ich die Neigung meines Minds sah, beschloss ich, bei der erstbesten Gelegenheit unbedingt nach Indien zurückzukehren. Die Atmosphäre hatte mich sicherlich zu meinem spirituellen Nachteil beeinflusst.

Ich musste nicht lange warten. Mein Visum kam innerhalb weniger Tage. Ich buchte sofort meinen Flug. Meine Mutter wollte natürlich nicht, dass ich ging, aber ich war eisern. Der Tag meiner Abreise kam. Die Frau kam zu mir ins Haus, um sich von mir zu verabschieden. Sie nahm mich zur Seite und sagte: „Neal, musst du wirklich gehen? Ich liebe dich sehr."

„Ich liebe dich auch, aber nur so wie ein Bruder seine eigene Schwester liebt", erwiderte ich. „Außerdem ist es mir nicht möglich, einen bestimmten Menschen mehr zu lieben, als einen anderen. In jedem ist derselbe Funke und es ist dieser Funke, dem ich meine Liebe darbringe. Obwohl es vielleicht verschiedene Arten von Maschinen gibt, ist es einzig und allein der elektrische Strom, der dafür sorgt, dass sie laufen. Die Quelle, die unsere Körper lebendig und attraktiv macht, ist in allen ein- und dieselbe. Sobald sie den Körper verlässt, bleibt nur eine Leiche zurück. Wir sollten nur diese Quelle lieben", erwiderte ich.

Ich war froh, dass ich auf meinem Weg zurück nach Indien war. Heimat, süße Heimat! Ich dachte schon, ich würde dich nie wiedersehen, meine geliebte Mutter Indien. Du bist nicht reich an materiellen Gütern. Aber du hast den Reichtum der spirituellen Askese Tausender deiner Kinder, die die Zeitalter hindurch die grenzenlose Glückseligkeit der Verwirklichung Gottes erlangt haben. Oh Mutter, lass mich dich nicht wieder verlassen!

Indien war mir schon lieb und teuer gewesen, bevor ich es verließ. Jetzt nach meiner Rückkehr, hatte sich dieses Gefühl noch vervielfacht. Ich ging geradewegs zum Aruṇāchala und versuchte, meinen normalen mentalen Zustand wiederzugewinnen. Ich sah, dass dieser kurze, sechsmonatige Aufenthalt in den USA tatsächlich wie befürchtet meine Losgelöstheit beeinträchtigt hatte. Ich konnte mich nicht mehr ständig daran erfreuen, auf das Licht im Innern zu meditieren. Es war ein Drängen in einer Ecke meines Minds eingetreten, mich an äußeren Objekten zu erfreuen, sowie die damit einkehrende Ruhelosigkeit. Ich fragte mich, ob ich je meinen alten Zustand wiedergewinnen würde. Ich verbrachte jedoch so viel Zeit wie möglich nahe Ramanas Grab. So war der vorherige Zustand bald wiederhergestellt.

Die subtile, heimtückische Auswirkung eines Lebens in einer weltlichen Atmosphäre wurde mir kristallklar. Die Tendenz, nach außen zu blicken, raubt langsam den hart verdienten, inneren Reichtum eines Lebens intensiver Meditation. Ist in einem Gefäß auch nur ein kleines Loch, wird man schon bald feststellen, dass das gesamte Wasser verschwunden ist, ohne zu wissen wohin.

Meine Gesundheit verschlechterte sich auch weiterhin von Tag zu Tag. Ich konnte auf Grund meiner Schwäche kaum hundert Meter weit laufen, auch konnte ich mich nicht länger als wenige Minuten aufrecht hinsetzen. Meine Rückenschmerzen nahmen beträchtlich zu und sogar das Essen wurde schmerzhaft. Ich hatte das Gefühl, als hätte ich ein Geschwür irgendwo im Bereich des Zwölffingerdarms. Auf den Rat eines örtlichen, homöopathischen Arztes hin begann ich, nur den weichen, inneren Teil des Brotes zu essen und Milch zu trinken. Sogar das bereitete mir Schmerzen. Ich fragte mich, wie viele Tage mein Körper so noch überleben würde. Der Tod wäre dem vorzuziehen, aber das lag nicht in meinen Händen. Ich hatte mich Ramana hingegeben. Ich musste den Zustand akzeptieren, in den er mich versetzte. Ich nahm Medikamente, aber ob eine Besserung eintreten würde oder nicht, lag vollkommen in seinen Händen.

Zu diesem Zeitpunkt fiel mir ein Buch mit dem Titel „Ich bin Das" in die Hände, eine Sammlung von Unterhaltungen von Nisargadatta Maharaj, einer verwirklichten Seele, die in Bombay lebte. Nach meinem Empfinden waren seine Lehren identisch mit denen des Maharshi. Da ich den Maharshi während seines Lebens nicht gesehen hatte, wünschte ich mir sehr, jemanden wie ihn kennenzulernen. Nach Bombay zu reisen, schien nicht in Frage zu kommen. Also schrieb ich Maharaj einen Brief, in dem ich ihm meine körperliche, mentale und spirituelle Verfassung erläuterte und um seinen Segen bat. Gleich einen Tag später, nachdem der Brief eingeworfen war, besuchte mich eine Französin. Sie hatte vor kurzem dasselbe Buch gelesen und sich entschieden, nach Bombay zu reisen und Maharaj zu besuchen.

Ich erzählte ihr von meinem Wunsch und meiner Unfähigkeit zu reisen.

„Du könntest einen Flug nach Bombay nehmen. Wenn du möchtest, helfe ich dir hinzukommen", sagte sie.

Ich dachte, dies muss ein von Gott gesandter Mensch sein. Ich stimmte ihrem Vorschlag sofort zu. Sie hatte viele Bücher über die Vēdāntaphilosophie gelesen, welche erklärt, dass es nur eine Wirklichkeit gib, das die Welt eine Spiegelung dieser Wirklichkeit ist und diese eine Wirklichkeit ist die wahre Natur der Menschen. Es ist fast unmöglich, ohne eine zielgerichtete Hingabe an Gott oder einen Guru und eine vollständige Reinigung von Körper, Worte und Mind, einschließlich seiner Handlungen, dieses Bewusstsein zu erlangen. Ananda, wie sie hieß, war wie die meisten Pseudo-Nondualisten der Ansicht, dass man nichts weiter brauche als die oberflächliche Überzeugung, dass man selbst das „Das" ist. Im Namen des Eins-Seins mit dieser höchsten Wahrheit, schwelgen solche Menschen in allen möglichen undisziplinierten, verantwortungslosen und manchmal unmoralischen Aktivitäten. Während wir in einem Taxi nach Madras unterwegs waren, fragte sie mich: „Warum all diese Disziplin, Regeln und Vorschriften? Selbst die Hingabe an Gott ist nicht notwendig. All diese Dinge sind nur für Menschen, die einen schwachen Mind haben. Sie sollten nur in dem Gedanken ‚Ich bin Das, Ich bin Das' weiterführen, dann werden sie dies Wahrheit eines Tages erkennen."

„Ich denke, dass du einen wichtigen Punkt in der Vēdāntaphilosophie übersehen hast", widersprach ich. „Alle Texte und Lehrer dieser Gedankenschule bestehen darauf, dass man bestimmte Qualifikationen haben muss, bevor man das Studium aufnimmt. Ein Kind im Kindergarten hat keine Möglichkeit, dem Lehrbuch einer weiterführenden Schule zu folgen. Es wird dessen Bedeutung vielleicht sogar verdrehen. Genauso sollte man, bevor man das Studium oder Praktizieren von Vēdānta aufnimmt, den Mind in einen unbewegten Zustand bringen und halten können. Er sollte so ruhig sein, dass man die Widerspiegelung des Wirklichen darin erkennen kann. Hält man an dieser Widerspiegelung fest, führt das einen Menschen zu seinem Ursprung. Ist die Widerspiegelung aber nicht sichtbar, worauf richtet man dann den Mind? Denkt man im Namen dieser Philosophy, dass man selbst die Wahrheit sei, Gedanken, Gefühle oder der Körper? Wir richten mit diesem kleinen, vergänglichen Körper bereits eine Menge Unheil an. Denken wir einfach, wir seien das Höchste Sein, gibt es dann noch eine Tat, vor der wir zurückschrecken würden? Ist ein Dämon oder ein Diktator nicht jemand, der der Ansicht ist, sein kleines Selbst sei genauso groß wie Gott oder größer? Es gibt nicht einmal eine Spur des Bösen in der höchsten Wirklichkeit. Jemand, der solche negativen Eigenschaften wie sinnliche Begierde, Wut und Habgier nicht aufgegeben hat, kann die Wahrheit nicht verwirklicht haben. Ein sicherer Weg besteht darin, sich als Kind einer verwirklichten Seele oder als Kind Gottes zu betrachten. Um den Nutzen daraus zu ziehen, müssen wir versuchen, unseren Charakter dieser verwirklichten Seele anzunähern. Nur wenn wir dies tun, wird unser Mind nach und nach rein und unerschütterlich von Leidenschaften werden. Dann wird die Wahrheit gesehen und zwar erst dann."

„Du hast wirklich einen schwachen Mind, du wirst es klarsehen, wenn wir zum Maharaj kommen. Er wird dir raten, diesen ganzen gefühlsduseligen Sentimentalismus über Bord zu werfen", erwiderte sie ein wenig gereizt. Ich hatte bereits eine Reihe von Menschen dieser Art getroffen. Ich wusste, dass es Verschwendung wäre, mit ihr zu diskutieren. Also blieb ich ruhig.

Wir erreichten Bombay. Ein Freund brachte uns zu Maharajs Wohnung. Maharaj war als junger Mann ein Zigarettenhändler gewesen. Eines Tages nahm einer seiner Freunde ihn mit, um einen berühmten, heiligen Mann zu sehen, der in Bombay war. Der heilige Mann weihte Maharaj in ein Mantra ein und sagte ihm auch, er solle seinen Mind reinigen. Er solle sich von allen Gedanken lösen und am Sinn des Seins oder am „Ich bin" festhalten. Maharaj praktizierte dies drei Jahre lang intensiv. Nach vielen mystischen Erfahrungen kam er an den Punkt, dass sein Mind mit der transzendenten Wirklichkeit verschmolz. Er blieb in Bombay und ging seinem Geschäft nach. Er unterwies jene, die zu ihm kamen, in spirituellen Dingen. Jetzt war er in seinen Achtzigern und lebte mit seinem Sohn in einer Dreizimmerwohnung. Er hatte im Wohnzimmer auch eine kleine Empore errichtet, wo er die meiste Zeit verbrachte. An diesem Ort trafen wir ihn.

„Komm herein, komm herein. Du kommst vom Aruṇāchala, nicht wahr? Dein Brief kam gestern. Erlebst du Frieden so nahe dem Maharṣhi?", fragte Maharaj mich fröhlich. Er forderte mich auf, sich neben ihn hinzusetzen. Sofort fühlte ich einen intensiven Frieden in seiner Nähe. Das war ein sicheres Zeichen für mich, dass es sich um eine große Seele handelte.

„Weißt du, was ich mit Frieden meine?", fragte er mich. „Frittiert man ein Stück Teig in siedendem Öl, sprudeln eine Menge Blasen hervor, bis seine gesamte Feuchtigkeit weg ist. Es ist auch laut, nicht wahr? Schließlich ist alles still und das Frittierte ist fertig. Der stille Zustand des Minds, der durch das Meditieren entsteht, wird Frieden genannt. Meditation ist wie das Sieden des Öls. Meditation sorgt dafür, dass alles, was im Mind ist, zum Vorschein kommt. Nur dann wird Frieden erlangt." Dies war vielleicht die anschaulichste und präziseste Erklärung des spirituellen Lebens, die ich je gehört hatte!

„Maharaj, ich habe ihnen über die spirituelle Praxis geschrieben, die ich bis jetzt verrichtet habe. Sag mir doch bitte, was ich zusätzlich noch tun kann, ", fragte ich ihn.

„Kind, du hast mehr als genug getan. Es wird völlig ausreichen, wenn du einfach weiterhin den Göttlichen Namen wiederholst, bis das Ziel erreicht ist. Die Hingabe an deinen Guru ist der Weg für dich. Du solltest vollkommen ungestört von Gedanken werden. Was auch immer dir widerfahren mag, akzeptiere es als seinen gnädigen Willen für dein Bestes. Du kannst kaum aufrecht sitzen, nicht wahr? Es macht nichts. Der Körper mancher Menschen wird so krank wie deiner, wenn sie aufrichtig meditieren und andere spirituelle Übungen machen. Es hängt von der körperlichen Konstitution eines Menschen ab. Du solltest deine Übungen nicht aufgeben, sondern unbeirrt damit fortfahren, bis du das Ziel erreichst oder bis dein Körper stirbt", sagte er.

Er drehte sich zu Ananda und fragte: „Welche Art spiritueller Übung verrichtest du?"

„Ich denke einfach immerzu, dass ich das Höchste Sein bin", erwiderte sie in einem ein wenig stolzen Ton.

„Ist das so? Hast du nie von Meerabai gehört? Sie war eine der größten, weiblichen Heiligen, die je in Indien geboren wurden. Von Kindesbeinen an fühlte sie, dass Sri Kṛiṣhṇa ihr Geliebter war. Sie verbrachte die meisten ihrer Tage und Nächte damit, ihn zu verehren und Lieder über ihn zu singen. Schließlich hatte sie eine mystische Vision von ihm und ihr Mind verschmolz mit ihm. Von da an sang sie Lieder über die Herrlichkeit und Glückseligkeit des selbstverwirklichten Zustands. Am Ende ihres Lebens betrat sie einen Kṛiṣhṇatempel und verschwand für immer im Heiligtum. Du solltst dem gleichen Pfad folgen wie sie, wenn du die Verwirklichung erreichen möchtest", sagte Maharaj lächelnd.

Ananda wurde blass. Maharaj hatte ihren Berg von Vēdānta mit einem Satz zu Staub werden lassen! Sie konnte nicht sprechen.

„Mit einigen der Menschen, die herkommen, spreche vielleicht über Vēdānta", fuhr Maharaj fort. „Das gilt nicht für dich. Du solltst dem, was ich anderen erzähle, keine Aufmerksamkeit schenken. Das Buch meiner Gespräche sollte nicht als das letzte Wort über meine Lehren betrachtet werden. Ich habe Antworten auf die genauen Fragen bestimmter Personen gegeben. Diese Antworten waren für diese Menschen bestimmt, aber nicht für alle und jeden. Anweisungen kann man nur auf einer individuellen Ebene geben. Man kann nicht allen dieselbe Medizin verordnen.

Heutzutage sind die Menschen voller intellektueller Eitelkeit. Sie haben keinen Glauben daran, dass die alte, traditionelle Praxis zur Selbsterkenntnis führt. Sie wollen, dass ihnen alles auf einem silbernen Teller serviert wird. Der Pfad des Wissens erscheint ihnen sinnvoll. Deshalb wollen sie ihn beschreiten, doch dann finden sie heraus, dass das mehr Konzentration erfordert, als sie aufbringen können. Dadurch werden sie langsam demütig und nehmen schließlich leichtere Praktiken wie die Wiederholung eines Mantras oder die Verehrung einer Form auf. Der Glaube an eine Kraft, die größer ist als sie selbst, dämmert langsam in ihnen heran. Ein Sinn für die Hingabe keimt in ihrem Herzen. Erst dann ist es ihnen möglich, Reinheit des Minds und Konzentration zu erlangen. Die Eingebildeten müssen einen großen Umweg gehen. Daher sage ich, dass Hingabe gut genug für dich ist", schloss Maharaj.

Es war Zeit zum Mittagessen, also verließen wir Maharaj. Als wir gingen, fragte er mich, ob ich einige Tage in Bombay bliebe. „Ich weiß es nicht. Ich habe keine Pläne", erwiderte ich. „Sehr gut. Dann komme heute Abend nach vier her", sagte er.

Am Abend war ich zurück in Maharajs Zimmer. Er ließ mich nahe bei ihm sitzen. Obwohl ich ihn erst seit ein paar Stunden kannte, fühlte ich mich, als wäre ich sein eigenes Kind, als wäre er meine Mutter oder mein Vater. Ein Europäer kam und legte einen großen Geldschein vor Maharaj hin.

„Bitte nimm das Geld zurück. Ich habe kein Interesse an Geld von irgendwem. Mein Sohn ist da. Er ernährt mich und schaut nach meinen Bedürfnissen. Hast du deinen mentalen Frieden erst erlangt, wird noch genug Zeit für diese Dinge sein. Nimm dein Geld, nimm es!", rief er.

Mit großer Mühe setzte ich mich aufrecht hin und beobachtete, was bis sieben Uhr vor sich ging. Ich war in völliger Zufriedenheit und voller Frieden. Ich dachte, dass es nicht möglich sein könnte, noch mehr zu erhalten als das, was Maharaj mir gesagt hatte. Ich dachte daran, am nächsten Tag zum Aruṇāchala zurückzukehren. Ich sagte es ihm und bat ihn um seinen Segen.

„Fühlst du so, kannst du gerne gehen. Weißt du, was mein Segen für dich ist? Mögest du vollkommene Hingabe und Ergebenheit an deinen Guru haben, bis du deinen Körper verlässt." Maharaj blickte mich mitfühlend an. Ich war so bewegt von seiner Liebe, dass ich zu weinen begann. Ich kontrollierte mich jedoch. Selbst so kullerten mir noch ein paar Tränen die Wangen hinunter. Er lächelte und gab mir eine Frucht. Er stand dann auf, nahm ein großes Paar Zimbeln und begann, religiöse Lieder zum Lobpreis seines Gurus zu singen. Ich verbeugte mich vor ihm und ging, um mich in meinem Zimmer auszuruhen. Ich hatte Ananda seit dem Morgen nicht gesehen. Die Demütigung muss wohl zu viel für sie gewesen sein, so dass sie ihr Gesicht nicht mehr zeigen möchte, dachte ich. Ich kämpfte mich daher alleine durch. Ich erreichte irgendwie den Aruṇāchala ohne eine traurigere, dafür aber weisere Ananda.

Kapitel 6

Auf dem Weg zur Mutter

Während der darauffolgenden Monate am Aruṇāchala bemühte ich mich nicht mehr, meine Gesundheit zu verbessern. Maharaj hatte mir gesagt, dass die Ursache spiritueller Natur war. Ich hatte zuvor auch schon von so etwas gehört. Der Maharṣhi hatte einmal einem Devotee erklärt, dass ein spirituell Suchender darum bemüht ist, die Lebenskraft umzukehren, so dass sie mit ihrer Quelle im eigenen Innern verschmiltz, obwohl sie in den meisten Menschen über die Sinne nach außen fließt. Dies belastet die Nerven, was ein wenig mit dem Stauen eines Flusses vergleichbar ist. Diese Belastung kann sich unterschiedlich manifestieren, wie zum Beispiel Kopfschmerzen, körperliche Schmerzen, Verdauungsstörungen, Herzstörungen und andere Symptome. Die einzige Heilbehandlung besteht darin, unbeirrt mit seinen Übungen weiterzumachen.

Sobald wir die ruhelose Suche nach Heilung aufgeben, führt das zu einem tiefen mentalen Frieden. Ich blieb die meiste Zeit im Bett und wiederholte weiterhin mein Mantra, wie Maharaj es mir empfohlen hatte. Ich wartete darauf, was die Zukunft für mich bereithielt. Egal, ob sie den Tod brachte oder das Leben, es lag in Ramanas Händen.

Eines Nachts hatte ich einen sehr lebhaften Traum, den letzten Traum, den ich je vom Maharṣhi hatte. Ich befand mich im Āśhram nahe dem dortigen Krankenhaus. Eine große Menge von Devotees lief auf irgendetwas wartend herum. Ich fragte, was vor sich ginge. Man sagte mir, dass Ramana ins Krankenhaus eingeliefert worden war und vielleicht bald herauskäme. Ein Mann kam zu mir herüber und bot mir eine Tablette zur Verbesserung meiner Gesundheit an. „Nein danke. Ich habe bereits alle Arten von Medizin versucht und nichts hat geholfen", sagte ich ihm. Im selben Augenblick öffnete sich die Vordertür des Krankenhauses. Maharṣhi kam heraus und setzte sich in einem offenen Hof vor dem Krankenhaus auf den Boden. Ich ging und verbeugte mich vor ihm. In der Verbeugung legte er seine Hand auf meinen Kopf und führte sie die Wirbelsäule entlang zur Mitte meines Rückens. Ich blickte dann auf und sah sein strahlendes Antlitz. Er lächelte und sagte: „Meinst du, ich weiß nicht, wie sehr du leidest? Mach dir keine Sorgen." Ich stand dann auf, da ich dachte, andere wollten vielleicht an ihn herantreten. Ich wachte im selben Augenblick auf. Obwohl ich es damals nicht wusste, sollten die Umstände schon bald eine sehr unerwartete Wendung nehmen.

Ein paar Tage später klopfte jemand an meine Tür.

„Darf ich hereinkommen?", fragte die Stimme eines jungen Mannes.

„Ja, komm herein", sagte ich ihm.

„Vielleicht kannst du mir helfen. Ich komme aus Kerala. Eine junge Frau dort schickte mich hierher nach Tiruvannamalai. Sie sagte mir, ich solle ein Gelübde ablegen, einundvierzig Tage lang zu schweigen. Sie sagte mir auch, ich solle strikt die

Gesellschaft von Frauen meiden, während ich hier bin. Ich habe versucht, auf dem Berg in einer Höhle unterzukommen. Aber der Mönch, der sie besetzt hält, verbrachte viel Zeit damit, mit Besuchern aus der Stadt über die Liebesaffären der Menschen zu reden. Ich rannte fort. Ich bin auf der Suche nach einem Ort, wo ich bleiben und mein Gelübde erfüllen kann. Kennst du solch einen Ort?", fragte er.

Ich betrachtete ihn eingehend. Er sah ein bisschen so aus, wie ich mir Ratnamji in dem Alter vorstellte.Er war etwa fünfundzwanzig Jahre alt und schien ernsthaft meditieren zu wollen.

„Es gibt ein anderes Haus neben diesem. Es gehörte meinem spirituellen Lehrer. Jetzt ist er nicht mehr unter uns. Du kannst dortbleiben", sagte ich ihm. Kaum hatte ich diese Worte ausgesprochen, war ich ohne ersichtlichen Grund den Tränen nahe. Tatsächlich schossen mir Tränen in die Augen und mein Herz wurde plötzlich von Liebe erfüllt. Ich konnte einige Augenblicke lang nicht sprechen. Ich fragte mich, wer die Frau war, die diesen Jungen hierhergeschickt hatte. Sie muss sicherlich eine große Heilige sein. Auf einem mir unbekannten Wege hatte ihre Macht mich in dem Augenblick gesegnet, in dem ich ihrem Kind Unterschlupf gewährte. Obwohl es vielleicht nicht sehr rational klingt, ist das der Schluss, zu dem ich in jenem Augenblick kam. Es stellte sich später heraus, dass das vollkommen richtig war.

Nachdem ich ihm geholfen hatte, sich im Haus niederzulassen, gab ich ihm etwas zu essen. Als ich sah, dass er keine Uhr hatte, bot ich ihm meine Ersatzuhr an, damit er wusste, wie spät es war und er seine Routine beibehalten konnte. Noch während er die Uhr an sich nahm, fiel mein Blick auf eine Gebetskette, die wahrscheinlich nützlich für ihn sein würde. So gab ich ihm auch diese.

„Als ich Amma verließ, bat ich sie um eine Uhr und um einen Rosenkranz. Sie schimpfte mit mir und sagte, dass ich nur um die höchste Sache, das heißt Gott, bitten sollte. Sie sagte auch, dass ich die Dinge, die ich für meine Übungen bräuchte, ungefragt bekommen würde. Jetzt hast du mir genau diese Dinge gegeben", sagte er, offensichtlich sehr bewegt.

„Wer ist Amma?", fragte ich recht wissbegierig.

„Es gibt da ein kleines Fischerdorf in Kerala, etwa fünfzig Kilometer nördlich der Stadt Kollam. Es liegt auf einer Insel zwischen dem Arabischen Meer im Westen und den Backwaters im Osten. Amma ist die Tochter eines der Dorfbewohner. Seit nunmehr fünf oder sechs Jahren heilt sie durch ihre spirituelle Kraft viele Menschen von unheilbaren Krankheiten wie Krebs, Lähmung und Lepra. Die Menschen kommen mit allen möglichen weltlichen Problemen zu ihr und diese werden irgendwie durch ihren Segen gelöst. Dreimal die Woche sitzt sie die Nacht hindurch und empfängt die Menschen. In dieser Zeit offenbart sie ihr Eins-Sein mit Sri Kṛiṣhṇa und der Göttlichen Mutter."

„Was meinst du damit?", unterbrach ich ihn. „Wird sie zu dieser Zeit von einer göttlichen Macht besessen?"

„Nun, ich vermute, es hängt von dem ab, was du glauben willst. Was mich angeht, ist sie die Göttliche Mutter selbst. Aber die Dorfbewohner glauben, dass sie in der ersten Hälfte der Nacht Kṛiṣhṇa in Besitz nimmt und danach Dēvī oder die Göttliche Mutter für den Rest der Nacht kommt. Vorher und nachher scheint sie ein vollständig anderer Mensch zu sein. Sie erinnert sich nicht an das, was sie zu jener Zeit gesagt hat", erläuterte er.

Ich hatte im Laufe der Jahre während meiner Reisen mit Avadhutendraji und Ratnamji viele solcher Menschen gesehen. Einige waren ohne Zweifel ein Kanal für die göttliche Macht. Man konnte ihre Worte aber nicht als das Evangelium nehmen.

Ihr Mind wies verschiedene Grade der Reinheit auf. Ihr normales Bewusstsein scheint für eine Zeit lang außer Kraft gesetzt zu sein. Anschließend erinnern sie sich nicht, was sie gesagt oder getan haben. Sie ziehen jedoch aus diesem vorübergehenden Kontakt mit dem Göttlichen in Form einer Intuition verschiedenen Grades eine Art Nutzen. Aber ich hatte mit wirklichen Weisen gelebt. Warum also sollte ich eine solche Person sehen wollen? Nun, vielleicht konnte sie mir helfen, ein wenig von meiner Gesundheit zurückzugewinnen, damit ich nicht den ganzen Tag lang im Bett liegen muss. Mit diesen Gedanken im Kopf erzählte ich dem jungen Mann von meinem Zustand. Ich fragte ihn, ob Amma etwas für mich tun könnte.

„Ich werde ihr schreiben und hoffe auf eine Antwort. Es wird aber erst nach Ende meines einundvierzigtägigen Gelübdes möglich sein, dich dorthin zu bringen." Er erzählte mir dann einige der Fälle, die sie geheilt hatte. Einer war ein Leprakranker im Endstadium, der von Kopf bis Fuß vor Eiter triefte. Er war mehr tot als lebendig. Tatsächlich waren seine Brüder bereits an der gleichen Krankheit gestorben. Seine Augen, Ohren und Nase waren auf Grund der verheerenden Wirkung der Krankheit kaum mehr zu sehen. Der Gestank, der von seinem Körper ausging, war so schlimm, dass er seine Bettelschale in etwa fünfzig Metern Entfernung von der Stelle lassen musste, wo er sich befand, damit die Menschen, die Mitgefühl mit ihm hatten, etwas zu essen hineinlegen konnten. Eines Tages erzählte ihm jemand, dass es in einem nahegelegenen Dorf eine Frau gebe, die göttliche Macht manifestiere und sie ihm vielleicht helfen könnte.

Er dachte, dass er nichts zu verlieren habe. Er ging schließlich dorthin, zögerte jedoch, sich der Menge zu nähern. Amma, die als Dēvī im Tempel saß, sah ihn in der Ferne, sprang auf und

Amma in samādhi - 1978

rief ihm zu: „Oh mein Sohn, mach dir keine Sorgen. Ich komme."
Sie rannte dann zu ihm, gab ihm eine tröstende Umarmung und
sprach beruhigende Worte zu ihm. Er zitterte aus Furcht wie ein
Blatt, was ihr oder schließlich auch ihm widerfahren würde. Sie
nahm einige Töpfe voll Wasser und badete ihn, während er mit
angezogenen Kleidern dort stand. Anschließend schmierte sie
ihm schließlich eine Handvoll heiliger Asche nach der anderen
auf den ganzen Körper und riet ihm, jede Woche an den drei
Abenden zurückzukommen, an denen sie im Tempel war. Sie
ging dann ihre Kleider wechseln, die vom Eiter seiner Wunden
verschmutzt waren. Sie setzte sich für den Rest der Nacht wieder
hin, um sich um die anderen zu kümmern.

Der Leprakranke kam in den nächsten sechs Wochen
regelmäßig. Sie behandelte ihn auf die gleiche Art. Nach sechs
Wochen hörten seine Wunden auf zu triefen und begannen zu
heilen. Heute ist er vollständig von der Krankheit geheilt. Nur
seine Haut weist noch die Narben auf. Findet Amma auch nur
einen kleinen Riss in seiner Haut, leckt sie ihn ab, dann schließt
sich dieser bis zum nächsten Tag.

Einundvierzig Tage später befand ich mich mit meinem
neuen Freund Chandru im Zug nach Kerala, etwa achthundert
Kilometer südwestlich vom Aruṇāchala. Die Landschaft war
bezaubernd. Kerala ist als Garten Indiens bekannt. Wohin auch
immer man blickt, ist eine überreichliche Vegetation vorhanden. Man kann in jedem Garten Bananen- und Kokosnussbäume
finden. Der spezielle Bereich, in dem Amma lebt, ist ein dichter
Wald aus Kokosnusspalmen, zu zahlreich, als dass man sie zäh-
len könnte. Der Kokosnusshain erstrecke sich kilometerweit
in allen Richtungen. Es ist ein bisschen wie ein Paradies auf
Erden, in ziemlichem Gegensatz zum trockenen, heißen Klima
Tiruvannamalais. Wir stiegen aus dem Zug, kauften Früchte

und andere Nahrungsmittel, um sie Amma darzubringen. Wir nahmen für die restlichen 16 Kilometer bis zu ihrem Dorf ein Taxi. Glücklicherweise begleitete mich Chandru. Sonst wäre die Reise nicht möglich gewesen. Ich war so schwach, dass ich kaum ein paar Schritte laufen konnte.

Da Chandru Amma zwei Monate lang nicht gesehen hatte, dachte ich, er wolle vielleicht einige Zeit allein mit ihr verbringen, ohne durch meine Gegenwart gestört zu werden. Ich setzte mich auf die Veranda eines nahegelegenen Hauses und sagte ihm, er solle vorausgehen und nach so langer Zeit, zuerst mit ihr alleine Zeit verbringen und dann zurückkommen. Zu meiner Überraschung kehrte er jedoch innerhalb weniger Augenblicke zurück, angeführt von einer jungen Frau, in einem weißen Rock und einer weißen Bluse mit einem weißen Tuch über dem Kopf bekleidet. Ich hatte bis dahin nur ein kleines Foto von Amma gesehen, dass einige Jahre vorher gemacht worden war. Ich erkannte sie nicht als dieselbe Person. Ich stand jedoch auf und Chandru sagte: „Das ist Amma", woraufhin ich mich vor ihr verbeugte. Sie streckte ihre Hände nach vorn, um meine Hände in die ihren zu nehmen, aber ich zögerte. Zwölf Jahre lang hatte ich weder eine Frau berührt noch einer Frau erlaubt, mich zu berühren. Dies war Teil der Disziplin, die man von einem zölibatären Mönch erwartet. Was sollte ich jetzt tun? Ich sah mich verzweifelt um. Dabei entdeckte ich die Früchte, die ich für sie mitgebracht hatte. Ich legte sie in ihre Hände, erleichtert, dass ich eine Lösung für das Problem gefunden hatte. Meine Erleichterung war jedoch nur von kurzer Dauer. Sie gab Chandru die Früchte und streckte erneut ihre Hände aus. Unter der Wiederholung des Namens Gottes und in dem Gedanken, dass sie eher eine Heilige als eine gewöhnliche Frau sei, legte ich meine Hände in ihre. Ich wurde von ihr in den kleinen Tempel geführt, in dem sie die meiste Zeit verbrachte. Er war kaum drei mal drei Meter groß und hatte nur eine Art Stuhl oder Sitz in der Mitte. Die Wände waren mit den Bildern verschiedener Hindugötter und Heiliger bedeckt. Es schien kein zentrales Bild für die Verehrung vorhanden zu sein. Amma nahm ein zinnoberrotes Pulver und drückte es auf die Stelle zwischen meinen Augenbrauen. Das ist der Ort, von dem die Yōgīs sagen, dass sich dort das dritte Auge (das Auge der Intuition) befindet. Ihre Hand vibrierte die ganze Zeit. Ich fühlte eine Art Rausch, konnte jedoch kaum länger als ein paar Minuten stehen. Ich wurde dann zu einer strohgedeckten Schutzhütte in der Nähe des Tempels geführt. Dort setzten sich Chandru und Amma hin, um miteinander zu reden. Ich legte mich hin und betrachtete Amma eingehend. Sie war kaum einsfünfzig groß, hatte kleine Hände und Füße, eine dunkle Gesichtsfarbe und war nicht älter als fünfundzwanzig Jahre. Ich konnte kein Leuchten oder Glanz wahrnehmen, was normalerweise vom Gesicht eines großen Heiligen ausstrahlt. Tatsächlich schien ihr Gesicht wie das Gesicht eines normalen Menschen. Sie war sehr liebevoll zu Chandru, als wäre sie seine eigene Mutter.

Nachdem ich ein paar Stunden dort gelegen hatte, sagte ich zu Chandru: „Sieh mal, ihr redet schon so lange. Es ist schon nach Mittag. Glaubst du nicht, dass Amma hungrig sein könnte? Am Morgen, als sie im Tempel ihren Finger zwischen meine Augenbrauen legte, spürte ich, wie sie wie ein Mensch zitterte, der schwach vor Hunger ist. Sie fühlt sich vielleicht sehr schwach. Warum bringst du ihr nicht etwas zu essen?"

Chandru übersetzte, was ich über Amma gesagt hatte, und beide lachten herzhaft.

„Das Zittern liegt nicht an einer Schwäche. Es ist ständig da. Es liegt an der Kraft, die ständig in ihr vibriert. Betrachte

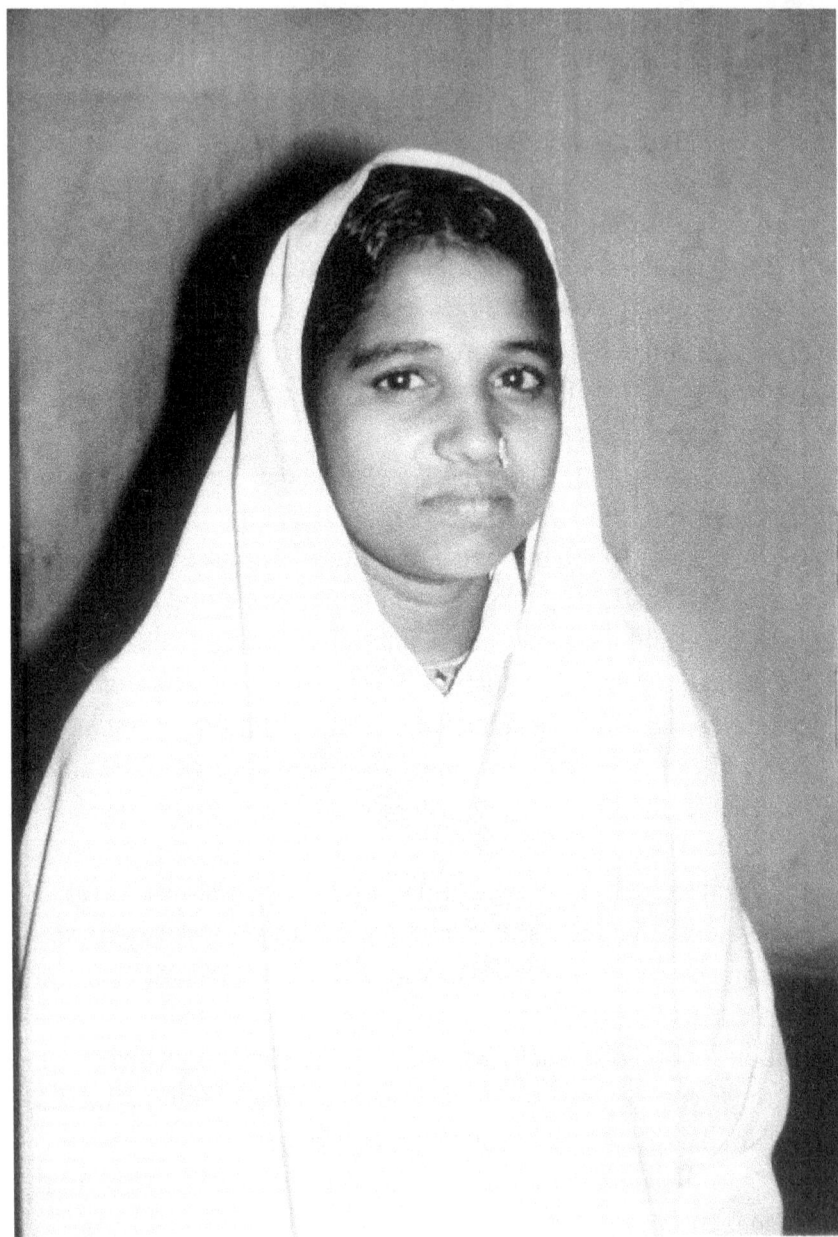

Amma 1979

ihre Hände nur eingehend. Sie zittern immer ein wenig, es hat nichts mit Krankheit oder Schwäche zu tun", erwiderte Chandru. Wir gingen dann in ein Haus, das an der Seite des Tempels stand. Man sagte mir, dass ihre Eltern und deren andere Kinder hier wohnten. Es scheint, dass sie es vorzog, alleine im Tempel oder draußen auf dem Sand zu leben. Man sagte mir, dass man sie sogar während der Regenzeit ohne auf ihren Körper zu achten schlafend oder sitzend im Regen finden könnte. Sie kam, setzte sich hinter mich und legte ihre Hand genau auf die Stelle meiner Wirbelsäule, an der der größte Schmerz saß.

Amma wandte sich zu mir und sagte: „Sohn, jeder Mensch muss die Auswirkung seiner vergangenen Taten erleiden. Es liegt an den schlechten Handlungen deiner vorhergehenden Leben, dass du jetzt leidest. Aber letzten Endes ist all dies zu deinem Besten. Ich glaube nicht, dass ein Arzt eine Ursache für diese Krankheit finden konnte. Sie ist durch den Willen Gottes vorhanden um dafür zu sorgen, dass du dich im spirituellen Leben höher entwickelst. Es wäre ein Fehler, wenn Mutter sie beseitigte. Erträgst du die Krankheit freudig als von Gott kommend, betest zu ihm und richtest deinen Mind fest auf ihn, dann musst du nicht wiedergeboren werden. Wenn Mutter dich von diesem Leiden erlöst, wirst du sicherlich wiedergeboren. Dann wirst du noch mehr leiden müssen, als du es jetzt tust." Chandru bat dann um etwas heißes Wasser, bereitete mir aus Milchpulver eine Milch zu und gab mir etwas Brot.

„Wie lange isst du schon so?", fragte Amma.

„Seit etwa drei Monaten. Was auch immer ich esse, bereitet mir starke Unterleibsschmerzen. Selbst das hier verursacht Schmerzen, aber ich muss ja etwas essen, nicht wahr?", erwiderte ich. Ich wurde in einem Zimmer des Hauses auf einer Bettstelle untergebracht. Erschöpft schlief ich ein. Ich wachte mitten in der Nacht auf, um Chandru und Amma im Zimmer reden zu hören. Er gab mir wieder etwas zu essen, worauf ich erneut einschlief. Als ich um vier Uhr aufstand, sah ich, dass sie immer noch miteinander redeten. ‚Schläft sie denn nie?', fragte ich mich. Ich erfuhr später, dass sie normalerweise tatsächlich nur zwei oder drei Stunden schlief, entweder tagsüber nachts oder wann immer es gerade passte.

Am nächsten Morgen kamen Chandru und Amma, setzten sich neben mich und begannen zu reden.

„Welche spirituelle Übung machst du?", fragte sie.

„Ich wiederhole den Göttlichen Namen und mache auch Selbsterforschung. Bist du der Ansicht, dass es notwendig für mich ist, mich in ein Mantra einzuweihen? Gibt es einen Unterschied zwischen der Wiederholung des Namen Gottes und dem Mantra, das von einem Guru gegeben wird?", fragte ich.

„Durch die Wiederholung des Namen Gottes kann man ohne Zweifel Gott verwirklichen. Die Einweihung durch einen Guru aber gibt dem Schüler den starken Glauben, seine Übung mit der Zuversicht fortzuführen, dass er die Macht seines Gurus hinter sich hat", erwiderte Amma. „Du gehst seit langer Zeit auf dem Pfad des Wissens und hast immer noch nicht erreicht, was du erlangen möchtest. Warum versuchst du nicht, zu Gott oder deinem Guru Ramana zu weinen? Vielleicht schaffst du es auf diesem Weg."

„Wie ist es möglich, ohne Grund zu weinen? Es sollte eine Ursache geben, durch die man zum Weinen gebracht wird, nicht wahr?", fragte ich sie.

„Ist deine Krankheit nicht Grund genug? Du kannst dich kaum bewegen und musst die ganze Zeit über im Bett liegen und kannst nicht einmal essen. Du solltest ein Foto deines Gurus nehmen, bei dir platzieren und zu ihm weinen. Er soll sich dir offenbaren und dich von all deinem Leid befreien. Versuche es einfach. Es ist nicht so unmöglich, wie du glaubst", sagte sie mir. „Wir müssen jetzt zum Haus eines Verwandten am anderen Ende der Insel gehen. Ich komme in zwei bis drei Stunden zurück." Als sie dies gesagt hatte, stand sie auf und ging mit ihrer Mutter fort. Vier Stunden verstrichen und Amma war noch immer nicht zurückgekehrt. Ich wollte essen und bat Chandru, mir die übliche Milch mit Brot zu geben. Ich wollte gerade den Löffel in meinen Mund führen, als ich zu weinen anfing. ‚Was ist das?', dachte ich und legte den Löffel nieder. Das Weinen hörte auf. Wieder führte ich den Löffel zu meinem Mund und wieder begann ich zu weinen. Ich versuchte es drei oder vier Mal, aber das Gleiche wiederholte sich. Chandru blickte mich mit einem besorgten Gesichtsausdruck an.

„Hast du so starke Bauchschmerzen?", fragte er.

„Nein, ich weiß nicht, was es ist. Plötzlich erscheint Ammas Bild in meinem Mind und ich begann, wie ein Baby zu weinen. Ich fühlte in dem Augenblick eine gewaltige Sehnsucht und Ruhelosigkeit, sie zu sehen. Vielleicht hat sie etwas gemacht, damit ich mich so fühle", erwiderte ich.

„Ich setze mich nach draußen in die Sonne und wiederhole mein Mantra. Vielleicht veranlasst sie das, früher zurückzukommen", sagte Chandru und ging nach draußen. Ich stand auf und ging in das angrenzende Zimmer. Dort hing ein Foto von Amma. Sobald ich es anschaue, begann ich zu weinen. Ich fühlte mich, als sähe ich Gott in dem Foto. Der Kern meines Seins wurde erschüttert und mein Mind war darauf gerichtet. Ich ging zurück und setzte mich aufs Bett.

Da kam Ammas Mutter ins Zimmer gelaufen. „Ammaji kommt jetzt, wir waren auf der anderen Seite der Backwaters und konnten kein Boot bekommen, das uns hinüberbrachte.

Amma fing an zu rufen, ‚Chandru sitzt dort in der heißen Sonne und Neal weint vor Sehnsucht, mich zu sehen. Wenn ihr nicht bald ein Boot findet, werde ich hinüber schwimmen!' Irgendwie konnten wir bald darauf ein Boot bekommen." Als sie dies sagte, blickte sie verwundert in mein tränennasses Gesicht. Da kam Amma ins Zimmer.

„Du weinst?", fragte sie unschuldig, als wüsste sie von nichts. Ich war nicht imstande, meinen Kopf zu heben, um sie anzuschauen. Demut kam in mir auf. Ich fühlte mich wie ein Nichts vor ihr. Mein Mind und Herz waren nur ein Spielzeug in ihren Händen. Chandru kam herein. Er erzählte ihr, was geschehen war, während sie fort war. Mir war nicht nach sprechen zumute. So saß ich still da und wartete.

„Heute ist Darśhan. Viele Menschen werden hierherkommen, um Kṛiṣhṇa und die Göttliche Mutter zu sehen. Das Singen beginnt gleich. Chandru, du zeigst Neal, wohin er sich setzen soll, wenn Bhāva Darśhan beginnt." Als sie Chandru so instruiert hatte, verließ Amma das Zimmer. Darśhan war die Audienz, die Amma den Menschen drei Nächte die Woche gab. Bhāva war ihr Ausdruck für die Transformation, der sie sich zu diesen Zeiten unterzog.

Die Gesänge gingen etwa eine Stunde lang, als Amma aufstand und in den Tempel ging. Chandru bat mich, mich auf die Tempelveranda zu setzen. So konnte ich deutlich sehen, was vor sich ging. Amma sang dann ein Lied, das an Kṛiṣhṇa gerichtet war. Als sie es etwa zur Hälfte gesungen hatte, bebte ihr Körper plötzlich. Ich hatte das Gefühl, dass eine unsichtbare Welle von Kraft aus dem Tempel kam und über mich hinwegfegte. Meine Haare stellten sich senkrecht und ich war erfüllt von spiritueller Glückseligkeit. Die Schwere meines Herzens, die aufgrund der langen Krankheit dagewesen war, verschwand in einem einzigen Augenblick. Chandru kam und führte mich in den Tempel. Amma stand dort in der Ecke. Sie war als Kṛiṣhṇa gekleidet. Sie trug eine kleine Krone, in die sogar eine Pfauenfeder gesteckt war. Dies war nicht nur ein Kostüm. Ihr Gesicht leuchtete von einem göttlichen Glanz und es war deutlich spürbar, dass man wirklich Sri Kṛiṣhṇa selbst sah. Chandru schob mich zu ihr nach vorn. Sie umarmte mich liebevoll und führte ihre Hand meinen Rücken hinunter, entlang meiner schmerzenden Wirbelsäule. Ihr gesamter Körper vibrierte mit einer erstaunlichen Intensität. Sie blickte mir dann geradewegs in die Augen. Diese Augen, wo hatte ich jemals solche Augen gesehen? Ratnamji hatte solche Augen in seinen Momenten der Versunkenheit. Ramana hatte stets solche Augen. Es waren die Augen eines Menschen, der eins mit der Höchsten Wirklichkeit war. Sie waren voller Frieden und tanzten von einer inneren Glückseligkeit. Sie umarmte mich erneut liebevoll. Dabei brach ich in Tränen aus.

Hat Gott je auf der Erde gelebt, dann in Ammas Form. Ich war schließlich zum Schatz aller Schätze gekommen. Sie forderte mich mit einem Wink auf, in ihrer Nähe zu stehen. Von dort aus sah ich, wie sie sich um jeden einzelnen Menschen kümmerte, der zu ihr kam. Sie gab jedem eine liebevolle Umarmung und drückte ihren Finger für einen Augenblick zwischen die Augenbrauen der Menschen. Sie gab ihnen dann ein Stück Banane und geweihtes Wasser zu trinken, sprach dabei beruhigende Worte zu ihnen. Hatte jemand eine Krankheit, berührte sie ihn an dem erkrankten Körperteil. Kleine Kinder durften als erste zu ihr in den Tempel kommen. Sie kamen hauptsächlich wegen der Banane! Ammas Ausdruck göttlicher Glückseligkeit und unerschütterlichen Friedens änderte sich auch nicht für einen Augenblick. Sie stand fünf oder sechs Stunden lang dort, bis die letzte Person ihren Darśhan erhalten hatte. Es gab keine Eile. Sie brachte Männern und Frauen, Kindern und älteren Menschen, Reichen und Armen die gleiche Geduld und Anteilnahme entgegen. Dies war eine wirkliche Sicht der Gleichheit. Amma war sich ihrer vollkommen bewusst und aller Dinge gewahr, die vor sich gingen. Ich konnte keine Gemeinsamkeit oder Ähnlichkeit feststellen, mit den Personen, die ich gesehen hatte, die von der Gnade besessen waren. Dies war eine selbstverwirklichte Seele, die in vollkommenem Gleichmut verankert war. Was für ein Wunder, dass sie es so perfekt verbergen konnte. Niemand konnte verstehen, wer oder was sie war! Ich saß dort voller Staunen. In diesem kleinen Fischerdorf lebte eine solche Seele inkognito. Ich hatte davon gehört, dass es solche Menschen gibt, die ihren verwirklichten Zustand so verbergen. Ich sah jetzt selbst eine solche Seele. Ich war aus gesundheitlichen Gründen gekommen. Jetzt schämte ich mich für meinen Egoismus und meine niedrige Gesinnung. Ich beschloss, bei dieser Großen Seele Zuflucht zu suchen, da sie mir den Weg zur Verwirklichung Gottes weisen kann.

Mit großem Widerstreben kam ich aus dem Tempel und legte mich ins Haus. Wegen Schmerzen und Schwäche konnte ich einfach nicht länger dort sitzen oder stehen, obwohl ich gerne für immer geblieben wäre. Am Ende des Kṛiṣhṇa Bhavas kam Amma zusammen mit einigen anderen Devotees in mein Zimmer und setzte sich auf den Boden. Ich stand aus dem Bett auf und legte mich auf den Boden. Die Demut in mir war zu groß, ich wollte nicht höher liegen als sie saß.

„Wie hat dir Kṛiṣhṇa gefallen?", fragte sie.

„Du bist sehr raffiniert so zu tun, als wüsstest du nichts, während du in Wirklichkeit alles weißt", erwiderte ich. Sie lachte.

„Wirklich, ich weiß nichts", sagte sie, „ich bin nur ein verrücktes Mädchen." Verrückt, in der Tat!

Nach einer halben Stunde betrat Amma erneut den Tempel. Diesmal sang sie ein Lied zu Ehren von Dēvī, der Göttlichen Mutter. Erneut bebte ihr Körper und nach ein paar Minuten stand sie dort als Kālī, dem grimmigen Aspekt der Göttlichen Mutter. Obwohl sie das Mitgefühl und die Gnade Selbst ist, nimmt die Göttliche Mutter auch eine grimmige Form an, damit die Menschen ihre Unwissenheit und Fehler ernsthaft korrigieren und um ihnen Gottesfurcht einzuflößen. Gute Eltern müssen freundlich und liebevoll sein. Gleichzeitig sollten sie aber nicht zögern, ein Kind zu bestrafen oder zu disziplinieren, kommt es vom rechten Weg ab. Hat ein Kind keinen Respekt und Verehrung für seine Eltern, wird es gerade das tun, was immer ihm gefällt - Gutes oder Schlechtes. Die Weisen der alten Zeit vertraten zu keiner Zeit die Sicht der heutigen Psychologen, dass Kinder nach ihrem eigenen Willen so wie Unkraut aufwachsen sollen. Das Leben hat einen Zweck und ein Ziel. Um dieses Ziel zu erreichen, muss in der Kindheit ein ausgeprägter Sinn für richtig und falsch eingepflanzt werden. Es ist die Pflicht der Eltern, ihren Kindern diese Werte beizubringen. Der moralische Sinn ist den Menschen nicht von der Natur mitgegeben, sondern muss gelehrt und erlernt werden.

Ammas grimmige Gestalt, die ein Schwert in der einen und einen Dreizack in der anderen Hand hielt, inspirierte die Menschen, die zu ihr kamen. Sie baten sie darum, ihren Mind zumindest für die Zeit, in der sie in Ammas Gegenwart waren, rein zu halten. Selbst wenn ein weltlicher Devotee sich nicht einmal eine Minute am Tag auf Gott konzentriert, könnte er während eines Aufenthalts in ihrer Nähe für ein paar Stunden eine intensive Konzentration erreichen. Im Laufe der Zeit, als mehr und mehr spirituell Suchende zu ihr kamen, verwandelte sich Ammas grimmiger Aspekt während des Dēvī Bhavas bis er vollkommen ruhig und gelassen wurde. Sie hörte sogar auf, das Schwert oder den Dreizack in ihren Händen zu halten und hielt stattdessen nur Blumen.

Ich betrat den Tempel und wurde gebeten, mich neben sie zu setzen. Sie hielt meinen Kopf auf ihrem Schoß und streichelte meinen Rücken. Ich fühlte, dass ich wirklich im Schoß der Göttlichen Mutter selbst lag. Ihre Erscheinung und Persönlichkeit unterschied sich vollständig von der Kṛiṣhṇas oder Ammas. Ich fragte mich, wie diese unterschiedlich ausgeprägten Persönlichkeiten gleichzeitig in einer Person existieren konnten. Sie war offensichtlich jederzeit vollständig aller Dinge gewahr, die vor sich gingen. Die Person war dieselbe, aber die Persönlichkeit und Erscheinung änderten sich. Ich beschloss, sie nachher darüber zu befragen.

So lange ich konnte, saß ich da. Dann ging ich und legte mich im Haus hin. Der Darśhan endete um vier Uhr morgens. Zu dieser Zeit rief Amma mich in den Tempel, nachdem sie sich wieder in ihrer normalen Stimmung befand. Ich hatte einen kleinen Kassettenrekorder mitgebracht, wie Chandru mir vorgeschlagen hatte, so dass Amma einige Lieder Avadhutendrajis hören konnte. Sie bat mich, sie abzuspielen. Während sie diese hörte, schloss sie ihre Augen. Tränen liefen ihre Wangen hinunter. Offensichtlich war sie in Ekstase. War dies dieselbe Person, die ich erst vor wenigen Stunden als Gott selbst gesehen hatte? Ich saß eine Zeit lang bei ihr und ging dann ins Bett. Aber der Schlaf wollte nicht kommen. Ich fühlte mich aufgeladen von einer starken glückseligen Strömung, die durch meinen Körper ging und die den Schlaf unmöglich machte. Tatsächlich schlief ich die nächsten drei Tage praktisch überhaupt nicht.

Am nächsten Morgen kam Amma um zu sehen, wie es mir geht. Ich beschloss, die Gelegenheit zu ergreifen, meinen Zweifel zu klären.

„Würdest du mir erzählen, was deine Erfahrung zur Zeit des Bhāva ist?", fragte ich.

„Während ich zu Kṛṣṇa oder Dēvī singe, sehe ich diesen besonderen Aspekt des Höchsten. Ich bringe mich ihm vollständig dar, fühle, wie ich mit ihm verschmelze und werde vollständig eins mit ihm." Als sie dies sagte, machte sie mit zwei ihrer Finger ein Zeichen wie ein „V". Sie zeigte, indem sie sie zusammenbrachte, dass die beiden eins wurden.

„Warum tust du so, als wüsstest du nichts über das, was während des Bhāva vor sich geht? Du bist offensichtlich vollständig bei Bewusstsein. Ich habe von Chandru gehört, dass du sehr unter deinen Verwandten und einigen unwissenden Dorfbewohnern gelitten hast, die glauben, dass du verrückt bist. Hättest du ihnen nicht die Wahrheit sagen können?", fragte ich.

„Ich habe einen besonderen Auftrag übernommen, der mir von Gott anvertraut wurde. Ich möchte, dass die Menschen Gott verehren, nicht mich. Sie sind der Ansicht, dass Gott mich drei Nächte die Woche in Besitz nimmt. Mit diesem Glauben kommen sie her und ihre Probleme werden gelöst. Außerdem kennen die meisten dieser Menschen nicht das ABC des spirituellen Lebens. Selbst wenn ich ihnen die Wahrheit sage, wer würde sie verstehen? Mehr noch, sieht man alles als Gott, kann man dann überhaupt ein Gefühl haben, dass ich und andere verschieden sind? Jemand, der glaubt, er sei etwas Besonderes und dass die anderen in Unwissenheit dahindümpeln, hat sicherlich noch einen langen Weg vor sich, um Gott zu erkennen."

Unter großen Schwierigkeiten erfuhr ich etwas über Ammas Lebensgeschichte. Da sie von Natur aus sehr bescheiden ist,

sprach sie erst nach viel Überredung von sich. Selbst dann wurde
sie ruhelos und ging weg, bevor sie einen speziellen Vorfall zu
Ende erzählt hatte.

Der Samen der Hingabe war von frühester Kindheit an in
ihrem Herzen. Sie sah Kṛiṣhṇa als ihren Geliebten und begann,
für ihn im Alter von fünf Jahren Lieder zu komponieren. Sie
bewahrte sich stets ein kleines Bild von ihm in ihrem Röckchen.
Ab und zu nahm sie es heraus und sprach zu ihm. Als sie acht
oder neun war, wurde ihre Mutter krank. Die Last der Hausarbeit
fiel auf ihre Schultern. Sie war gezwungen, die Schule abzubre-
chen. Immerhin konnte sie in der Schule einer Pfarrgemeinde
ein wenig nähen lernen. Ihre Mutter und ihr Bruder waren
strenge Lehrmeister. Sie zögerten nicht, sie zu schlagen oder zu
treten, wenn sie irgendetwas an ihrem Verhalten fanden, das
in ihren Augen nicht in Ordnung war. Speziell ihr Bruder war
eine Quelle großen Leids für sie. Er stand ihrer Hingabe zu Gott
feindlich gegenüber, beschimpfte sie häufig dafür, dass sie laut
den Göttlichen Namen sang.

Von drei Uhr in der Früh bis elf Uhr abends war sie beschäftigt. Sie kehrte den Hof, fütterte die Kühe, kochte das Essen und
reinigte die Töpfe und Pfannen. Sie wusch die Kleider der Familie
und verrichtete zahllose andere Arbeiten. Als ob dies nicht genug
gewesen wäre, schickte man sie in die Häuser ihrer Verwandten,
um auch bei deren Hausarbeiten zu helfen. Aber die ganze Zeit
über wiederholte sie leise den Göttlichen Namen. Sie wartete auf
den Tag, an dem sie ihren Sri Kṛiṣhṇa sehen könnte. Sie hatte
die Angewohnheit, alles im Haus an arme oder hungernde Menschen zu geben. Dafür wurde sie sehr streng bestraft. Einmal
wurde sie an einen Baum gebunden und blutig geschlagen, weil
sie das Goldarmband ihrer Mutter an eine hungernde Familie
weggeben hatte.

Als sie in ihr Teenageralter kam, hatte sie häufige Visionen Sri Krishnas. Sie fühlte, dass sie eins mit ihm war. Sie schloss sich selbst in das kleine Altarzimmer im Haus ein. Sie tanzte und sang in der Ekstase des Bewusstsein Gottes oder blieb stundenlang in tiefer Meditation versunken. Sie vergaß ihre Umgebung vollständig. Manchmal fand man sie mit tränenüberströmtem Gesicht apathisch im Badezimmer sitzen und die Worte „Krishna, Krishna" murmeln. Ihre Mutter konnte sie nur unter großen Schwierigkeiten zum Gewahrsein der äußeren Welt zurückbringen. Schließlich wurde ihre innere Verwirklichung der äußeren Welt offenbar.

Während sie eines Tages Gras für die Kühe zupfte, hörte sie einen Vortrag über Sri Krishna mit an, der im Nachbarhaus gehalten wurde. Unfähig sich zu kontrollieren, rannte sie zu dem Ort hin. Sie stand dort und verwandelte sich als Sri Krishna selbst. Die Dorfbewohner konnten nicht genau feststellen, was mit dem jungen Mädchen geschehen war. Viele glaubten, dass sie von Krishna besessen war. Andere dachten einfach, dass sie eine Art Anfall hätte. Niemand konnte natürlich verstehen, dass sie eins mit ihm war. Die Menschen begannen, sich in Scharen um sie herum zu versammeln. Man forderte Amma auf, ein Wunder zu volbringen, um zu beweisen, dass sie Krishna sei. Zuerst lehnte sie dies ab. Sie sagte ihnen, sie sollten das wirkliche Wunder sehen, nämlich Gott in ihrem eigenen Innern. Später aber gab sie der Aufforderung nach.

Man bat einen Mann, einen kleinen Krug Wasser zu bringen und seinen Finger hinein zu tauchen. Und siehe da! Das Wasser hatte sich in eine Art süße Marmelade verwandelt, die nun an alle Anwesenden verteilt wurde. Von diesem kleinen Krug bekamen fast eintausend Dorfbewohner genug Marmelade und das Gefäß war immer noch voll. Von da an glaubten viele, dass Kṛiṣhṇa tatsächlich gekommen war, um das Dorf zu segnen.

Dies war keineswegs ein Segen für Amma. Viele Dorfbewohner und sogar enge Verwandte setzten jetzt alles daran, sie zu töten. Sie glaubten, sie sei eine Betrügerin und würde der Familie nur Schande bringen. Sie vergifteten ihr Essen und erhoben sogar ihre Messer, um sie zu erstechen. Aber alle ihre Versuche scheiterten. Tatsächlich widerfuhren ihnen kurze Zeit später verschiedene Unglücke.

Etwa sechs Monate verstrichen so. Eines Tages entwickelte Amma ein starkes Verlangen, die Göttliche Mutter zu sehen, genauso wie sie sich vorher danach gesehnt hatte, Kṛiṣhṇa zu sehen. Sie dachte, dass sie durch Meditation und Askese die Gnade Dēvīs erlangen könnte. Sie verbrachte die ganze Zeit in der Versenkung tiefer Meditation auf Dēvīs Form. Manchmal weinte sie wie ein Kind nach seiner Mutter, überwältigt von dem ruhelosen Verlangen nach Dēvīs Offenbarung. Man fand sie häufig im Sand liegend, das Gesicht von Tränen durchnässt und die Haare, Ohren und Augen voller Schmutz. Sie dachte überhaupt nicht daran, ihren Körper vor den Elementen zu schützen. Sie saß oder lag einfach in der Mittagssonne oder in heftigem Regen da. Auf Grund der Intensität ihrer Sehnsucht und ihrer ständigen Gedanken an Dēvī begann sie, das gesamte Universum als Dēvīs Form wahrzunehmen. Sie küsste die Bäume und umarmte den Boden. Sie weinte von der Berührung eines Windhauchs, da sie dies als Mutters Gegenwart empfand. Aber trotz all ihrer Sehnsucht und Askese konnte sie nicht die persönliche Form der Göttlichen Mutter erblicken, die das Objekt ihrer Sehnsucht war.

Eines Tages dann erschien ihr die Göttliche Mutter in lebendiger Form und sprach mit ihr. Sie sagte Amma, dass sie zum

Wohle der Welt geboren sei, um die Menschen den Weg zu ihrem wahren Selbst, zu dem Eins-Sein mit ihm zu führen. Mit einem mitfühlenem Lächeln verwandelte sich die Göttliche Mutter dann in einen strahlenden Glanz und verschmolz mit Amma. Amma beschreibt das mit eigenen Worten so: „Von diesem Moment an hörte alles objektive Sehen auf und ich erkannte alles als mein eigenes Selbst." Sie erkannte ihre wahre Natur als formlos, die alle Formen, sogar die Form Gottes, in sich trägt. Von da an begann zusätzlich zum Kṛiṣhṇa Bhāva auch Dēvī Bhava. Dies war jedoch keineswegs das Ende von Ammas Schwierigkeiten.

Vielleicht aus Eifersucht, weil riesige Menschenmengen zu Amma kamen oder aus bloßem Spaß daran, Schwierigkeiten zu bereiten, fuhren einige Menschen fort, sie zu schikanieren. Einige informierten die Polizei und versuchten, sie unter Vorwurf der öffentlichen Ruhestörung zu verhaften. Aber beim Anblick ihres leuchtenden und glückseligen Gesichtsausdrucks verbeugte sich die Polizei vor ihr und ging fort. Ein Mörder, der angeheuert wurde, sie während des Darśhans zu beseitigen, betrat den Tempel mit einem unter seinen Kleidern verborgenen Messer. Amma strahlte ihn mit einem gütigen Lächeln an, das ihn mit Reue über seine böse Absicht erfüllte. Er fiel zu ihren Füßen und bat um ihre Vergebung. Er war nachher ein verwandelter Mensch. Zu der Zeit, als ich zu ihr kam, hatte die Lage sich mehr oder weniger beruhigt. Trotzdem gab es immer noch einige Dorfbewohner, die ihr feindlich gesinnt waren.

Eines Tages während des Dēvī Bhāva trat ihr Vater an sie heran. Er hatte genug von den Schwierigkeiten, die von ihrer Göttlichen Stimmung und den nachfolgenden Menschenmengen verursacht wurden. Da er ihren Körper als von Dēvī in Besitz genommen betrachtete, flehte er: „Ich will meine Tochter zurückhaben, so wie sie war, bevor du kamst. Bitte geh weg."

„Wenn ich gehe", erwiderte sie, „wird deine Tochter eine Leiche." Ihr Vater beachtete ihre Worte nicht. Er bestand darauf, dass sein Wunsch erfüllt werde. Im gleichen Augenblick fiel Amma auf der Stelle tot um. Acht Stunden lang gab es kein Lebenszeichen in ihrem Körper. Darauf folgte ein Aufruhr und der Vater wurde beschuldigt, für Ammas vorzeitigen Tod verantwortlich zu sein. Die Menschen entzündeten Lampen rund um ihren toten Körper. Gebete wurden Gott dargebracht, um sie zurück ins Leben zu bringen. Ihr Vater erkannte seinen Fehler und bereute ihn bitter, warf sich vor dem Tempel auf den Boden, weinte und rief aus: „Vergib mir, oh Göttliche Mutter! Ich bin ein unwissender Mann. Ich werde nie mehr solche Worte wiederholen. Bitte bringe meine Tochter zurück zum Leben." Langsam wurden leichte Bewegungen in Ammas Körper sichtbar. Schließlich kehrte ihr Körper in seinen Normalzustand zurück. Von dieser Zeit an hörten ihre Eltern auf, sie einzuschränken. Sie durfte mehr oder weniger tun, was sie wollte.

Amma hatte zwei unverheiratete Schwestern, die sich um die Hausarbeit kümmerten und auch die Schule besuchten. Viele junge Männer, die von Ammas mütterlicher Liebe und ihren spirituellen Vorträgen angezogen wurden, wollten nach dem Darśhan gerne mehr Zeit mit ihr verbringen. Aber ihr Vater erlaubte es nicht. Er fürchtete, dass ihre Absichten nicht gar so unschuldig waren und Probleme in Verbindung mit seinen anderen Töchtern auftreten könnten. Er jagte diese Jungen weg, sobald der Darśhan endete.

Chandru war einer dieser jungen Männer. Er war schmerzlich davon berührt, wie sich der Vater verhielt. Eines Tages wandte er sich an Amma: „Wenn dein Vater so weitermacht,

wie soll dieser Ort dann jemals zu einem Āśhram oder einem Zufluchtsort für aufrichtig spirituell Suchende werden? Er ist lieblos zu dir und denen, die in deiner Nähe bleiben wollen. Außerdem gibt es hier niemanden, der sich um deine Bedürfnisse kümmert. Du hast nicht einmal ein Laken, mit dem du dich zudecken kannst oder richtige Nahrung zum Essen. Ich kann es nicht mehr länger aushalten zuzuschauen, wie dies immer so weitergeht."

Amma tröstete ihn, lächelte und sagte: „Mein Sohn, mach dir keine Sorgen. Du gehst zum Aruṇāchala und legst ein einundvierzigtägiges Schweigegelübde ab. Nach deiner Rückkehr wird alles in Ordnung kommen. Am Aruṇāchala findest du die Menschen, die sich um mich und den zukünftigen Āśhram kümmern werden. Du wirst auch Kinder finden, die von außerhalb Indiens kommen, die meine Kinder sind. Du wirst schon sehen: Es wird der Tag kommen, an dem Vater dich wie seinen eigenen Sohn mit Liebe und Zuneigung begrüßen wird." Chandru war daraufhin zum Aruṇāchala gegangen. Kurz darauf sind wir uns begegnet.

Es war jetzt der dritte Tag meines Aufenthalts bei Amma. Den ganzen Tag über hatte ich ein himmlisches Parfüm gerochen. Ich dachte, es handle sich vielleicht um Weihrauch, der im Tempel benutzt würde. Ich konnte ihn dort aber nicht finden. Ich fragte Amma, woher ich solchen Weihrauch bekommen könnte. Sie lachte und sagte mir: „Solch ein Duft ist in keinem Laden erhältlich. Dieser Duft existiert im Innern jedes Menschen. Nur Yōgīs wissen, wie man ihn zum Vorschein bringt."

Ich hatte gehört, dass der Maharṣhi gelegentlich einige seiner Devotees durch die Macht seiner Augen segnete. Es war, als strömten Strahlen feinstofflichen Lichts aus seinen Augen. Wenn sie jemanden berührten, erhielt diese Person verschiedene spirituelle Erfahrungen. Ich fragte Amma, ob sie das Gleiche tun würde oder könnte. „Ich bin ein verrücktes Mädchen. Ich kann nichts tun", erwiderte sie lachend.

In jener Nacht war Darśhan. Ich blieb während beider Bhavas so lange wie möglich im Tempel. Ich fühlte die Atmosphäre im Tempel, die von spirituellem Frieden erfüllt war. Die Meditation gelang mühelos. Ich ging und legte mich hinter dem Tempel hin. Mir war nicht danach, ins Haus zu gehen. Ich wollte Amma so nahe wie möglich sein. Der Darśhan neigtes sich dem Ende entgegen und Chandru kam, mich zu rufen. Er sagte, dass Dēvī mich riefe, ich solle vor den Tempel kommen. Ich kam herum zur Vorderseite des Tempels und stand mit dem Gesicht zu Amma. Als sie mich dort sah, kam sie rasch zu mir hinüber und gab mir eine liebevolle Umarmung. Dann beugte sie sich nieder und flüsterte in mein Ohr: „Mein Sohn, mach dir keine Sorgen, deinem Körper wird es bessergehen." Sie schritt dann langsam in den Tempel zurück, stand dort in der Fronttür und blickte mich an. Als sie mich ansah, bemerkte ich, dass ihr Gesicht heller und heller wurden. Nach und nach dehnte die Helligkeit sich so weit aus, dass sie ihren ganzen Körper durchflutete, dann den Tempel und sogar die ganze Umgebung. Ich konnte nichts sehen außer diesem leuchtenden, aber wohltuenden Licht. Plötzlich zog der Glanz sich auf die Größe einer Nadelspitze zusammen, dessen Helligkeit mich blinzeln ließ. Einen Augenblick später hörte er auf. Ich sah wieder Amma, die mich anlächelte. Die Tempeltüren wurden geschlossen und der Darśhan ging zu Ende.

Ich fühlte deutlich, dass Amma in mich eingetreten war. Mein Mind war gefüllt voll Gedanken an sie. In meinem Inneren fühlte ich deutlich ihre Gegenwart. Es war mir klar, dass ich einen flüchtigen Einblick in ihre wahre Form, nämliches Göttliches Licht, erhalten hatte. Ich wunderte mich über ihre meisterhafte Art, ihre Identität als große Weise zu verbergen und zu erscheinen, als wäre sie ziemlich einfältig und manchmal sogar verrückt. Dies war in der Tat eine einzigartige Persönlichkeit. Es hatte Weise gegeben, die nach vierzig oder fünfzig Jahren intensiver Meditation irgendwie Selbstverwirklichung erlangt hatten. Hier hingegen lag ein ganz anderer Fall vor. Seit dem Alter von sechszehn oder siebzehn Jahren war sie im Höchsten Zustand verankert und hatte ihn auf diese einzigartige Art zum Besten der Allgemeinheit eingesetzt. Ohne ihre Identität offenzulegen oder die Beschimpfungen zu beachten, mit denen sie überschüttet wurde, verlor sie niemals ihre Geduld. Amma zeigte allen, die sie aufsuchten, die gleiche Liebe -sogar jenen, die versucht hatten, ihr Schaden zuzufügen.

Als sie über die Menschen sprach, die versucht hatten, ihr Schaden zuzufügen, sagte sie eines Tages: „Es waren ihre irregeführten Vorstellungen, die sie so sprechen und sich verhalten ließen, wie sie es taten. Sie konnten die Bedeutung und den Zweck des spirituellen Lebens nicht erkennen. Warum sollten wir böse mit ihnen sein, wenn dem so ist? Schau dir diese schönen Rosen an. Welch' feiner Duft! Aber was geben wir ihnen für ihr Wachstum? Kuhdung! Welch' ein Unterschied zwischen der schönen Blume und dem übelriechenden Dung. Genauso sind Hindernisse der Dünger, der uns spirituell wachsen lässt. Schwierigkeiten zu schaffen, ist die Natur der Unwissenden. Wir müssen zu Gott beten, dass er ihnen vergibt und sie auf den rechten Weg führt."

Am nächsten Morgen kam Amma zu mir und fragte mich, ob ich mich am Darśhan der vergangenen Nacht erfreut hätte. Ich erzählte ihr von meiner Erfahrung.

„Du hast wirklich Glück. Ich hatte das Gefühl, als käme mein inneres Licht aus meinen Augen und würde mit dir verschmelzen. Ich fragte mich, ob du etwas gefühlt hast", sagte sie. In drei Tagen würde die Feier zu Ramanas hundertstem Geburtstag beginnen. Es sollte eine sehr große Feier werden. Obwohl ich bei Amma bleiben wollte, wollte ich auch an der Feier am Aruṇāchala teilnehmen. Da Amma mein Herz kannte, sagte sie mir, ich solle zum Aruṇāchala zurückgehen und die Feier dort mitmachen. Sie sagte Chandru, er solle mit mir gehen. Er solle mir so lange helfen, wie ich es bräuchte. Amma war der Meinung, da er nicht bei ihr bleiben konnte, sollte er zumindest die Gesellschaft eines Aspiranten auf dem Pfad haben. Anderseits brauchte ich jemanden, der sich um mich kümmerte. Ich fragte sie, ob ich wiederkommen und ständig bei ihr bleiben könnte: Dies war mein sehnlichster Wunsch.

„Wenn Vater nichts dagegen hat, kannst du kommen und hierbleiben", erwiderte sie. Ich ging zu ihrem Vater und bat ihn, mir zu erlauben, dort zu bleiben. Er war einverstanden, sagte aber, dass es eine gute Idee wäre, mir eine Hütte zu bauen. Da dies die einzige Bedingung war, sagte ich ihm, dass ich bald zurückkehren würde. Amma sagte mir dann, dass eine negative Kraft mich beeinflusst habe und teilweise für meine Krankheit verantwortlich sei. Sie sagte mir, ich solle einundvierzig Tage lang in Tiruvannamalai bleiben und ein spezielles Ritual durchführen, das diese Kraft neutralisieren würde. Sie erklärte mir auch die Einzelheiten des Rituals.

Amma rief ihren Vater und bat ihn, uns einen Tanz vorzuführen. Als junger Mann hatte er den traditionellen Tanz Keralas gelernt, den Kathakaḷī. Er begann, im Zimmer herumzutanzen. Er war kein junger Mann mehr. Er war o-beinig geworden und hatte einen dicken Bauch wie ein Luftschiff. Amma kugelte sich vor Lachen auf dem Boden. Je mehr wir lachten, desto schneller tanzte und hüpfte er wie ein riesiger Ball umher. Schließlich hörte er nach Luft schnappend auf.

Als ich mich von ihr verabschiedete, nahm Amma die Gebetskette aus Rudrākṣhaperlen von meinem Hals. „Sie gefällt mir", sagte sie. Ich sagte ihr, ich würde die Kette in Silber aufziehen lassen und sie ihr bei meiner Rückkehr bringen. Sie gab mir eine mütterliche Umarmung und sagte: „Mach dir keine Sorgen, ich bin immer bei dir. Du musst verstehen, dass sich Ramaṇa Maharṣhi und Amma im selben Zustand der Selbstverwirklichung befinden. Die Unterschiede bestehen nur in Körper und Persönlichkeit." Sie begleitete mich dann zur Bootanlegestelle und stand dort, bis wir die andere Seite der Backwaters erreicht hatten.

Dort wartete ein Taxi, um uns zu Chandrus Haus in etwa sechzig Kilometer Entfernung zu bringen. Kaum stieg ich ins Taxi, erinnerte ich mich an die Liebe, die sie mir gezeigt hatte und brach in Tränen aus. Ich konnte mich nicht zurückhalten, bis wir sieben oder acht Kilometer weit gefahren waren. Chandru sah mich verwundert an. Dieses Weinen war schon nichts Neues mehr. Daher unterließ er es, mich zu fragen, was los sei. Eine unbeschreibliche Glückseligkeit erfüllte meinen Mind. Ich konnte an nichts anderes als an Amma denken. Chandru begann, über etwas zu reden, aber ich konnte ihm nicht antworten. Mein Mind weigerte sich einfach zu denken. Obwohl ich immer noch krank und schwach war, kümmerte ich mich nicht mehr so sehr um meinen Körper. Sie hatte gesagt, dass es mir bessergehen werde. Es muss so sein, dachte ich.

Nachdem wir Chandrus Haus erreicht hatten, war ich zum ersten Mal seit Monaten hungrig. Ich bat seine Mutter, Reis und Gemüse zuzubereiten. Ich aß, ohne Bauchschmerzen zu bekommen. Von diesem Tag an war ich in der Lage, normale

Nahrung zu essen. Auf Grund dessen gewann ich langsam meine Kraft wieder. Ich konnte mich umherbewegen und sogar kleine Arbeiten verrichten. Die Schwäche und der Schmerz im Rücken blieben weiterhin. Es war aber nicht mehr so schlimm wie zu der Zeit, als ich zu Amma gekommen war.

Am nächsten Tag bestiegen wir einen Zug nach Tiruvannamalai. Nachdem wir etwa eine halbe Stunde lang gefahren waren, begann ich den göttlichen Duft zu riechen, den ich in Ammas Gegenwart wahrgenommen hatte. Ich durchsuchte meine Taschen. Ich sah, dass der Duft von der Gebetskette ausströmte, die sie berührt hatte. Er war so stark, als hätte jemand Parfüm darüber gekippt. Ich legte die Kette in eine Plastiktüte und packte sie weg. Nach ein paar Minuten bemerkte ich erneut denselben Duft. Mir war, als würde ich gleich wieder anfangen zu weinen. Plötzlich änderte sich der Geruch in einen Jasminblütenduft, dann zu frischen Zitronen, danach zu gewöhnlichem Weihrauch und schließlich zu gekochter Tapiokawurzel. Das waren alles Dinge, die man in Ammas Nähe finden konnte. Als wir bei ihr gewesen waren, hatte sie als Hauptnahrungsmittel Tapiokawurzel anstatt Reis gegessen.

Ich rief Chandru und fragte ihn, ob er irgendetwas davon riechen konnte. Er konnte nicht. Ich bat ihn, seine Nase nahe an die meine zu halten und zu sehen, ob etwas riechen könnte. Die anderen Reisenden müssen sich gefragt haben, was wir vorhatten. Er konnte noch immer nichts riechen, obwohl die Düfte meine Nasenlöcher füllten, als würden die Dinge direkt unter meine Nase gehalten. Es muss Ammas Spiel sein, dachte ich. Chandru setzte sich auf seinen Sitz. Nach zwei Minuten rief er: „Jetzt rieche ich es! Jetzt rieche ich es!" Während der sechzehnstündigen Reise machten die Düfte sich zusammen mit einem Gefühl von Ammas Gegenwart von selbst bemerkbar und

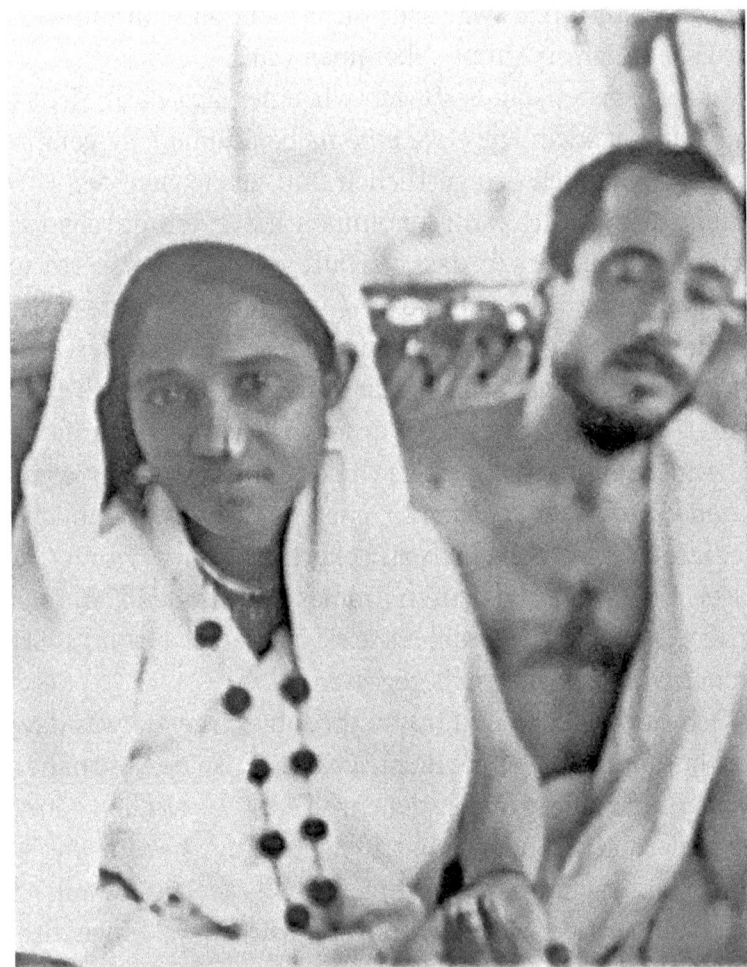

verschwanden ebenso wieder. Ohne Zweifel ist es eine bizarre Vorstellung, dass jemand anwesend sein kann, selbst wenn er nicht sichtbar ist. Dies war jedoch unser Eindruck und Amma selbst bestätigte ihn später.

Wir blieben die nächsten einundvierzig Tage in Tiruvannamalai. Die Hundertjahrfeier von Ramanas Geburt war in der Tat großartig und wurde im großen Stil gefeiert. Ich war froh, dass ich dabei sein konnte. Obwohl ich aber vor Ramanas Grab stand, war mein Mind bei Amma. Ich fühlte mich wie jemand, der von einem Wirbelsturm weggefegt wurde, obwohl er sich an einem Baum festhielt. Elf Jahre lang war Ramana das Zentrum und der Halt meines Lebens. Sogar mein Umgang mit Ratnamji und Avadhutendraji schien wie von Ramana eingefädelt und geführt. Seine lebendige Gegenwart spürte ich wie sie von seinem Grab ausging. Dies war eine Quelle des Beistandes und Trostes für meinen oft verwirrten Mind gewesen. Tatsächlich hatte ich sogar das feine Licht oder die Bewusstseinsströmung, die sich in meinem Mind darstellte, irgendwie mit Ramanas Gegenwart gleichgesetzt.

Jetzt fühlte ich - obwohl ich vor ihm stand, dass diese innere Gegenwart Amma war. War dies die Auswirkung davon, dass sie in der Nacht vor meiner Abreise mystisch in mich eingetreten war? Ich hatte keinen Zweifel daran und es tat mir deswegen nicht leid. Die Gesellschaft und Führung einer verwirklichten Seele im Körper sollten bevorzugt werden im Vergleich zu denen, die ihren physischen Körper verlassen haben. Ich tröstete mich mit dem Gedanken, dass Vater sich entschieden hatte, mich zur Mutter zu schicken, nachdem er mich bis zu einem gewissen Grade aufgezogen hatte.

Das Ritual, das Amma mir geraten hatte, bestand daraus, vor zwei Uhr nachts vor einen Devītempel zu gehen. Dort sollte ich ein brennendes Holzscheit über und um meinen Kopf herumführen. Ich sollte dabei zu Gott beten, er möge den Einfluss beseitigen, der mich körperlich in Mitleidenschaft zog. Dies tat ich die gesamten einundvierzig Tage lang. Während dieser Zeit tat Chandru sein Bestes, sich um meine Bedürfnisse zu kümmern. Es war eine schwierige Zeit für ihn. Ratnamji hatte mich streng erzogen, immer voll konzentriert zu handeln. Selbst eine Streichholzschachtel sollte nicht achtlos weggelegt werden. Ich bestand darauf, dass Chandru das Gleiche tat. Er hatte natürlich damit zu kämpfen. Später gab er jedoch zu, dass es für ihn sehr hilfreich war, als er Amma verlassen musste, um in den nächsten vier Jahren in Bombay Vēdānta zu studieren.

Zu dieser Zeit traf ich Gayatri. Sie stammte aus Australien und war ohne vorherigen Plan zum Aruṇāchala gekommen. Die Umstände hatten sie irgendwie hergebracht. Sie lebte etwa seit einem Jahr dort, kochte für einige Devotees und führte ein sehr asketisches Leben. Sie hatte absolut kein Geld. An manchen Tagen musste sie sogar Blätter von den Bäumen pflücken, um für andere und sich selbst etwas zu essen zu haben. Auf mysteriöse Weise kam hin und wieder ein wenig Geld oder Nahrung zu ihr. Dann war sie in der Lage, so weiterzumachen. Während einer Unterhaltung von Chandru hörte sie von Amma und eine intensive Sehnsucht, Amma kennenzulernen, erwachte in ihr. Tatsächlich wünschte sie sich, Amma nahe genug zu kommen, um ihr als persönliche Dienerin zur Seite zu stehen.

Gayatri hatte einen außergewöhnlich unschuldigen Mind. Sie konnte niemandem lange böse sein, egal wie schlecht sie jemand behandelte. Darüber hinaus wollte sie kein weltliches Leben führen. Sie verließ sich darauf, dass Gott sie versorgte und ihr den Weg zeigte, diesen Wunsch zu verwirklichen. Eines Tages sah sie während der Meditation ein Licht aufleuchten.

Sie sah in sich selbst Amma als lebende Form. Ein Ruf nach „Mutter, Mutter, Mutter" stieg spontan in ihr auf. Dann legte sich alles zu einer tiefen Stille. Von da an wurde sie äußerst ruhelos, zu Amma zu gehen. Als sie hörte, dass wir in Kürze zu Amma zurückgehen würden, bat sie uns, sie mitzunehmen. Chandru blickte mich an und sagte: „Ich denke, dieses Mädchen wird vielleicht Ammas Dienerin. Wir sollten sie mitnehmen." Nachdem wir dafür gesorgt hatten, dass sich jemand um die Häuser in Tiruvannamalai kümmerte, reisten wir drei ab. Wir hatten keine Ahnung, dass sich ein völlig neues Leben vor uns eröffnen würde.

„Amma nimmt gerade ihr Bad. Sie wird bald zurückkommen." Es war einer der Jungen, die Amma an den Tagen besuchten, wenn kein Darśhan war. Er saß vor dem Tempel und meditierte. Wir setzten uns und warteten auf Amma. Innerhalb weniger Minuten kam sie wie ein kleines Mädchen angelaufen und begrüßte uns liebevoll. Wir verbeugten uns zu ihren Füßen und stellten ihr Gayatri vor. Sie musterte Gayatri eingehend und setzte sich dann zu uns hin. Chandru erzählte ihr von unserer Erfahrung im Zug.

„Als du diesen Ort verlassen hast, warst du sehr krank", sagte sie und blickte mich an, „ich dachte an dich und darum hast du meine Gegenwart gefühlt."

„Amma, genügt es, dass du einfach nur an einen Menschen denkst? Und schon hat er das Gefühl, als wärest du dort? Wie ist das möglich?", fragte ich sie.

„Sohn, man braucht Konzentration, nur dann ist es möglich. Zuerst denke ich, ‚der und der befindet sich an einem bestimmten Ort. Aber dieser Ort und alle Orte sind in mir.' Wenn ich diesen Gedanken habe, geht mein Mind zu dieser Person. Ist sein Mind etwas gereinigt, wird er ganz sicher etwas fühlen.

Wenn du mich fragst, warum die Gedanken zu einer bestimmten Person hingehen, kann ich es dir nicht sagen. Es kommt mir einfach so in den Sinn, das ist alles." Als sie dies sagte, fing sie an zu lachen. Einige kleine Kinder spielten in der Nähe. Sie stand auf und begann, ihnen nachzulaufen und Fangen zu spielen. Amma rannte und schrie genau wie sie. Mit Ausnahme ihrer Körpergröße hätte man gedacht, sie sei sechs oder sieben Jahre alt. Nach etwa 15 Minuten kehrte sie atemlos zu uns zurück.

„Man sollte jeden Tag einige Zeit mit kleinen Kindern verbringen", sagte sie. „Ihre Unschuld färbt auf uns ab und wir erfreuen uns wie ein Kind am Glück. Tatsächlich ist es unsere wahre Natur, ein unschuldiges Kind Gottes zu sein. Wir lassen

Amma vor der ersten Hütte – 1980

aber zu, dass dies von anderen Dingen wie sinnliche Begierde, Wut und Habgier verdeckt wird. Die gleiche Unschuld, die ihr in den Augen eines Kindes seht, könnt ihr in den Augen eines selbstverwirklichten Menschen sehen."

Amma, so sprachen wir sie an, bat Gayatri, sich neben sie zu setzen und zu meditieren. Nach wenigen Minuten drückte sie ihren Finger zwischen Gayatris Augenbrauen und betrachtete sie intensiv. Sie schien einen bestimmten Zweck dabei zu verfolgen. Nachdem sie ihren Finger ein paar Minuten lang so gehalten hatte, lächelte Amma plötzlich. Was immer es war, was sie tun wollte, sie hatte es offensichtlich getan. Gayatri öffnete langsam ihre Augen. Vor Amma war sie sehr schüchtern und zögernd.

„Sei nicht so schüchtern, Tochter. Will eine Frau etwas im spirituellen Leben erreichen, sollte sie diese Schüchternheit ablegen. Einige der männlichen Eigenschaften, wie zum Beispiel Losgelöstheit und Mut, sollte sich eine Frau aneignen, sofern sie Erfolg haben möchte. Frauen sind im Allgemeinen nicht daran interessiert, dem weltlichen Leben zu entsagen, um die Verwirklichung Gott zu erlangen. Wer würde sonst die Schöpfung in Gang halten? Wenn ihr Interesse aber einmal geweckt ist, kann sie schnellere Fortschritte machen als Männer."

Man beschloss, mich im Haus unterzubringen. Amma und Gayatri würden im Tempel schlafen. Chandru sollte sich dort ausruhen, wo er einen regen-und kältesicheren Platz finden konnte. In jener Nacht ließ Amma Gayatri an ihrer Seite schlafen. Sie schlief mit ihren Beinen auf Gayatris Beinen ein. Ammas kindliche Unschuld, verbunden mit ihrer mütterlichen Zuneigung und ihren Ratschlägen berührten Gayatris Herz und zog sie sofort zu Amma. Schon am zweiten Tag beschloss sie, nicht mehr zum Aruṇāchala zurückzukehren.

In jenen Tagen verbrachte Amma ihre ganze Zeit mit uns, außer wenn sie meditierte. Sie fütterte uns mit ihren eigenen Händen, scherzte mit uns, sang Lieder oder erzählte interessante Anekdoten. Es gab niemals einen langweiligen Moment. Wir stellten fest, dass im Laufe der Tage nur noch Amma in unseren Gedanken existierte.

Der Darśhan begann um sechs Uhr abends und ging bis sechs oder sieben am nächsten Morgen. Selbst danach saß Amma vor dem Tempel und sprach bis zehn oder elf Uhr mit den Devotees, die zu Besuch waren. Wir konnten nicht verstehen, wie sie Tag für Tag eine solche Belastung aushalten konnte. Wir hatten in jenen drei Nächten keinen Drang zu schlafen. Blieb Amma die ganze Nacht wach, um den Menschen zu helfen, wie hätten wir da bequem schlafen können?

Zuerst konnten die Menschen in dem Ort nicht verstehen, warum zwei Fremde in einem kleinen Fischerdorf bei einem so „verrückten" Mädchen wie Amma bleiben wollten. Sie sahen uns aber bald als zwei der ihren an, die einfach so sind wie sie selbst und eine starke Anziehung zu Amma fühlten. Amma verbot uns, den Besuchern oder Dorfbewohnern ihre wahre Identität als Mahātmā zu enthüllen. Amma war überzeugt, dass es wichtig war, dass sie an ihrem Glauben festalten, da sie durch ihn ihre Probleme erfolgreich bewältigen konnten.

„Alles wird zur rechten Zeit kommen, Kinder. Wer hat euch wohl hergebracht? Derselbe wird herbeiführen was und wann immer es notwendig ist. Lasst uns nur unsere Pflicht tun, ohne nach den Früchten zu verlangen. Amma braucht keine Propaganda. Jene, die ein reines Herz und eine Sehnsucht nach Gott haben, werden kommen, Amma aufsuchen und verstehen."

Sie spielte auch weiterhin ihre Doppelrolle: Als Gott während des Darśhans und als ein etwas verrücktes, aber bezauberndes Mädchen zu den anderen Zeiten.

Kurz nachdem wir zu Amma gekommen waren, um uns dauerhaft in ihrer Nähe niederzulassen, wurde eine Hütte errichtet, die das erste Āśhramgebäude war. Es war ein einzelner Raum, groß genug, um die eine Hälfte des Raumes als Küche und die andere Hälfte als Platz zum Leben und Schlafen zu benutzen. Amma und Gayatri wohnten auf der einen, Balu und ich auf der anderen Seite. Balu war einer der jungen Männer, der glücklich war und die Erlaubnis des Vaters hatte, bei uns zu wohnen. Gayatri kümmerte sich um das Kochen. Obwohl die Hütte aus Kokospalmblättern gebaut war, reichte sie aus, um uns vor den Naturelementen zu schützen. Unglücklicherweise wurde sie in den Darśhannächten von sehr vielen Besuchern randvoll bevölkert. Sie war der einzige zur Verfügung stehende Unterstand, was uns somit kaum Platz ließ uns hinzulegen.

Die meiste Zeit versuchten wir, uns an den ständigen Menschenstrom anzupassen, der Tag und Nacht in die Hütte strömte - und wieder aus ihr herauskam. Es wurde zu unserer Vollzeitbeschäftigung, die Menschen davon abzuhalten, Amma zu stören, nachdem sie sich schließlich schlafen gelegt hatte. Sie kamen, wann immer sie die Zeit dazu finden konnten. Sie dachten nicht daran, dass sie vielleicht zwei oder drei Tage lang nicht geschlafen hatte. Oft musste ich mich in den Türeingang legen, damit niemand hereinkommen konnte. Dadurch war es Amma möglich, ein paar Stunden Ruhe zu bekommen. Sie ungestört ruhen zu sehen, war meine größte Freude. Die Welt ist voller Lob für einen Menschen, der von Zeit zu Zeit ein wenig Selbstlosigkeit zeigt. Amma war die Verkörperung der Selbstlosigkeit. Sie war bereit, ihr Leben hinzugeben, nur um das Leid der gewöhnlichsten Menschen zu mildern. Um dies zu tun, gab sie das Schlafen, Essen und alles auf, was man ihr Eigen nennen könnte. Ein Beispiel mag dieses Prinzip veranschaulichen.

Eines Nachts endete der Darśhan ein wenig früher, etwa gegen vier Uhr morgens. Es war Regenzeit und dadurch war die Menschenmenge nicht so groß wie an anderen Tagen. Nach dem Darśhan setzte sich Amma bis fast halb sechs auf die Tempelveranda und sprach mit einigen Devotees. Nachdem wir ihr lange zugeredet hatten, war sie schließlich einverstanden, in die Hütte zu kommen und sich zur Ruhe zu legen. Wir hatten uns gerade hingelegt und die Lichter ausgemacht, als wir eine Stimme an der Tür hörten. Es war eine Frau, die den Bus verpasst hatte, um an diesen Ort zu kommen. Sie war die ganze Nacht lang eine ziemliche Wegstrecke gelaufen um hierherzukommen und Amma während der Darśhanzeit zu sehen. Als sie sah, dass die Darśhanzeit vorüber war, dachte sie, sie könnte Amma zumindest sehen, bevor sie zurückging. Doch wir wollten die Tür nicht öffnen.

„Öffnet die Tür", beharrte Amma. „Ich bin nicht hier, um mich der Ruhe und Bequemlichkeit zu erfreuen. Mein Ziel ist es vielmehr, das Leiden anderer Menschen auch nur ein wenig zu lindern. Ihr Glück ist mein Glück. Ist euch klar, unter welch' großen Schwierigkeiten diese Frau hierhergekommen ist, nur um mir ihr Herz auszuschütten? Einige der Besucher, die hierherkommen, leben in solch Armut, dass sie tagelang jeden Cent zusammensparen müssen, um sich überhaupt die Busfahrt hierher zu leisten." Bevor ihr alle hier wart, war ich frei, jeden Menschen zu sprechen, der kam und wann immer er kam. Dies zu tun, muss mir auch in Zukunft erlaubt sein. Oder ich werde wie zuvor draußen schlafen. Brauche ich etwa diese Decke oder dieses Kissen? Ich hatte vorher nichts und brauche jetzt auch nichts. Nur um euch eine Freude zu machen, benutze ich diese

Dinge." Sie stand auf, sprach mit der Frau und ging erst schlafen, nachdem sie ihr Trost geeben hatte.

Nachdem sie mich durch ihre liebevolle Haltung an sich gebunden hatte, begann Amma, mich langsam und tiefgründig zu unterweisen. Ich erhielt nie lange Erklärungen, nur ein paar Worte durch die sie eine kleine Änderung in meiner Art zu denken oder handeln vorschlug. Nur drei oder vier Tage nach meiner Ankunft bemerkte sie, dass der Tempel nicht gereinigt worden war, obwohl es sieben Uhr morgens war. Sie rief mich. Ich war immer noch sehr schwach und hatte körperliche Schmerzen und verbrachte dadurch die meiste Zeit liegend. Sie selbst ist äußerst losgelöst von ihrem Körper und wollte, dass auch ich auf ihre Ebene emporsteige. Obwohl das ziemlich unmöglich war, sagte sie mir, ich solle den Tempel reinigen und begann dann, diese Aufgabe selbst zu erledigen. Ich mühte mich und litt, aber irgendwie brachte ich die Arbeit zu Ende. Amma schien stets eine Arbeit zu finden, die nur ich verrichten konnte. Nicht dass ich nicht arbeiten wollte, aber körperliche Arbeit war mit Schmerzen verbunden, die ich vermeiden wollte. Obwohl ich wusste, dass diese Vermeidungshaltung ein Hindernis für den spirituellen Fortschritt darstellte, zögerte ich immer noch, die Schmerzen einfach zu ertragen.

Man sagt, dass es, genauso wie es drei Typen von Ärzten gibt, auch drei Typen von Gurus gibt. Der erste Typ Arzt berät den Patienten, geht fort und kümmert sich nicht einmal darum, ob der Patient die Medizin nimmt. Dies ist wie ein Guru, der seinen Schülern Ratschläge erteilt, sich aber nicht weiter darum kümmert, ob sie seinen Rat befolgen und wachsen. Der zweite Typ Arzt verschreibt die Medizin und redet dem Patienten gut zu, sie zu nehmen. Dies ist wie ein Guru, der aufrichtiger ist und seinem Schüler gegenüber große Geduld zeigt. Er nimmt zahllose

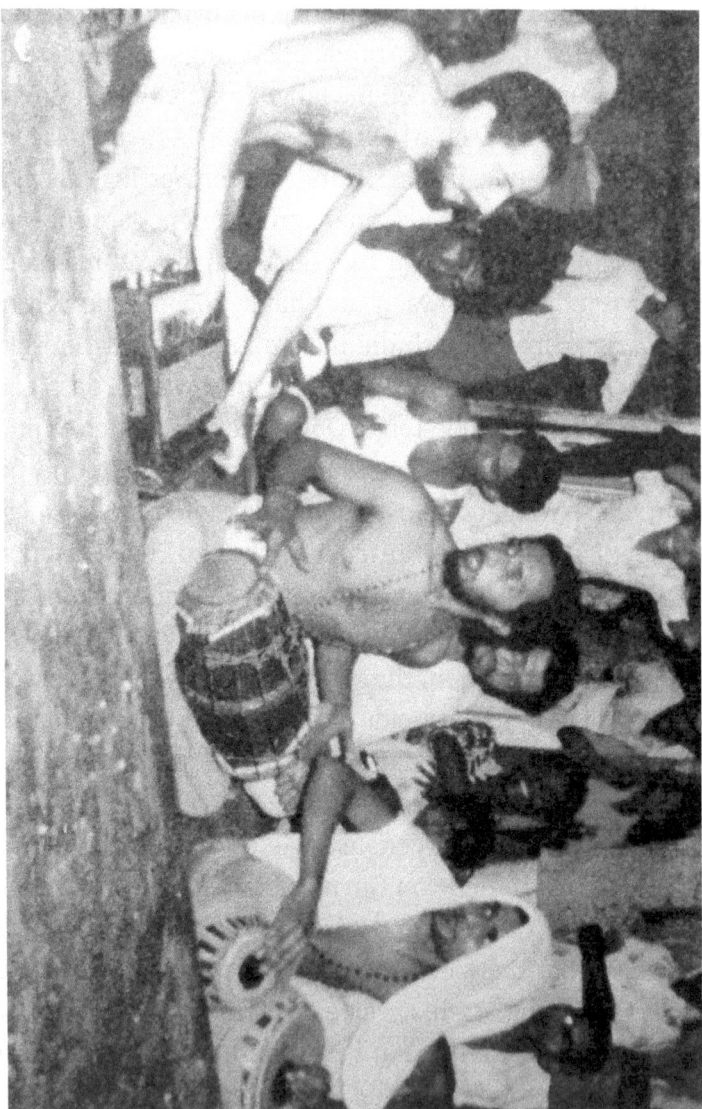

Bhajans in der Anfangszeit

Schmerzen auf sich, um dem Schüler zu erklären und ihn dazu zu überreden, den erteilten Rat zu befolgen. Der letzte und beste Typ Arzt jedoch zögert nicht, dem Patienten direkt zu Leibe zu rücken und ihm die Medizin den Rachen hinunter zu zwingen, wenn er weiß, dass der Patient sie sonst nicht einnehmen würde. Amma war wie dieser letzte Typ von Ärzten. Sie wusste, dass ich die Anhaftung an meinen Körper nicht von alleine über Bord werfen würde. Also zwang sie mich, dies alles zu tun. Selbst während eines Darśhans, nachdem ich gerade aufgestanden war, sagte sie mir, ich solle mich hinsetzen. Sie fand stets einen Grund, warum ich dortbleiben sollte.

„Ich bin die Śhakti (Energie) selbst", sagte sie. „Werde ich dir nicht genug Kraft geben, hier zu sitzen? Weil du dir Sorgen machst, wie du dich morgen fühlen wirst, willst du heute aufstehen und fortgehen." Obwohl ich ruhelos war und unter Schmerzen und Schwäche litt, war ich überrascht festzustellen, dass ich bis zum Ende des Darshans im Tempel neben ihr sitzen konnte. Tatsächlich hatte ich an jenen Tagen meine beste Meditation.

Eines Tages während der Regenzeit erkältete ich mich und bekam Fieber. Nachdem das Fieber abgeklungen war, setzte ein Husten ein. Dieser Husten wurde so schwer und hartnäckig, dass ich dachte, ich hätte mir vielleicht eine Lungenentzündung zugezogen. Der Husten hielt fast einen Monat lang an. Nachts saß ich fern von der Hütte und hustete stundenlang. Ich versuchte, Ammas Schlaf und den der anderen nicht zu stören, schließlich ging ich zu einem Arzt. Er gab mir eine Medizin und sagte mir, ich solle sie eine Woche lang nehmen.

Nach der Rückkehr zum Āśhram legte ich die Medizin in Ammas Hand und bat sie, diese zu segnen. Dies war der übliche Brauch von Menschen, die Medizin nehmen wollten. Gleichzeitig haben sie aber auch den Glauben, dass sie durch Ammas Gnade mit Sicherheit gesund werden. Sie schloss einige Augenblicke lang die Augen und gab mir die Medizin zurück, dabei traf sie einen Entschluss oder ein „Sankalpa", wie es genannt wird, durch dessen Kraft man sicher sein konnte, geheilt zu werden. Man glaubt, dass die Willenskraft von Selbstverwirklichten vollkommen ist und auch das scheinbar Unmögliche erreichen kann. Treffen sie einen ernsthaften Entschluss, ist dessen Erfüllung sicher - egal, welche Hindernisse es auch geben mag. Ich nahm ein oder zwei Tage lang die Medizin, fühlte aber keine Besserung. Beim Atmen hatte ich Schmerzen in der Brust. Ich wurde ruhelos, um irgendwie Erleichterung zu finden. Daher beschloss ich, zu einem anderen Arzt zu gehen und kam mit weiterer Medizin zurück. Wiederum legte ich die Medizin in Ammas Hände. Sie schloss wieder ihre Augen und gab sie mir zurück. Ich versuchte die Medizin ein paar Tage lang, fühlte jedoch keine Erleichterung. Stimmte etwas mit Ammas Entschlusskraft nicht? An jenem Tag ging sie in ein nahegelegenes Dorf, um einen Devotee zu besuchen, der sie dorthin eingeladen hatte. Mit dem Gefühl, vielleicht zu einer Last für andere zu werden, beschloss ich, in ein privates Krankenhaus zu gehen. Ich wollte dortbleiben, bis es mir besser ging. Ich wusste, dass Amma, mütterlich wie sie war, nicht damit einverstanden sein würde, dass ich in ein Krankenhaus ging. Ich nutze daher die Gelegenheit, als sie weg war. Ich ging mit ihrem Vater in ein etwa sechzehn Kilometer entferntes Krankenhaus.

Ich blieb drei Tage lang dort, aber es verbesserte sich nichts. Man verabreichte mir eine Menge Antibiotika, jedoch vergeblich. In der Zwischenzeit hatte Amma von meiner Flucht erfahren, aber nichts gesagt. Am dritten Abend meines Aufenthalts begann ich, intensiv ihre Gegenwart zu spüren. Ich weinte unkontrollierbar und wurde ruhelos, ich wollte nur noch zu ihr zurück. Aber wie konnte ich das zu tun? Ich hatte beschlossen, das Krankenhaus erst zu verlassen, wenn ich geheilt wäre. Am nächsten Morgen kam der Arzt, gab mir einige Tabletten und sagte, ich litte vielleicht unter einer Art Allergie und nicht unter einer ansteckenden Krankheit. Im selben Augenblick trat Amma in der Begleitung von ungefähr fünfzehn Menschen ins Zimmer.

„Sohn, letzte Nacht begann ich, intensiv über dich nachzudenken. Ich habe viel von deinem Leid gespürt und dieses Lied an die Göttliche Mutter geschrieben:

īsvari jagadīsvari

Oh Göttin, Göttin des Universums,
Oh Bewahrerin, du schenkst Gnade.
Oh du, Geberin der ewigen Befreiung,
Bitte nimm mir mein Leid.

Ich habe die Freuden dieses weltlichen Lebens gesehen,
das voller Beschwerden ist.
Bitte lass mich nicht weiter leiden,
nicht wie eine Motte sein, die ins Feuer fliegt.

Gebunden von der Schlinge der Wünsche vor mir
und der Schlinge des Todes im Rücken.
Oh Mutter, ist es nicht jammerschade
Zu spielen, sie zusammenzubinden?

Zeige mir nicht den falschen Weg.
Oh Ewige, ergieße deine Gnade über mich.
Oh Mutter, die du die Zerstörerin des Leids bist,
Bitte beseitige die Last des Leids.

Was heute gesehen wird, ist morgen nicht mehr.
Oh Reines Bewusstsein, alles ist dein Spiel.
Was ewig ‚ist', kennt keine Zerstörung;
Alles Zerstörbare ist vergänglich.

Oh Mutter des Universums,
mit gefalteten Händen bete ich,
um das Ziel des menschlichen Lebens zu erreichen.
Oh Göttin des Universums, oh du in allen Formen,
Ich beuge mich nieder zu deinen Füßen.

„Ich beschloss, heute herzukommen und dich abzuholen. Du musst zurück zum Āśhram kommen. Mach dir keine Sorgen. Es wird dir bald bessergehen", sagte sie.

Ich fragte sie: „Amma, warum haben die Medikamente, die du gesegnet hast, nichts bewirkt?"

„Als ich meinen Entschluss traf, dachte ich, ‚Lass es ihm bessergehen, indem er dieses Medikament nimmt.' Aber du wolltest es nicht länger als einen oder zwei Tage nehmen. Solltest du nicht geduldiger sein und dem Entschluss eine Chance geben zu wirken? Wie ein ruheloses Kind bist du von einem Arzt zum andern gelaufen. Segne ich die Medizin, musst du sie auch nehmen, damit sie wirken kann", sagte sie.

Der Arzt war natürlich einverstanden, mich gehen zu lassen und wir kehrten zum Āśhram zurück. An jenem Abend war Darśhan. Der Husten war immer noch heftig. Während des Kṛiṣhṇa Bhāva ging ich zu Amma hinauf. Sie legte eine ihrer Hände auf meinen Kopf und die andere auf mein Herz, so blieb sie stehen und lächelte mich einige Augenblicke lang an. Dann forderte sie mich auf, mich in eine Ecke des Tempels zu setzen. Als ich mich hinsetzte und herumschaute, sah ich verwundert, dass im Gesicht jedes Menschen, den ich ansah, deutlich ein

Göttliches Licht erkennbar war. Auch fühlte mein Körper sich an, als wäre er aus Holz - nicht schwer, sondern unempfindlich. Obwohl ich hustete, kümmerte ich mich überhaupt nicht darum. Ich erfreute mich einer intensiven Losgelöstheit von meiner körperlichen Hülle. Ich empfand einen glückseligen Rausch in meinem Mind.

Ich stand auf und verließ den Tempel. Unsere Abendmahlzeit wurde zu einer festgelegten Zeit ausgegeben. Ich ging in die Küche, konnte aber nichts essen. Das Aussehen und der Geschmack des Essens sahen für mich aus wie Gummi. Wer wollte zu dieser Zeit schon essen? Wer könnte auch nur daran denken? Ich ging wieder in den Tempel und blieb noch eine Stunde lang dort. Nach etwa drei Stunden in diesem Zustand kehrte ich langsam in meinen gewöhnlichen Zustand zurück. Innerhalb von zwei Tagen begann der Husten abzuklingen und verschwand schon bald vollständig.

KAPITEL 7

Bei der Göttlichen Mutter

Amma ist die Mutter aller Menschen, die zu ihr kommen, seien
es Männer oder Frauen, alte oder junge Menschen. Sie betrachtet jeden einzelnen als ihr eigenes Kind. Dies veranlasst jene
wiederum, Amma als ihre eigene Mutter zu betrachten. Dies
verursachte eine große Veränderung in den Köpfen vieler Menschen, die ihre Gegenwart aufsuchten. Sie sahen, dass Amma
nichts wollte. Stattdessen opferte sie unbegrenzt ihre Zeit, ihr
Essen, ihre Gesundheit und sogar ihre Ruhephasen, ungeachtet dessen, wer oder was sie waren. Sie fühlten, dass eine solch
selbstlose Liebe nirgendwo sonst auf dieser Erde existierte. Die
eigene Mutter kann wütend werden, gehorcht man ihr nicht oder
beleidigt sie. Amma aber vergab sogar jenen, die versuchten, sie
zu töten. Sie liebte sie, als wären es bloß ungezogene Kinder. Sie
bat nie einen Menschen um etwas und akzeptierte jeden wie er
war: schmutzig, sauber oder sonst wie.

Diese bedingunslose Liebe schuf bei vielen Menschen eine
unerschütterliche Verbundenheit zu Amma. Viele fanden,
dass sie keinen Sinn in ihrem Leben finden konnten, wenn
sie nicht in ihrer Gegenwart waren. Amma war stets in ihren

Gedanken gegenwärtig. Viele begannen zu erkennen, dass sie ihre schlechten Angewohnheiten loswerden mussten, da diese nicht zu einem Kind von Amma passten, obwohl sie selbst es ihnen nie sagte. Obwohl Amma beteuerte, dass sie niemanden mit Unterkunft oder Nahrung versorgen könne, verließen einige von ihnen ihr Zuhause, ihre Arbeit oder die Schule und kamen, um sich in Ammas Nähe niederzulassen. Bei den Menschen, die sich entschieden, in ihrer Nähe zu bleiben, egal was Amma oder jemand anderes sagen würde, handelte es sich überwiegend um junge Männer mit Collegeabschluss. Sie hatten die Meinung, dass das weltliche Leben im Vergleich zum Licht Ammas wunderbarer, reiner und selbstloser Liebe kein wirkliches Glück bot.

Wenn sie zu diesen jungen Leuten sprach, verwies sie auf die Illusion, Glück durch ein weltliches Leben zu suchen. Sie illustriert, wie man für einige Augenblicke des Vergnügens mit Jahren des Schmerzes bezahlt und ruhelos durch die Wünsche nach Vergnügungen wird. Selbst nachdem man das Vergnügen genossen hat, kommt immer wieder ein starkes Verlangen auf. Wiederholtes Vergnügen führt einen Menschen nicht zu Zufriedenheit. Es führt vielmehr dazu, dass er sich langweilt und schließlich verzweifelt. Wenn das wahre und dauerhafte Glück also nicht im endlosen Genuss von Sinnesfreuden liegt, wo liegt es dann?

Amma erklärte diesen jungen Männern, dass dieselbe Energie, die für weltliche Zwecke benutzt wird, für das Erreichen von innerer Glückseligkeit und dem Erlangen von göttlichem Wissen eingesetzt werden kann. Weltliches Vergnügen erschöpft die Energie eines Menschen und ist ein langsamer Tod. Spirituelle Erfahrungen dagegen erfüllen einen Menschen mit Energie und führen ihn in das Reich der Erkenntnis und der subtilen Glückseligkeit, welche dem gewöhnlichen Menschen unbekannt

Amma und Neal

ist. Sie sagte beispielsweise: „Am Scheitel des Kopfes, wo der mystische, tausendblättrige Lotus sich befindet, ist ein Nektar hinterlegt. Der Mensch kümmert sich aber nie darum, seine Aufmerksamkeit darauf zu richten, da er mit den fünf Sinnen darunter zu beschäftigt ist." Da sie selbst die Wahrheit verwirklicht hatte, trugen ihre Worte eine Autorität, die kein noch so umfangreiches Bücherwissen vermitteln könnte. Sie lebte, was sie sagte. Sie drängte jedoch niemanden zu spirituellen Übungen, sondern machte die Menschen nur mit diesen Ideen vertraut.

Zwei Jahre nach meiner Ankunft kam eine Gruppe von fünf oder sechs jungen Männern, um sich in Ammas Nähe niederzulassen. Keiner von ihnen hatte eine Unterkunft. Sie schliefen im Freien unter einem Baum oder auf der Veranda des Tempels. Sie achteten nicht darauf, ob sie Nahrung oder Kleidung hatten. Sie waren mit allem zufrieden, was gerade verfügbar war. Amma sagte ihnen wiederholt, dass sie sie nicht versorgen könne. Trotzdem wollten sie Amma nicht verlassen. Ammas Gesellschaft und Worte waren alles, was sie wollten. Man musste ihre entsagende Haltung bewundern. Obwohl sie nicht den Wunsch nach Selbstverwirklichung wirklich hatten, spürten sie trotzdem, dass das weltliche Leben keine Lösung für das die Suche nach Glück war. Sie waren gleichgültig gegenüber allen weltlichen Vergnügungen und empfanden Ammas Gesellschaft als ihre einzige Quelle des Friedens und Glücks.

Abgesehen davon, dass sie für einige Minuten ihre Augen schlossen oder während des Darśhans religiöse Lieder sangen, konnte man jedoch nicht sagen, dass sie sich auf dem spirituellen Pfad befanden. Ich war mir zwar über ihren Werdegang und ihre Beziehung zu Amma im Klaren. Trotzdem begann mich ihre mangelnde Ernsthaftigkeit bei den spirituellen Übungen zu ärgern. Ihre Haltung gegenüber Amma war die wie von Kindern zu ihrer Mutter. Das Kind will nichts tun, außer bei der Mutter zu sein. Warum sollte es versuchen, so zu werden wie sie? Das Glück ihrer Gesellschaft allein reicht aus.

Ich hatte Ammas Gesellschaft gesucht, um mich im spirituellen Leben weiterzuentwickeln und sie als meinen Guru und meinen Ratgeber angenommen. Es schmerzte mich, dass einige der Jungen ihr nicht den Respekt zeigten, der einem verwirklichten Meister gebührt. Sie sagte mir immer wieder, dass sie Amma nicht in der gleichen Art und Weise sähen wie ich. Ich sollte daher nicht von ihnen erwarten, dass sie so handeln wie ich. Die Sache begann mich zu nerven und ich fragte mich tatsächlich, warum ich noch hierblieb. Die Gesellschaft eines Heiligen ist ohne Zweifel die größte Hilfe, die es für den spirituellen Fortschritt gibt. Die Atmosphäre, die Umgebung sollte aber ebenfalls förderlich sein. Diese Gedanken gingen mir durch den Kopf.

Ich wünschte und erwartete mir eine Āśhramatmosphäre um Amma herum. Da ich sie nicht fand, meinte ich, dass diejenigen dafür verantwortlich waren, die sich dort niederließen. Ich begann, ihre Fehler und ihren Mangel an Spiritualität zu sehen, statt ihre guten Eigenschaften und ihre Losgelöstheit vom weltlichen Leben. Mein Mind wurde sehr ruhelos. Ich spielte mit dem Gedanken, zum Aruṇāchala zurückzugehen, vielleicht hatte ich die falsche Wahl getroffen, als ich herkam, um mich hier für immer niederzulassen. Ich hatte nicht erwartet, dass die Dinge eine derartige Wendung nehmen würden. Ich hatte gehofft, dass Amma als selbstverwirklichte Meisterin bekannt und geachtet würde und sich ein Āśhram um sie herum bilden würde. Ich war enttäuscht.

Als ich mich so gut wie entschieden hatte wegzugehen, hatte ich eines Nachts einen Traum. Ich sah Amma, die mich anschaute. Am Himmel stand zu ihrer Linken der Vollmond. Zu ihrer Rechten schien die Sonne. Sie zeigte auf die Sonne und sagte: „Siehst du den hellen Strahl der Sonne? Wie diesen Strahl, so versuche den Strahl des göttlichen Lichts in den Augen jedes Menschen zu sehen." Ich wachte auf und war sehr glücklich. Am nächsten Morgen befragte ich Amma danach.

„Ja", sagte sie, „du musst versuchen, dieses Licht in jedem Menschen zu sehen. Siehst du nicht über die Fehler anderer Menschen hinweg, wie sollst du dann in der Lage sein, dieses unschuldige Licht zu sehen? Du musst versuchen, diese Unschuld in jedem Menschen zu sehen." Ich fand, dass dieser Rat sehr passend war. In der Tat, könnte man das perfektionieren, wo bliebe dann noch Raum für Lust, Ärger, Eifersucht oder Abneigung? Amma war eindeutig in der Lage, das göttliche Licht in allen Menschen zu sehen. Sie konnte somit anderen raten, das Gleiche zu tun. War ihr ganzes Leben nicht ein Ausdruck dieser Erfahrung? Sie fügte auch hinzu, dies hier alles wie eine Probe vor der eigentlichen Aufführung war. Am Anfang muss man sich vorstellen, Gott in jedem Menschen zu sehen. Später wird dies jedoch zu einer direkten Erfahrung. Ich befolgte also ihren Rat. Ich sah, wie sich meine Abneigung gegen die Besucher und Ortsansässige auflöste. Dadurch erreichte ich eine neue Ebene inneren Friedens, der immer weniger durch äußere Umstände beeinträchtigt wurde. Ich wünschte mir immer noch, dass Amma gebührend und respektvoll behandelt wird. Doch bis dahin sollte es noch einige Jahre dauern. Ich musste all meine guten Ideen und großen Hoffnungen aufgeben und tiefer die subtile Gegenwart Ammas in meinem Innern finden und mich um nichts Anderes kümmern.

In den kommenden Tagen kamen immer mehr Menschen an, die sich in Ammas Nähe niederließen. Sie bestand nicht darauf, dass sie meditierten oder eine Art Tagesprogramm befolgten. Der Grund dafür war offensichtlich: Die Menschen, die zu ihr kamen, suchten ihre Gesellschaft nicht etwa, weil sie spirituelle Verwirklichung wünschten. Sie kamen eher wegen des Glücks und Friedens, den sie in Ammas Gegenwart erlebten und genossen. Hätte Amma auf Disziplin bestanden, wären sie nach Hause, zurück zu ihren weltlichen Aktivitäten gelaufen. Amma war dabei, sie durch ihre selbstlose Liebe an sich zu binden. Zur rechten Zeit würde sie damit beginnen, sie spirituell zu formen.

Dies ist die Vorgehensweise eines wahren Gurus. Es sind nicht seine Philosophie oder seine Ideale, die im Verlauf des anstrengenden und langwierigen Weges spiritueller Praxis die Beziehung zwischen ihm und seinen Schülern intakt halten. Es sind nur das Wissen und die Überzeugung des Schülers, dass der Guru unendliche und grenzenlose Liebe und Anteilnahme für ihn hat. Ein wahrer Guru führt den Schüler, nachdem er ihn durch seine Liebe an sich gebunden hat, nach und nach durch eine Schule. Er enthüllt ihm allmählich alle Funktionsweisen des Minds, enthüllt sowohl die groben als auch die feinen bis hin zum subtilsten Punkt, an dem die Existenz des Minds ihren Ursprung nimmt. Erreicht er ‚den Grund des Minds' sieht der Schüler die Wahrheit als sein eigenes Selbst in seinem Innern leuchten. Er sieht, dass der Körper und der Mind unwirkliche Projektionen dieses Selbst, seiner wahren Natur, sind. Dies ist für die meisten Suchenden ein langwieriger Prozess, er kann mehr als ein Leben in Anspruch nehmen. Auf dem Weg der Selbsterkenntnis und der Abkehr vom falschen Mind gibt es viele Prüfungen und Schwierigkeiten. Die Liebe ist die treibende Kraft, die das Universum bewegt. Nur die Liebe kann einen Menschen bewegen, den Weg bis zum Ende zu gehen, trotz der Schwierigkeiten, mit denen man auf dem Weg konfrontiert wird. Mangelt es von Anfang an Liebe, wird der Schüler die Flucht ergreifen, sobald es ein wenig schwierig wird. Es ist daher die Pflicht des Gurus, am Beginn der Beziehung im Herzen des Schülers dieses Gefühl der Liebe und des Vertrauens einzupflanzen und alles andere zu ignorieren.

Geduldig gegenüber körperlichem oder emotionalem Schmerz zu sein, ist eine wesentliche Eigenschaft, um die Verankerung im Selbst zu erreichen. Gelingt dies, bleibt die innere Glückseligkeit selbst bei großem Schmerz oder Leid unberührt. Ich fühlte, dass Amma mir viele Gelegenheiten zum Üben gab, damit ich diesen Zustand erreichen konnte. In der Tat wurde ich bald darauf aufgrund eines merkwürdigen Vorfalls davon überzeugt.

Eines Tages wurde Amma eingeladen, das Haus eines etwa 15 Kilometer entfernt lebenden Devotees zu besuchen. In jener Nacht sollten etwa zwei Stunden lang religiöse Lieder gesungen werden. Zu der Zeit gab es vier Personen, die das Harmonium (eine handgepumpte Orgel) spielen konnten. Dies war wichtig für die musikalische Begleitung. Eine dieser vier Personen war ein Junge, der auf einen Botengang gegangen und noch nicht zurückgekehrt war, ich war die zweite, hatte aber den ganzen Tag lang unter schweren Kopfschmerzen gelitten. Ich konnte kaum aufrecht sitzen. Amma rief mich, ich solle mitfahren.

„Amma, mein Kopf platzt gleich", beklagte ich mich. „Kann nicht jemand anderes mitfahren und das Harmonium spielen?"

„Was", rief sie aus. „Wie soll das denn gehen? Wenn du nicht kommst, wird es keine ordentliche Veranstaltung geben. Du musst mitkommen."

Ich hatte mich entschieden, mich meinem Guru hinzugeben, komme, was da wolle. Hier war meine Chance, dies in die Tat umzusetzen. Ich begleitete sie zu dem Haus und setzte mich ans

Amma - 1982

Harmonium. Tränen flossen mir aus den Augen - jedoch nicht vor Kummer oder Hingabe, sondern wegen des Drucks und Schmerzes in meinem Kopf. Dadurch wurde ich gezwungen, meinen Mind von meinem Körper loszulösen. Ich spielte, ohne mich um die Folgen zu kümmern. Ich dachte, so ungefär muss es sich anfühlen zu sterben. Ich musste einfach den Schmerz ertragen, da ich nicht in der Lage war, etwas Anderes zu machen. Hinterher, als das Essen serviert wurde, konnte ich nichts essen, weil mir so übel war. Nachdem ich nach Hause zurückgekehrt war, schlief ich schließlich ein. Am nächsten Tag sagte Amma, als sie an mir vorbeiging, zu jemandem, der neben mir stand: „Sieh mal, wie grausam ich bin! Obwohl er so starke Kopfschmerzen hatte, habe ich ihn das Harmonium spielen lassen." Tatsächlich war es das, was mich in ihren Augen spirituell weiterentwickeln ließ.

Es sollte nun niemand glauben, dass Amma grausam zu ihren Kindern wäre. Vielmehr ist sie das genaue Gegenteil davon. Doch sie zögert nicht, etwas zum spirituellen Besten ihres Schülers zu tun, sei es nun angenehm oder schmerzhaft.

Bei einer anderen Gelegenheit, als ich ähnliche Kopfschmerzen hatte, rief Amma mich. Ich sagte ihr, dass es mir aufgrund der heftigen Kopfschmerzen unmöglich sei, mich auf ihre Worte zu konzentrieren. Darauf schickte sie mich weg, damit ich mich hinlege. So ging ich in mein Zimmer. Amma hingegen ging zum abendlichen Bhajansingen vor den Tempel. In der Mitte des zweiten Liedes hörte sie zu singen auf. Gerade in diesem Augenblick erschien ein besänftigendes Licht in meinem mentalen Feld und verschwand dann. Nach wenigen Augenblicken erschien es wieder und saugte allen Schmerz in sich auf. Dann verschwand es und Amma begann, wieder zu singen. Ich fühlte mich jetzt wieder ganz gut, stand auf, ging zum Tempel und setzte mich dorthin, um den Rest der Lieder zu hören.

Auch bei anderen Gelegenheiten befreite mich Amma von intensiven Schmerzen. Eines Tages betrat ich während des Kṛiṣhṇa Bhāva den Tempel. Ich stand in der Ecke und blickte sie an. An dem Tag hatte ich ungewöhnlich intensive, körperliche Schmerzen. Ich betrat den Tempel in der Absicht zu meditieren. Amma wandte sich um und sah mich mit einem steten Blick an, dabei fühlte ich, wie der Schmerz aus meinem Körper herausgezogen wurde. Ich bemerkte, dass meine Meditation in ihrer Gegenwart sehr rasch an Tiefe gewann und wie ein Wasserstrom floss. Was in vielen Jahren einsamer Meditation vielleicht nicht zu erreichen war, schaffte ich mühelos in Ammas göttlicher Gegenwart.

Im Laufe der Tage wurde mir langsam klar, welch' große Meisterin Amma war. Egal wie viele Menschen zu ihr kamen, sie verstand deren spirituelle Ebene, deren Probleme und deren mentale Verfassung. Sie wusste, wie sie die Menschen spirituell und wenn nötig materiell, erheben konnte. Sie wusste in jedem Augenblick bei jeder Anzahl von Menschen genau, was zu tun war. Ihre Handlungen schienen keinen Gedanken zu erfordern, sondern entsprangen einer spontanen Quelle, immer passend der Situation. Was für den einen Medizin ist, ist für den anderen Gift und dieses Prinzip war ihr vollständig bekannt. Tatsächlich könnte etwas, das für einen Menschen zu einer bestimmten Zeit eine Medizin ist, denselben Menschen zu einer anderen Zeit schädigen.

In meiner eigenen Beziehung zu ihr vollzog sich ein allmählicher, aber tiefgehender Wandel. Als ich zum ersten Mal zu ihr kam, übergoss sie mich mit mütterlicher Liebe. Sie fütterte mich sogar mit ihren eigenen Händen und verbrachte den größten Teil ihrer Zeit mit mir und ein oder zwei anderen Personen, die dort lebten. War ich ruhelos, weil ich es nicht ertragen konnte, auch

nur einige Augenblicke lang nicht in ihrer Nähe zu sein, sagte ich ihr das. „Du wirst mich schon bald stets in deinem Innern fühlen und dich nicht mehr um die äußere Präsenz kümmern", versicherte sie mir. Ihre Worte erwiesen sich als prophetisch.

Als Ergebnis ihrer Unterweisungen und der eigenartigen Situationen, in denen ich mich wiederfand, ging ich Tag für Tag tiefer nach innen. Ich begann, ihre subtile Gegenwart deutlich in meinem Mind zu fühlen. Ich zog es vor, alleine zu sein und mich darauf zu konzentrieren, anstatt in ihrer Gegenwart zu sitzen. Natürlich fühlte ich zur Darśhanzeit eine besonders intensive Konzentration, von der ich guten Gebrauch machte. Aber als ich tiefer ging, bemerkte ich einen eigenartigen Wandel in Ammas Haltung mir gegenüber. Wann immer ich in ihre Nähe kam, ignorierte sie mich. Selbst wenn ich zu ihr sprach, stand sie abrupt auf und ging fort. Ich konnte diesen Wandel in ihrer Einstellung mir gegenüber zuerst nicht verstehen. Dann ereignete sich ein Vorfall, der mir die Augen öffnete.

Obwohl ich seit vielen Jahren meditierte, schien für mich die Glückseligkeit der Vereinigung mit Gott noch immer weit entfernt zu liegen. Ich wusste, dass ein verwirklichter Meister die Macht hat, die Wand der Unwissenheit zu entfernen, die im Mind des Schülers die Wirklichkeit verdeckt. Ich hatte Amma darüber befragt. Sie hatte zugegeben, dass dies jedoch erst getan werden könnte, wenn der Schüler vollkommen reif dafür ist. Er sollte sich durch spirituelle Übungen soweit gereinigt haben, dass er wie eine reife Frucht ist, die fast vom Baum fällt. Ich beschloss, Amma zu fragen, warum sie mich nicht mit solcher Gnade segnen wollte. Ich hatte mich doch schon so lange bemüht. Mir war natürlich nicht klar, dass meine Frage ein gewisses Maß an falschem Stolz implizierte, dass ich einen bereits vollkommen reifen Zustand erreicht hätte. Ich trat an sie heran, als sie allein war. „Amma, du hast gesagt, dass die Selbstverwirklichten die Macht haben, ihre Schüler zu befreien. Willst du dies nicht für mich tun?", bat ich. „Ich habe schon von vielen Fällen gehört, in denen der Guru den Schüler mit dem Zustand höchsten Bewusstseins gesegnet hat." Ich ging dazu über, Geschichten von großen Heiligen zu erzählen, die durch die Gnade ihres Gurus die höchste Verwirklichung erlangt hatten.

„Sie hatten die höchste Hingabe an ihren Guru", begann sie. „Hat ein Schüler eine derartig selbstauslöschende Hingabe an seinen Meister, dann steigt im Mind des Gurus der Gedanke auf, den Schüler vollständig von der Unwissenheit zu befreien und ihn mit dem daraus resultierenden befreiten Zustand zu segnen. Er muss dazu nicht gebeten werden. Bis es soweit ist, bis ein Mensch diesen Reifegrad erreicht hat, kann und werde ich ihn nicht mit der Selbstverwirklichung segnen. Selbst wenn er sich vor mich auf den Boden legt und dabei droht, Selbstmord zu begehen und fordert, dass ich ihn jetzt mit Selbstverwirklichung segnen muss, kann und werde ich das nicht tun. In dem Augenblick, in dem du bereit dafür bist, wird mir der Gedanke dazu aufleuchten, doch vorher nicht."

„Was soll ich denn bis dahin tun?", fragte ich. „Soll ich einfach warten?"

„Wartest du einfach nur, wirst du in der Tat lange warten müssen! Warte nicht, arbeite!", sagte sie nachdrücklich.

„Kannst du mir nicht etwas vorschlagen, was ich tun kann, was mich mit dieser Gnade segnen wird?" beharrte ich.

Amma schwieg. Ich wartete geduldig fünf Minuten lang und stellte ihr erneut dieselbe Frage. Sie schwieg immer noch. Was sollte sie schon sagen? Sie hatte mir bereits geantwortet und es gab nichts weiter zu sagen. Sie stand schließlich auf und ging weg.

Wenige Tage später trat ich wieder mit derselben Frage an sie heran. Erneut schwieg sie. Nach und nach verstand ich, dass ihr Schweigen bedeutet, dass ich still sein sollte. Schon die Tatsache, dass die Frage in mir aufkommt, weist schon darauf hin, dass meine Hingabe und mein Glaube an sie nicht vollkommen waren. Wenn dies der Fall wäre, wo war dann die vollständige Reife und Vollendung? Könnte ich meinen Mind völlig wunschlos machen, käme ich durch meine direkte Erfahrung zu der Erkenntnis. Mein innerstes Selbst, das verborgen unter Wolken verschiedener feiner und grober Wünsche lag, war genau das, was ich suchte. Indem ich Amma bat, mir die Wahrheit zu enthüllen, verdichtete ich den Schleier und schob die Selbstverwirklichung weiter auf. Meinen Mind auf Amma in meinem Inneren ausgerichtet zu halten und das Aufsteigen aller anderen Gedanken zu vermeiden, schien die Essenz aller spirituellen Übungen zu sein. Ich beschloss, mich dieser Übung von nun an von ganzem Herzen zu widmen. Trotz meines Entschlusses fragte ich Amma jedoch noch ein paar Mal in Bezug auf einige unnötige Zweifel. Ihre Antwort war stets Schweigen. Das Schweigen war ein Hinweis für mich, dass ich meinen Mind kontrollieren muss, so dass er vollkommen still wird. Es gibt keinen anderen Weg.

Weil ein Ausländer nicht länger als sechs Monate lang in Indien leben kann, sofern er nicht für Studien- oder Geschäftszwecke an eine Institution gebunden ist, wurde es notwendig, den Āśhram offiziell bei der Regierung einzutragen. Infolgedessen war Amma der Ansicht, dass die Devotees, die dort wohnten, anfangen sollten, eine Art Disziplin zu befolgen. Zu diesem Zweck entwarf sie einen verbindlichen Zeitplan, der von denen, die in ihrer Nähe leben wollten, beachtet werden musste. Ihre ganze Haltung begann sich zu jener Zeit von einer Mutter zu einem spirituellen Leiter zu verwandeln. Obwohl sie dieselbe mütterliche Anteilnahme und Geduld zeigte, begann sie ernsthaft, ihren Devotees zu raten, diesen oder jenen Weg spiritueller Übung einzuschlagen. Sie ging tatsächlich sogar so weit zu sagen, dass jene, die nicht meditieren und andere spirituelle Übungen machen wollten, mit dem nächsten Bus nach Hause fahren könnten. Dies war ein ziemlicher Schock für diejenigen, die ein sorgloses Leben gelebt hatten und dachten, es würde für immer so sein.

Ich war sehr erleichtert und auch ein wenig überrascht zu sehen, wie Amma die Zügel in die Hand nahm, um ihre Kinder zu Heiligen zu machen. Ich begann, mich mehr zu Hause zu fühlen. Die Atmosphäre begann, sich von der eines großen Hauses in die eines Āśhrams zu verwandeln, der voll war von spirituell Suchenden, die sich zu einem enthaltsamen und engagierten Leben verpflichteten. Amma bat mich darauf zu achten, dass die dauerhaften Bewohner diszipliniert bleiben, da es für sie unmöglich war, gleichzeitig bei allen zu sein. Ich wurde gebeten, ihr über jeden Verstoß gegen das Tagesprogramm zu berichten.

Während das Leben im Āśhram sich wandelte, änderten sich auch die Dinge außerhalb des Āśhrams. Mehr und mehr Menschen begannen, Amma als lebende Heilige anzuerkennen, die die Höchste Wahrheit verwirklicht hatte. Ihre einzigartige, allumfassende Liebe, Geduld und Anteilnahme für alle Menschen wurden bekannt. Sie wurde zu allen wichtigen Tempeln Keralas eingeladen und mit allen Ehren empfangen. Auch die Menschen, die den Āśhram besuchten, wandelten sich mehr zu Menschen, die spirituelles Wachstum wollten. Schließlich wurde alles so wie ich es mir seit langem schon gewünscht hatte. Ich erfreute mich eines tiefen, inneren Friedens und erinnerte mich an die Worte, die Amma in einem ihrer Lieder gesungen hatte, in dem der Zweck ihres Lebens beschrieben wird:

Tanzend auf dem Pfad der Glückseligkeit
verschwanden Vorlieben und Abneigungen.
Mich selbst vergessend, verschmolz ich mit
der Göttlichen Mutter, allen Genüssen entsagend.

Unzählig sind die Yōgīs, in Indiens Land geboren,
die den großen Prinzipien Göttlicher Weisheit gefolgt sind,
wie sie von den Weisen der alten Zeit offenbart wurden.
Zahlreich sind die offenbarten Wahrheiten, nackt und klar,
welche die Menschheit vor dem Elend retten können.

Die Göttliche Mutter trug mir auf, die Menschen zu inspirieren, den Wunsch nach Befreiung in ihnen zu erwecken. Daher verkünde ich der ganzen Welt die erhabene Wahrheit, die sie aussprach:
„Verschmelze, oh Mensch, mit deinem wahren Sein.
Verschmelze, oh Mensch, mit deinem wahren Sein."

Der ursprüngliche Darśhan-Tempel - 1979

Der ursprüngliche Darśhan-Tempel und Ammas Haus - 1979

Glossar

Āchārya: Jemand, der das Wesentliche der Schriften vereinigt, in der Tradition verankert und in der Praxis befolgt.

Ārati: Bewegung einer mit brennendem Kampfer entzündeten Lampe im Uhrzeigersinn, um eine Gottheit zu verehren, was gewöhnlich den Abschluss einer zeremoniellen Verehrung bedeutet.

Arjuna: Großer Bogenschütze und einer der Helden des Mahābhārata. Es ist Arjuna, den Kṛiṣhṇa in der Bhagavad Gītā belehrt.

Aruṇāchala: Ein heiliger Berg, der mit Śhiva in Tiruvannamalai, Tamil Nadu, verbunden ist. Devotees umrunden den Berg als Zeichen der Hingabe und der spirituellen Läuterung. Der Āṣhram des großen Weisen Ramana Maharshi liegt an den Füßen von Aruṇāchala.

Āśhram: „Ort des Strebens". Ein Ort, an dem spirituelle Sucher und Aspiranten leben oder sich aufhalten, um ein spirituelles Leben zu führen. In der Regel ist das die Wohnstätte eines spirituellen Meisters, Heiligen oder Asketen, der die Aspiranten anleitet.

Ayōdhyā: Antike Stadt; Geburtsort und Königreich von Lord Rama.

Ayōdhyā: Traditionelles indisches System der Medizin.

Bhāgavatam: Siehe Bhāgavata Purāṇa.

Bhajan: Hingebungsvolles Lied oder Hymne zum Lob Gottes.

Bhāva: Göttliche Stimmung oder Haltung.

Buddha: Gautama Buddha war ein spiritueller Meister, dessen Lehren die Grundlage des Buddhismus bilden.

Dēvī: Göttin; göttliche Mutter.

Dhōti: Traditionelles indisches Gewand, das um die Taille und die Beine getragen wird.

Gandaki: Heiliger Fluss in Nordindien.

Gaṅges: Der heiligste Fluss Indiens. Im Westen als Ganges bekannt.

Garuḍa Purāṇa: Eine der 18 Mahāpurāṇas Haupt Puranas(Siehe Prana), das mehr als 15.000 Verse enthält. Es ist bekannt für seine detaillierten Beschreibungen der Rituale und Zeremonien, die mit dem Tod und dem Leben nach dem Tod verbunden sind, wodurch es zu einem bedeutenden Text für Bestattungssitten und -praktiken wurde.

Guru: Spiritueller Lehrer.

Hanumān: Der Vānara (Affe), Schüler und Gefährte von Rāma und eine der Hauptfiguren im Rāmāyaṇa.

Hanumān Chālīsā: Devotionale Hymne auf Lord Hanumān von Gōswāmī Tulsīdās, die" 40 Verse umfasst. „Gebet der 40 Strophen" = Chālīsā.

Hari: Ein Name von Viṣhṇu oder Kṛiṣhṇa angesehen.

Haṭha-Yōga: Körperliche Übungen oder Āsanas, die das allgemeine Wohlbefinden steigern sollen, indem sie den Körper kräftigen und die verschiedenen Kanäle des Körpers öffnen, um den freien Fluss der Energie zu fördern; die Wissenschaft des Prāṇāyama (Atemkontrolle), die auch andere Aspekte des Yōga umfasst, einschließlich Āsanas und Mudras (esoterische Handgesten, die bestimmte Energien oder Kräfte ausdrücken).

Himālaya: Ein riesiges Gebirge, das in der Tradition des Sanātana Dharma als heilig gilt. Der Mount Everest, der höchste Punkt der Erde, ist einer der Gipfel im Himālaya.

Jñāneshvar: Ein herausragender Heiliger, Dichter und Philosoph aus dem indischen Bundesstaat Maharashtra, bekannt für seinen Kommentar zur Bhagavad Gītā, der als „Jñāneśhvari" bekannt ist. Er spielte eine bedeutende Rolle in der Bhakti-Bewegung von Maharashtra.

Kathakaḷī: traditionelle Form des klassischen indischen Tanzes aus Kerala. Kathakaḷī ist ein „ Erzählspiel" ein Kunst-Genre, durch das buntes Make-up und Kostüme gekennzeichnet ist.

Krishṇa: Von „Kṛish", was „zu sich ziehen" oder „Sünde entfernen" bedeutet; Hauptinkarnation von Lord Viṣhṇu. Er wurde in eine königliche Familie hineingeboren, aber von Pflegeeltern aufgezogen und lebte als Kuhhirtenjunge in Vṛindāvan, wo er von seinen ergebenen Gefährten, den Gōpīs (Milchmädchen) und Gōpas (Kuhhirtenjungen), geliebt und verehrt wurde. Kṛishṇa gründete später die Stadt Dvāraka. Er war ein Freund und Berater seiner Vettern, der Pāṇḍavas, insbesondere von Arjuna, dem er während des Mahābhārata-Krieges als Wagenlenker diente und dem er seine Lehren als Bhagavad Gītā offenbarte.

Krishṇa Bhāva: Die „göttliche Stimmung von Kṛishṇa", Gelegenheit, bei der Amma ihr Einssein mit Lord Kṛishṇa offenbart.

Kumbha Mēla: Große Pilgerfahrt und Fest.

Lakṣhmi: Die göttliche Mutter verkörpert die Kraft Gottes in einer Gestalt. Lakṣhmi symbolisiert den bewahrenden Aspekt der göttlichen Mutter. Kālī ist der transformierende Aspekt der göttlichen Mutter und Sarasvatī, die schöpferische Kraft.

Mahābhārata: Altindisches Epos, das der Weise Vyāsa verfasste und in dem der Krieg zwischen den rechtschaffenen Pāṇḍavas und den ungerechten Kauravas geschildert wird.

Mahāpurāṇas: Eine der 18 Purāṇas. Die Purāṇas sind ein Sammelwerk von Geschichten, darunter die Biografien und Geschichten von Göttern, Heiligen, Königen und anderen berühmten Menschen, Allegorien und Chroniken großer historischer Ereignisse, die darauf abzielen, die Lehren der Vēdas einfach und für alle zugänglich zu vermitteln.

Mahātmā: „Große Seele"; Bezeichnung für jemanden, der spirituelle Verwirklichung erlangt hat.

Mantra: Ein Klang, eine Silbe, ein Wort oder Worte mit spirituellem Inhalt. Den vēdischen Kommentatoren zufolge sind Mantras Offenbarungen Ṛishis, die aus tiefer Kontemplation hervorgehen.

X Mīrābaī: Lebte im 16. Jahrhundert als große weibliche Devotee von Kṛishṇa. Mīrābaīs Leben war geprägt von ihrer tiefen spirituellen Sehnsucht und ihrem Wunsch nach Vereinigung mit dem Göttlichen. Obwohl sie wegen ihrer Hingabe an Krishna von ihrer eigenen Familie und der Gesellschaft angefeindet und verfolgt wurde, blieb sie in ihrem Glauben und ihrer Liebe zu Gott unerschütterlich.

Nārāyaṇa: Name von Viṣhṇu.

Nisargadatta Maharaj: Advaita-Guru, der die meiste Zeit seines Lebens in Mumbai lebte. Autor des Buches „Ich bin Das".

Piṇḍa: Darbringen von Speisen für die verstorbenen Ahnen.

Piṇḍa Śharīram: Subtiler Körper; eng verwandt mit der Vorstellung der fünf Koṣhas (Hüllen) aus der vēdantischen Philosophie. Diese Koṣhas stellen verschiedene Ebenen der Existenz dar, die vom grobstofflichen Körper bis zum subtilsten Aspekt des Bewusstseins reichen. Piṇḍa Śharīram wird als eine dieser Koṣhas angesehen, und zwar als die Hülle, die mit dem physischen Körper verbunden ist.

Prasād: Gesegnete Gabe oder Geschenk einer heiligen Person oder eines Tempels, oft in Form von Nahrung.

Pūjā: Rituelle oder zeremonielle Verehrung.

Rāma: Göttlicher Held des Rāmāyaṇa. Er ist eine Inkarnation von Lord Viṣhṇu und gilt als der ideale Mann des Dharma und der Tugend. „Ram" bedeutet „schwelgen"; jemand, der in sich selbst schwelgt; das Prinzip der Freude im Inneren; jemand, der die Herzen anderer erfreut.

Ramana Maharshi: Spiritueller Meister (1879 - 1950), der in Tiruvannamalai, Tamil Nadu, lebte. Als Weg zur Befreiung empfahl er die Selbsterforschung, obwohl er eine Vielzahl von Wegen und spirituellen Praktiken befürwortete.

Rāmāyaṇa: 24.000 Verse umfassendes episches Gedicht über das Leben und die Zeiten von Rāma.

Ṛishikēśh: Heilige Stadt am Gaṅges-Fluss in Nordindien.

Roshi: Japanisch, was im Kontext des Zen-Buddhismus so viel wie „alter Lehrer" oder „ehrwürdiger Lehrer" bedeutet.

Rudrākṣha: Ein heiliger Same (Perle) mit spirituellem und medizinischem Wert.

Sādhanā: Ein Programm disziplinierter und hingebungsvoller spiritueller Praxis, das zum höchsten Ziel der Selbstverwirklichung führt.

Sādhu: Ein religiöser Asket, Bettler (Mönch) oder eine heilige Person im Hinduismus und Jainismus, die dem weltlichen Leben entsagt hat.

Samādhi: Wörtlich: „Aufhören aller geistigen Bewegungen"; Eins-Sein mit Gott; ein transzendentaler Zustand, in dem man jeden Sinn für individuelle Identität verliert; Vereinigung mit der absoluten Realität; ein Zustand intensiver Konzentration, in dem das Bewusstsein vollständig vereinheitlicht ist.

Sarasvatī: Göttin des Lernens und der Künste.

Śhakti: Personifikation des kosmischen Willens und der kosmischen Energie; Kraft; siehe Māyā.

Śhāstra: Wissenschaft; maßgebliche Texte der heiligen Schriften.

Śhiva: Der statische Aspekt von Brahman als männliches Prinzip. Wird als Erster in der Linie der Gurus verehrt und als formloses Substrat des Universums in Beziehung zur Schöpferin Śhakti. Er ist der Herr der Zerstörung in der Trinität von Brahmā (Herr der Schöpfung), Viṣṇu (Herr der Erhaltung) und Śhiva. Meistens wird er als Mönch dargestellt, mit Asche am ganzen Körper, Schlangen im Haar, nur mit einem Lendenschurz bekleidet und mit einer Bettelschale und einem Dreizack in den Händen.

Śhivaliṅgam: Im Sanskrit bedeutet „Linga" „das, woran man etwas erkennen kann" oder ein „Erkennungszeichen". Śhivaliṅgam ist ein zylindrisches Symbol, das Śhiva darstellt. Ein Lingam ist in der Regel aus Stein gefertigt und wird senkrecht auf die abgerundete Spitze gestellt.

Śhivarātri: Jährliches Fest, auch bekannt als Mahā Śhivarātri, „die große Nacht von Gott Shiva".

Śhivaśhaktimayam: Das, was von Śhiva und Śhaktis Form durchdrungen ist.

Sūtra: Aphorismus.

Swāmī: Titel einer Person, die das Sannyāsa-Gelübde abgelegt hat (siehe Sannyāsī); Swāminī ist die weibliche Entsprechung.

Swami Shivananda: Spiritueller Lehrer und Guru (1887-1963); Gründer der Divine Life Society und Autor von über 200 Büchern über Yoga und Vēdanta.

Tiruvannamalai: Eine Stadt im Bundesstaat Tamil Nadu, die für ihre religiöse und spirituelle Bedeutung bekannt ist und den Āśhram von Ramana Maharshi beheimatet.

Tulasī: Eine heilige Pflanze (Tulsi), die mit dem Basilikum verwandt ist.

Vēdānta: „Das Ende der Vēdas". Bezieht sich auf die Upaniṣhaden, die sich mit dem Thema Brahman, der höchsten Wahrheit, und dem Weg zur Erkenntnis dieser Wahrheit befassen; ein Vēdāntin ist ein Anhänger des Vēdānta.

Vēden: Als älteste aller Schriften, die von Gott stammen, wurden die Vēdas nicht von einem menschlichen Autor verfasst, sondern den alten Sehern in tiefer Meditation „offenbart". Diese weisen Offenbarungen wurden als die Vēdas bekannt, von denen es vier gibt: Ṛik, Yajus, Sāma und Atharva.

Yōgi: Ein Praktizierender oder ein Adept des Yōga; Yoginī ist die weibliche Entsprechung.

Yōginī: Weiblicher Yōgi.

Zen: Eine aus China stammende buddhistische Schule, die großen Wert auf erfahrungsbasierte Weisheit legt, die durch Meditation und die direkte Übertragung von Einsichten vom Lehrer auf den Schüler erreicht wird.